"花"言话"语"

一位草根教师的教育实践

沈提花　著

ZHEJIANG UNIVERSITY PRESS
浙江大学出版社

序

文字会开花

几年前，浙江省组建"省名师网络工作室"时，我是初中语文学科领衔人之一。应该是一种缘分吧，沈提花老师成了我们工作室学科带头人之一，于是，就有了今天这个机会，我能这么早读到沈老师的书稿。

在教育内卷化的今天，有的老师埋头只顾应试，甚至只拼体力，死抓分数。这当然有无奈之处，但是，无论在内卷化战车上如何冲锋陷阵，总有一些老师能够在教育的原野上仰望星空，总能戴着镣铐跳自己的舞，甚至还能在教育的原野上开出自己的花。从我所了解的情况来看，沈提花应该就是这样一位充满教育理想与情怀的老师。

可以说，几乎每个老师都写过论文、案例，写过反思、教学设计。但是我们很多老师一辈子只写一两篇论文案例，仅仅是为了评职称，当然这也没有什么错。

但沈老师写论文案例，一写就写出了一本书的数量和分量。这背后的差别在哪里？

往浅里说，这是一种积累的差异。积累自己教学的收获、智慧，积累自己教育的成果、反思。然后，把这种收获、智慧、成果及反思凝结成一个个文字、一篇篇文章。往深里说，这是思考品质的差别，是成长路径的差别，是专业发展的差别。今天的教师特别是语文老师，是多么需要一种品质，比如研究的品质、优化的品质、精致的品质、反思的品质、勤奋的品质……语文教育教学境界的不断攀升和精进，只有在这些品质的加持下才能够真正实现。

正所谓所有的横空出世其实都是一种厚积薄发。能把自己教育教学中点点滴滴的闪光点聚集起来写成一本书，文章中的每个字都是会开花的。那是成长之花、成名之花，甚至是成家之花，更是教育生活的智慧之花。教育内卷化的当下，一线中学教师如果没有这样的品质，是很容易被职业倦怠击垮的。

沈老师的这本书虽然没有很完备的体系，更多的是一种大集合，她集合了阅读、写作、中考，把这三块内容作为成书的一条线索，但这却是一线中学语文教师最扎实、最靠谱的教育教学成长之路。不为建立体系而建立体系，而是思考了什么就写什么，研究了什么就写什么，有了什么成果就积累什么成果。这是务实的，是现实的，更是实在的。

在书中，我们发现，沈提花老师不仅把花开在课堂上，开在学生的成长中，她还把花开在日常琐碎的教育教学生活中。面对日复一日的教学生活、一地鸡毛的教育生活，有的老师教育教学的激情日渐衰微。而沈老师不仅能从阅读写作中开出花来，还能从学生作业中开出花来；她不仅能从整本书阅读中开出花来，还能从活动探究单元中开出花来；她不仅能在古文中开出花来，还能从新闻中开出花来；她不仅能从高效课堂中开出花来，还能从中考应试中开出花来……

在自己的教育教学原野上，这花开得漫山遍野，这花开得多彩多姿，如果你与这本书相遇，即使随意撷取其中的一朵，就能看到沈老师这片花海的风景。

陈忠文

2021 年 7 月 3 日

前　言

从“读者”走向“作者”

——“读”“写”一体式教研写作

一、中学教研写作现状及科研写作的意义

（一）“论文危机”的教师视角：适合的“鞋子”与“路”

开学不久，我紧锣密鼓地召开了教研组长、备课组长会议，以行事历的形式把本学期教科研方面的几件大事罗列了一下，自觉挺浓缩的，也就一张 A4 纸的内容。纸张轻飘飘地飞到每个人手中，再由组长的手“流”至每个老师处。会上我还特意强调，今年学校要求每一位教师都要进行教育、教学研究，撰写论文参评发表，还要参与课题研究。我刻意提到，论文、课题由学校的骨干教师组成的评审委员会进行评审，然后才能上报参评，又善意地提醒道：教师的教育、教学研究将作为晋升职称的一项重要指标，可千万别荒了自家教科研这块自留地。这下可让一部分要晋升职称的老师清醒过来，大家纷纷查资料、写论文、搞课题……真有一种人人重视教育科研之势，科研形势可谓一片大好，令人欣慰，令人振奋！

两周后，陆陆续续有老师交上来论文了，我们老师的积极性不可谓不高。看着那么多的论文，我莫名地生出一种成就感，心情如窗外的阳光般透亮。接下来，从众论文中选出含金量高、有竞争实力的论文才是重头戏。一整天我都怀着淘金者的心情漫游在论文的大漠中，一番跋涉，竟生出了几分心灰意冷。

近一半的论文充斥着空泛的理论，只是一味地拿别人的理论，机械生硬地

套用，自己根本没有在教学中真正实践过，以他人的实践代替自己的践行，写出来的论文简直是"形神俱灭"。这些论文大凡是这样操作的：先找几本教育、教学方面的书籍，再找几期教育类的杂志，将这些内容翻阅一下，看看别人是怎么写文章的，再看看当前教育、教学的研究热点问题是什么。如果这些文章中有几篇是关于同一个主题的，便将这些文章复印下来，仔细琢磨，根据这些问题所提供的材料，对这些文章进行重新编排、组合，于是一篇新的文章就成了。这是一种"穿别人鞋走别人路"的论文。

近40%的论文有着自己教学实践的痕迹，他们从众多教育教学理论中选择一个，先在自己的论文里将这一理论介绍一下，然后叙写自己是如何根据教育理论从事教育、教学工作的。这类论文可算是"穿自己的鞋走别人的路"，尽管还没有走出人家画的圈圈，但毕竟初步加入自己的东西了。

只有近10%的论文是"穿自己的鞋走自己的路"。这类论文把教育原理与具体的教学实际结合起来，形成自己优化后的实践教学模式，教师不再成为理论的被动接受者，而成为理论运用与实践于一体的研究者。在论文中我们可以看到，一方面，教师运用有关教育理论分析并改进自己的课堂教学实践，优化教学过程，提高课堂教学质量；另一方面，教师研究问题的提出来自实践的需要，是实践迫切需要解决的问题。因此，教师的教学实践也为教育理论运用提供了生动、直观的实例，丰满了教育理论。

（二）"教"而不"研"则浅，"研"而不"教"则空

1．教学和写作是一把尺子的两面

课堂教学是判断一位教师业务水平的重要尺度，但能否总结理论，减少失误，扩大交流，经验共享，也是判断教师业务水平的一把重要尺度——这实则不是两把尺子，而是一把尺子的两面，失去任何一面，尺子就不存在了。

2．写作是更重要的"大备课"

具体备课是"小备课"，是战术性的；平时的阅读、摘抄、写作等学养积累，是更高意义的"大备课"，是宏观的、战略性的。战略的成功可以弥补战术的不足，而战略的不足不能用战术的成功弥补。衡量一名教师是否成熟，主要

标志有两条：一是看有没有明确一贯的教育思想的追求；二是看能否独立处理教材。教师备课有四层境界：一是写在备课本上，二是写在教科书上，三是写在教师心上，四是写在论文、课题、著作上。前两者属于"小备课"，后两者属于"大备课"。

苏霍姆林斯基在《给教师的一百条建议》中谈到一个教学案例：一位有着30年教龄的教师上了一节非常出色的公开课。课后，一位听课教师问："我想请教您：您花了多长时间来备这节课？"那位教师说："对这节课，我准备了一辈子。而且，总的来说，对每一节课，我都用终生的时间来备课。不过，对这节课的直接准备，或者说现场准备，只用了大约 15 分钟。"这就是"大备课"决定"小备课"的成功范例。

3. "能说会写"造名师

一个普通教师，要从优秀教师成长为名师，"能说会写"是硬性条件，是必过门槛，是最高境界。四川著名教育专家、特级教师李镇西说："名师肯定是优秀教师，但优秀教师不一定是名师。优秀教师必须具备三个条件：第一，课要上得特别棒，棒得让学生每天都盼着上他的课；第二，所教学生的成绩也非常好，特别是中考或高考成绩；第三，班主任也当得非常好，能够带出一个蓬勃向上的班集体。做到了这三点，可以叫优秀教师，但还不一定是名师，因为名师在优秀教师的基础上还必须'能说会写'。这里的'说'，指的是演讲能力，能够通过讲座或报告传播自己的教育智慧。这里的'写'，指的是写作能力，能够把自己的教育案例、教育感悟、教育反思等写下来，通过发表文章、出版著作产生积极的社会影响。"

4. 写作是"自我实现"，提亮人生

美国心理学家马斯洛把人类需求分为五个层次，其最高层次是"自我实现的需要"。写作能提升生活品质，更具有收获的成就感和快慰，是"自我实现"的重要途径。有位哲人说得好："你不能决定生命的长度，但可以控制它的宽度。"写作不但可以拓展人生的宽度，还可以增强人生的亮度。人生苦短，匆匆如过客。作为一名教师，一个与知识相伴为业的人，一生不发表几篇文章，不

出一本书，不为社会留下点精神财富和美好记忆，我们短暂的人生不是太狭窄、太暗淡了吗？我们的教师生涯不是太多遗憾了吗？教师不能仅做别人作品的"读者"，甘当"两脚书橱"，像沙漠一样，只能吸进水，却喷不出一丝清泉。我们输出的终端不是只有一个——学生，更应该有自我输出，争做创造作品的"作者"，成为一个精神产品的生产者。"写作"应该像阅读一样，成为教师的一种生活常态、生存方式和生活习惯，就像空气和水一样，须臾不可或缺。有写作习惯的人都有这样的体验，写作有着比阅读更大的惬意和幸福感，一段时间不写作，就会技痒难耐跃跃欲试。

二、昨夜西风凋碧树：读者累积阶段

王国维在《人间词话》中说："古今之成大事业、大学问者，必经过三种之境界：'昨夜西风凋碧树，独上高楼，望尽天涯路。'此第一境也。'衣带渐宽终不悔，为伊消得人憔悴。'此第二境也。'众里寻他千百度，蓦然回首，那人却在，灯火阑珊处。'此第三境也。""昨夜西风凋碧树，独上高楼，望尽天涯路。"选自宋代词人晏殊的《蝶恋花》："槛菊愁烟兰泣露。罗幕轻寒，燕子双飞去。明月不谙离恨苦，斜光到晓穿朱户。昨夜西风凋碧树。独上高楼，望尽天涯路。欲寄彩笺兼尺素，山长水阔知何处。"

萧瑟的秋风中，游子登高望远，怀念亲人，见不到又音信难通，就如一名学者刚开始那种对知识的惆怅迷惘的心情。作为一个做学问者，首先要高瞻远瞩，看到前人所走的路；也就是说，总结和学习前人的经验是做学问的起点。

（一）读他人：兵马未动，粮草先行

积累材料的过程是随着阅读量的增加而逐步丰富知识的过程。语文教师要积累材料，首先要阅读；要阅读，就要掌握科学的阅读方法，要根据个人需要和具体情况确定什么样的书刊应该精读，什么样的书刊需要泛读，什么样的书刊只作为一般浏览。无论采用何种方法，均需阅读书的序、跋、目录、内容、简介等，以便掌握其纲要。在阅读的同时，要把有价值的东西记录下来，不懈

地为自己的"资料库"增"砖"添"瓦"。每位有事业心的语文教师均需从事这种长期的、缓慢的而又是十分艰苦的工作。"读他人"的过程中要注意"三补"，即"补血""补锌""补钙"。"补血"：积累教学案例（教学案例就是语文科研论文的血液，操千曲而后晓声），建立素材库。"补锌"：充实思想、理念素材（理念是论文的灵魂，理念的高度决定论文的高度），建立思想库。"补钙"：充实语言积累（语言是论文的装点，抓住读者的眼球的东西），建立语言库。

积累材料的方法很多，常用的有卡片式积累法、笔记本积累法、复制粘贴积累法。

1. 卡片式积累法

所谓卡片式积累法，就是将资料搜集记录在卡片上，并将其排列成分类目录的方法。这种方法最大的优点是方便、灵活，卡片可随身携带，发现重要资料随手可记，也便于分门别类地编排、存放，待需要时一索即可。如有分类不当的条目，还可以随时调整，并可根据写作需要，把分散于不同类目中的款目临时抽出，用毕再归回原位。这种卡片记录的积累过程即是一个人最佳的知识体系形成的过程，目前越来越多的人提倡和采用这一方式。

每位教师可根据所阅读材料的特点和自己的具体需要，将卡片条目写成不同的式样。①索引条目：只抄录所阅读的题目、著者、出处。这种卡片记录速度快，省时省力，但反映的内容只限于上述几项。②提要条目：该条目除注明索引款目的内容外，还必须用最简洁的语言概述所阅材料的主要内容，一般200~300字。制作这种条目，要对所阅读的材料有较透彻的理解，才能写出确切的揭示材料主要内容的提要。③摘录条目：是将所阅读的书籍或文章的最精彩的章节、片段、论述、名言等摘录下来。做这种摘录条目的要点是严格地重视原文，以便日后写作时放心拿来使用。④心得体会条目：把自己的读书心得或所见所闻心得体会，用比较精练的语言记录下来。这种条目一般可用来代替"教学后记""教学随笔""散记"等。做心得体会条目，可反映出记录者业务水平、创新和提高的程度。上述的几种卡片每一条目均需在右上角表明类别，何种类别可自己规定，卡片多需要细分，少则粗分。这种组织材料的方法既方便科学，又实用性强，是使所需材料为你写作服务的最佳整序方式。

2. 笔记本积累法

用笔记本积累材料的方法是传统的方法。笔记本记录的内容可帮助记忆，长期坚持随身携带，见到有利于工作、学习的内容随手记来，有利于提高认识、分析、综合、解决问题的能力。用笔记本积累较为普遍的方法有提纲式、摘要式、引语式、心得体会式。

（1）提纲式记录法。以纲要的形式把一本书或一篇文章的论点、论据提纲挈领地记录下来，形成提纲式笔记。这种记录可采取原文章节、段落、层次、语句和自己的语言相结合的方式，也可直接记录书的目次、标题。具体要求是内容扼要，问题简洁，条理性强。

（2）摘要式记录法。在领会内容的基础上，简明扼要地记录书或文章的基本问题、中心思想、能概括内容的图表等。要求用尽可能少的语言表达尽可能多的内容，即达到最大限度的精练。

（3）引语式记录法。把原文上的某些重要语句原封不动地抄录下来，所记录的内容和作用与卡片式摘录条目相同。

（4）心得体会式记录法。用自己的语言写下读书后或对某一事物观后的感想、收获、评论、体会等。本记录写法和作用同卡片式的条目。积累材料包括两个阶段：搜集阶段和整理阶段。搜集阶段占有的资料杂乱无章，而经过整理后的资料则有序性很强，检索方便。

3. 复印粘贴积累法

报纸是传播各种信息的重要工具之一，这种靠文字传送的信息，可供人们长期参考使用。随着时间的推移，它将成为重要的历史资料。报纸剪辑的材料，可按剪辑的先后顺序或类别，贴在笔记本上或卡片上，利用起来特别方便。

"不积跬步，无以至千里；不积小流，无以成江海。"同样，只要坚持一点一滴勤积累，写作材料会取之不竭，用之不尽的。"材料仓库"已经占有，那么对于初写论文的教师来说，还应注意哪几点呢？

（二）读教本：课堂教学是论文写作的"千里沃野"

教师在论文写作时，首先要明确的是：我为什么要写它？我的出发点是什么？一篇教学小论文的产生应该经历以下过程：首先在教学过程中发现存在的问题和困惑，然后积极应对，寻找对策解决问题。最终，无论结果如何，教师都可以将在此过程中所做的思考和努力记录下来，这就是一篇教学小论文的雏形。对于一切教育教学思想的检验，如同对待真理的检验一样，都来自实践——课堂教学的一线：教学灵感的催生、教学手段的优化、教学质量的提高，无一不是从"课堂"这块试验田中获得"丰收"的。因为只有在教学中产生的思考才是最真实具体、最具有实效和价值的，论文写作必须与自身的教学实践紧密联系，才具有长久的生命力。

1."火花"迸发

教师们平时的确教学工作繁重，因此在教学过程中产生于一瞬的灵感显得尤为可贵，只有抓住瞬间迸发的"思想火花"，才可能写出灵动鲜活的教学论文。比如，在教学中，我发现《乡愁》一诗的形式是极好的作文框架：

小时候 / 乡愁是一枚小小的邮票 / 我在这头 / 母亲在那头

长大后 / 乡愁是一张窄窄的船票 / 我在这头 / 新娘在那头

后来啊 / 乡愁是一方矮矮的坟墓 / 我在外头 / 母亲在里头

而现在 / 乡愁是一湾浅浅的海峡 / 我在这头 / 大陆在那头

于是就巧用《乡愁》形式引导学生搭建起极富诗意的抒情结构：

小时候，母爱是一根棒棒糖，含在嘴里，甜滋滋；

上学后，母爱是一个新书包，背在身上，喜洋洋；

而现在，母爱是电话那端的一句叮咛，听在心里，泪汪汪。

2.困惑催生

教师每天都会接触到包括教材、学生、教学等在内的各种信息、媒体反馈的教育教学现象，或多或少都会在日常教学、班级管理、学生德育等方面碰到矛盾，面临各种各样的困惑，但很多的教师并没有去留意这些问题，而是一晃而过，未做深入剖析。其实，这是教师强化追问意识的最佳时机，我们需要静下心来想一想这些问题，以一定的理论做指导，有意识地进行观察、分析、思考，探索规律，改进工作，从没有问题到发现问题，从低层次地感觉到问题到高层次地提出问题，从局部的问题联系到整体的问题，从而为教科研积累素材，提出更有价值的论题。

不妨问问自己：你在教学中有什么困惑？有哪些久而未决的问题？一路教学，一路追问，一路成文。任何的研究都始于问题，我们的研究主要解决教育教学中的实际问题，如阅读教学、文言文教学、写作教学、作业设计等。

（三）读出自己：个性化认知是论文写作的"闪光灵魂"

很多老师认为教学论文的写作，要么多用几个时髦的名词，要么多看看教研杂志上的新颖标题，要么来个"千古文章一大抄"，多多"借鉴"和"参考"，其实这一观点是片面和错误的。我认为还是那句话"文章合为时而作"，论文写作也是同一个道理。与时俱进，跟进教育发展形势和教育教学的需求才是论文写作"永葆青春"的秘诀。如果我们对教育形势漠不关心，对教学需求一无所知，又怎么搞好课堂教学和论文写作呢？所以，教师只有做教书育人的有心人，才可能跟上时代发展的要求，才可能做一名研究型教师，才可能写出关注热点、内蕴深厚的好文章。

任何好的教学论文都应该别出心裁、别具特色、别有新意，因为创新本身就是一种独特的价值体现。我认为，个性化的认知应该是论文写作推陈出新的关键所在，也是论文写作的"闪光灵魂"之所在。

所谓创新，指我们中学教师做研究要走出"人云亦云"的误区，善于在"新"字上做文章，敢于研究新问题，敏于寻找新角度，善于提出新观点，而不只是盲目地"赶潮流"或"随大流"。比如，从1993年到现在的20多年的时间里，"小班化"从一个理论名词到被公众熟知，再到现在被广大学校接纳，小班化的探索与实践从最初的"小小一株含羞草"，蓬勃发展为"遍地花开春烂漫"，每个学校都在找寻具有自己学校特色的小班化教育之路。时至今日，农村学校因为生源的剧减，比城市学校较早涉足小班化教育，小班化推进得很自如，不少学校已华丽转身，成为小班化教育的受益者。但是，城市里部分集团化的中小学由于大班额的客观现实，推广小班化教育存在这样或那样的困难。因此，在大班额的条件下实施具有小班化特征的个性化教育实践和研究很有必要。此处以我所在学校为例，研究中学"大班小班化"。

开展小班化教育对大班额的学校既是一个极大的挑战，也是机遇。小班化的实质不在于形式上的班级人数，而在于教育教学的活动化、个别化和全纳性。突破大班额小班化的困境，出路在于把大班课堂小班化，努力走出"一校一特色"的"小班化"，缔造特色化的教育幸福。此处从小班化德育、教学、评价三个方面探寻大班课堂小班化的路径：整体构建小组合作班级管理模式，合作学习细化、制度化为一种学习模式，以表扬单为抓手的评价机制。在大班课堂另辟蹊径，找寻出一条让每个孩子都能在自己的空间里找得到归属感的通往小班化春天的路。

三、衣带渐宽终不悔: 作者试水阶段（写作累积阶段）

"衣带渐宽终不悔，为伊消得人憔悴。"此句出自宋代词人柳永的《凤栖梧》:"伫倚危楼风细细，望极春愁，黯黯生天际。草色烟光残照里，无言谁会凭阑意。　　拟把疏狂图一醉，对酒当歌，强乐还无味。衣带渐宽终不悔，为伊消得人憔悴。"沉溺于热恋中的情人对爱情的执着，人消瘦了，但决不后悔。就如学者在追求知识的过程中表现出一种认定了目标就呕心沥血孜孜以求的执着精神。一名做学问者，应深思熟虑，就像热恋中的情人那样不惜一切地追求自己的目标。

（一）关注细节，细到深处天地宽
关注细节，不仅需要我们中学教师具有一双善于发现细节的慧眼，具备一种化大为小的能力，能从日常工作中敏锐地捕捉到细节，更需要我们中学教师

有一种对细节进行"小题大做"的严谨态度。例如，做一名好教师是我们每一位教师的追求，但如果我们以此为题开展研究，就会很难进行。若我们对这个问题做如下处理：从如何做一名好教师到如何上好课，再到如何上好某一堂具体的课，最后细化到如何设计该堂课中的某一个环节，如新课如何导入、问题如何设计、情景如何创设、材料如何处理、学生活动如何组织，等等，我们会发现，随着研究问题的细节化，可思考和分析的内容不但会越来越多，而且我们的研究也越来越具有可操作性。我曾写过《插图——初中语文教材中的一朵奇葩》《初中文言文教学中教师"为"与"不为"艺术初探》等文章，其实都是对"插图""文言文教学"这些细节的"小题大做"罢了。因此，我认为，中学教师做研究首先在于做细，我们要关注细节，把工作做细，把研究做细，细到深处天地宽。所谓做细，指我们中学教师做研究要走出"贪大求全"的误区，善于从细节入手，树立关注细节、小题大做的严谨态度；提升跳出细节、小中见大的研究智慧；培养积累细节、积少成多的良好习惯，从教学日志、教学叙事、教学案例、教学课例开始。

（二）跳出细节，挖到深处价值显

我们关注细节，并不是简单地记录细节，更不能纠缠于细节。关注细节要求我们跳出细节看细节，要能够挖掘出细节所蕴含的指导意义或教育教学价值。

我们中学教师身处教育教学第一线，最不缺细节，只要提升跳出细节的研究意识，修炼小中见大的研究智慧，相信教研之花定会绽放在我们每一位教师的面前。

"博观而约取，厚积而薄发"，积累细节对我们中学教师做研究是非常基础但又非常重要的，千万不要忽视细节的积累。我们平时积累的任何一个细节，都有可能成为我们研究某个问题的"引子"，也有可能成为我们撰写某篇文章的重要素材。把教学教育中的一个个细节理解为一颗颗的珍珠，珍珠多了，我们就能把它们串联成美丽的珍珠项链。我平时取得的研究心得或成果，某种程度看，都要归功于这种细节的积累。

（三）反思追问，穷追猛打见真谛

现象蕴含本质，教学流程潜涌着规律和原理，只要置身于教学现场，特别是课堂这一教学主阵地，懂得追问，你就会发现意义如窗外的阳光，一丝丝、一缕缕，烘托着我们的课堂。

教育无处不在，追问无处不可，意义也无处不有。中小学教师在课堂上下、校园内外展开的教育，如果加以意义的"追问"，用一双善于发现意义的眼睛去观察教学现场，就会发现"意义生成教育"，这无疑就是活生生的教育研究：追问教育的意义，追问教学行为的意义，追问教学现象的意义。如果教师面对日常的教学工作、平凡的教学生活，多追问几个为什么，那么教育的诗意和教学的智慧就在教师对意义的追问之中。通过追问，"日常工作"跃迁为"教育研究"，不起眼的问题逐渐凝聚成极有研究价值的课题。

我们中学教师做研究，研究的对象是"做"，即对自己的做进行研究；研究的过程是"做"，即在做的过程中进行研究。换言之，我们的研究一定要立足实践。具体而言，主要可从两个方面入手：一是研究实践中的问题，即要对教育教学实践开展自觉的分析和思考；二是反思实践中的得失，即要对自己教育教学实践中碰到的问题与困难进行深入的追问并做出自己的回答。

对我们中学教师来说，只有围绕"教"与"学"这两大核心开展的并能服务于教与学的研究，才是真正有实效的研究；也只有真正有实效的研究，才是有出路的研究，才是有生命力的研究，才是我们中学教师应该做而且能够做又必须做的研究。

穷追猛打，指的是做深，即我们中学教师做研究要走出"浅尝辄止"的误区，善于在"深"字上求突破，树立"进一步，海阔天空"的研究理念，做到工作问题化，关注持续化，研究主题化。

讲与写毕竟是两回事，讲容易成文却很难。当时虽没写成这些文章，但对这个问题的关注却一直没有中断，思考也日益成熟，到时候，文章终于一篇一篇地完成了。笔者相信，"不是不报，时候未到"，我们对某一个问题的关注只要持续到一定的阶段，一定会有令人满意的收获。

中学教师做研究一定要强调主题化，这样一方面有利于保证我们研究过程的延续性，克服"东一榔头、西一榔头"式的弊端，避免陷入经常性的"推倒重来""另起炉灶"的尴尬和"只见投入不见产出"的无奈；另一方面能使我们的研究围绕主题，以横向拓展、纵向深化的方式不断推进，凸显研究内容的承接性和启发性，从而使前面的研究更好地成为我们后续研究的条件和基础，或让我们从以前的研究中生发出新的研究灵感，做到研究内容上的前后承接，不断深化。

（四）写作能力，在写作中学会写作

要有写作的强烈意愿和坚定的信念，不能"把文章看得高不可攀，一辈子不敢跟它亲近"（叶圣陶《〈文章例话〉序》）。写作是种能力，不单是知识。知识可以传授，而能力只能在实践中培养。巴金说："只有写，才能会写。"在写作中学会写作，就像在游泳中学会游泳一样，要敢于研究，敢于动笔。搞研究、写论文并不神秘可怕、高不可攀，并非只有大学教师和科研人员才能做到。熬过一个个春夏，写完一盒盒粉笔，教坛的高低深浅，教师的酸甜苦辣，总能道出一番子丑寅卯。写的最佳时刻已降临，你就得拿起从十余年的粉笔生涯中理出来的头绪，对精心设计的教案或苦心经营的教法进行一番梳理，绞尽脑汁、搜肠刮肚，不能如愿也要坚持写。相信冰冻三尺非一日之寒，终有一天你会迎来自己写作的春天。

四、蓦然回首，那人却在，灯火阑珊处：功到垂成的写作阶段（有意识）

"众里寻他千百度，蓦然回首，那人却在，灯火阑珊处。"此句出自宋代词人辛弃疾的《青玉案》："东风夜放花千树。更吹落，星如雨。宝马雕车香满路。凤箫声动，玉壶光转，一夜鱼龙舞。　蛾儿雪柳黄金缕，笑语盈盈暗香去。众里寻他千百度，蓦然回首，那人却在，灯火阑珊处。"没有千百度的上下求索，不会有瞬间的顿悟和理解。作为一个做学问者，只有在学习和苦苦钻研的

基础上，才能够功到自然成，一朝顿悟，发前人所未发之秘，辟前人所未辟之境。

（一）大胆尝试：立竿见影，孤芳不自赏

不少语文教师在平时的交流言谈中，对语文教学上的一些问题很有思想见地，有些观点很新颖，例子也很恰当，有些做法有理论依据又有很强的可行性，如果整理下来，就是不错的语文教学论文。A 不想写：就我们大多数语文教师来说，不是不会写论文，而是不想（敢）写，没有写，只要思想一解放，好的语文教学论文和论文作者就会成批涌现出来。B 等待中：很多教师写论文总在等待有朝一日抽出一大块时间来写它一天半周，而不善于忙中偷闲，用工作闲暇来写作。"明日复明日，明日何其多，我生待明日，万事成蹉跎。"每天总觉得有许多事情要做，总无法静下心来写作。一学期过去了，一年过去了，连文章的影子还没有，又怎么谈得上发表呢？事实上，每天在工作之余写上一笔两画看起来很费力，却是写作论文之道。原因很简单：一是你每天写一点，天长日久，你将养成良好的写作习惯，提高写作水平；二是你每天改一点，字斟句酌，你的文章将观点更正确，论证更严密；三是你每天多想一点，日积月累，你的联想也将更丰富，思路更开阔。因此，我们教师平日若有什么新的经验、新的看法，应及时将它写成文章，做到立竿见影。再新的发现，再好的课题，再丰富的经验，再正确的理论，如不写成文章，那只能是孤芳自赏。因此，我们要有大胆尝试的勇气，否则一切都是空话。

其实并非没能力，如果静下心来坚持写下去，说不定会一鸣惊人。因此，我们应大胆尝试，先写些课后的教学后记，再记录些满意的课堂设计，接着写些自己对教学中某些问题的看法，不知不觉中你便写起论文来了。

（二）论题选择：方向比努力更重要

选择论题最为重要，是一个战略环节。具体写作是战术性的，战略的失误不能用战术弥补，所谓"方向比努力更重要"。好题一半文，论题的选择要盯在教育的烦恼处，钉在教育的苍白处，叮在教育的痛痒处。一个好题的要素包括：形象生动（比喻），工整对仗，新造词、陌生化。论题选得有个性，有新意，角度新颖，论文就成功了一半；反之，论题陈旧，过大过小，观点相似，材料雷同，方法一致，重复论证，缺乏新观点、新材料、新角度、新思考，则南辕北辙，事倍功半，再劳神费力修改，也难有大的起色。

如下面几组标题：

★考场作文困境与对策

"柳暗"怎样见"花明"（《辅导员》2008 年第 12 期）

★谈作文评改的四种方法

作文评改有"四子"（《湖南教育》2009 年第 1 期）

★与预设齐飞，与生成共舞

预设与生成齐飞共舞（《新课程教学案例》2009 年第 7 期）

★谐音修辞趣谈

妙用谐音，情趣横生（《中考作文智囊》2009 年第 9 期）

★"仿写"专题训练

形神兼备巧"仿写"（《湖北教育》2009 年第 10 期）

仿出神韵，写出风采（《语文报》初一版 2012 年第 4 期）

★作文如何点题

闲思碎语话"点题"（《作文与考试》2009 年第 11 期）

★作文立意法

听唱新翻杨柳枝，标新立异二月花——谈作文的立意（《中学时代》2010 年第 5 期）

★批评教育的技巧

甜蜜批评，成就精彩（《中国教师》2010 年第 10 期）

批评也可以如此甜蜜（《班主任》2010 年第 11 期）

★我和学生上 QQ

在 QQ 里点燃心灯（《中国民族教育》2011 年第 9 期）

★病句的修改与辨析

语林巧为啄木鸟（《中学时代》2012 年第 9 期）

善为"啄木鸟", 巧捉语林"虫"(《初中生天地》初三版 2013 年第 2 期)

★如何做好后进生的思想工作

"五味"调和"德育羹"(《陕西教育》2012 年第 10 期)

★谈作文开头的方法

凤头巧饰, 嫣笑如花 (《课外语文》2013 年第 3 期)

★读课文, 学写作

巧借课文他山石, 妙攻"半壁江山"玉 (《山东教育》2013 年第 11 期、《郴州教研》2014 年第 1 期)

★句子的衔接与排序

自然接榫, 合理排序 (《中学语文教学参考》2014 年第 4 期)

一个好选题的要素包括形象生动 (比喻), 工整对仗, 新造词、陌生化。

(三) 论题"窄化": 搭框支架

论题提出来之后, 我认为还要有一个把论题"窄化"的步骤; 也就是, 确定论题后, 要尽可能把论题描述得"窄"一点。"窄化"就是要把矛盾焦点凸显出来, 研究范围不要太泛太大。在研究中要对论题进行反复思考, 把它窄化到一个可以研究、可以"做"的方向和焦点上。通过研究让自己"做"得更好。因此, 中学教师做研究, 不仅可行而且必要, 关键是做细、做实、做新、做深, 搭好一级和二级标题。

(四) 借其神: 确保论文的原创性

大家都知道有这样一句话:"天下文章一大抄, 看你会抄不会抄。"当然这种说法过于庸俗, 难登大雅之堂。其实, 这句话的正向解读应该是如何借鉴别人的东西创生自己的文章。那么如何处理好借鉴与原创的问题, 我觉得应该注意两点: 借鉴, 创生。借鉴也有高下之分: 低者借其字, 中者借其意, 上者借其神。

1. 低者借其字

在网络化的今天, 你只要输入关键字, 便会出现成百上千的文章。那么, 你原原本本地抄下来, 这就是抄袭。抄袭有三大弊端: 对别人有侵犯版权之嫌,对自己有花冤枉时间之忧，有损自己的清誉之弊。

2. 中者借其意

无论你怎么借鉴别人的东西，都必须有自己的发声方式，要从自己的角度出发，为自己的创生服务。

3. 上者借其气

对人家的东西融会其意，用自己的语言、自己的教学实例来充实演绎。

只有和自己的实践相结合，才会创生出新的东西，才会对教育教学有自己的心得，有自己独到的发现。这样，其原创性是有保证的。

（五）修改：没有最好，只有更好

"修改"是论文写作中的重要一环，是一种高级形态的写作，是写作的深化和升华。成熟的作者都很重视文章修改，精益求精，没有止境。没有最好，只有更好。从某种意义上讲，好文章是"改"出来的。越重视修改文章，写出来的文章层次就越高，越易出精品，这样才算真正会写文章。

写的过程就是修改的过程。论文写作过程应由粗到细，犹如把一块粗糙的石块逐步雕琢成精美的人像，应遵循从宏观到微观、由粗到细的原则。开始写作时，不要太在意字词句等细节的斟酌，先拟定好一级标题，尽力把能想到的材料先写出来，免得遗忘缺漏，然后进行结构调整、语言优化等细节。如果一开始就过于关注语言，一是会妨碍文思的汹涌流畅，影响文章整体的布局谋篇，因小失大；二是字词、句式是服务全篇的，如果某段文字最终要删除或调换，过早过多地对其用心，就成了不必要的精力浪费。语言是文章的基本要素，它与文章其他要素的关系犹如"皮"与"毛"的关系——皮之不存，毛将焉附？

优美精彩的语言可以为文章增添色彩和魅力，论文写作也不例外。我们语文教师指导学生写作要有凤头（喻开头精彩）、猪肚（喻内容充实）、豹尾（喻结尾简洁有力），为的是吸引读者的"眼球"，我们的论文写作中对于教师语言表达的要求也是"文同此理"，同样要求精益求精。一篇论文首先要有一个吸引人的好题目，这就好比"掀起你的盖头来"——第一印象尤为重要。

修改文章一般有一个"短—长—短"的过程：某篇文章开始思维不周，材料不充分，文章写不长；随着思维的深入、材料的扩充、信息量的增加，文章变得充实，篇幅加长；但这时结构尚不条理严谨，语言尚不准确精练，所以第三步就是调整结构，删繁就简，精炼语言，提高信息量，使文章再变短，定稿。

五、科研自觉：从"作者"走向"大家"

平心而论，在动机上，我们老师从事教学研究是为了评职称，大多是迫不得已而为之，少有超脱功利目的为提升自身的素质、实现人生价值的纯粹科研动机，自然这种动机往往缺乏持久性；在方式上，我们老师仅仅重视他人的经验，忽视自身的实践，更谈不上自己的创新，因而其教学研究是没有深度的，自然也就谈不上科研含金量了。

（一）幸福比优秀更重要

周日，我坐在暖阳下，随手翻阅着周国平的《守望的距离》，不由为那个故事深深动容。穿过书页，眼前再现了那场对话：2000多年前的一天，刚刚率领铁骑征服欧亚大陆的亚历山大大帝，志得意满地到希腊视察，遇到了穷困潦倒正在木桶里睡午觉的哲学家第欧根尼。亚历山大大声问："我已经征服整个世界，你希望我为你做点什么？"

第欧根尼伸了个懒腰，漠然地回了一句话："亚历山大先生，我正在休息，我唯一需要的就是，请你走开，别挡住我的阳光！"

等着第欧根尼对自己的恩惠感激涕零的亚历山大，不料想吃了这么一个"软钉子"，怅然若失。他问随从也问自己："在这个穷哲学家面前，我的不世功勋究竟算得什么呢？"

是啊，阳光哺育生命，滋养生命，属于你，属于我，属于苍穹下的每个生灵。面对至高无上的大帝，第欧根尼有权说：请不要挡住我的阳光。关于阳光，不同的人会有不同的理解和追求；对我们广大教师而言，工作是"定点"的，场所的相对固定、对象的相对固定、内容的相对固定，凡此种种，似乎把教师的创造性固定在日复一日年复一年的"默默耕耘"上。科研就是那缕让我们的课堂充满生命的灵动，能使平淡的教学生活变得色彩缤纷意义充盈的阳光。怪不得教育家苏霍姆林斯基对学校管理者忠告道："如果你想让教师的劳动能够给教师带来乐趣，使天天上课不至于变成一种单调乏味的义务，那你就应引导每一位教师走上从事研究的这条幸福的道路上来。"

我知道该做什么了。在第十四届教研节的开幕式上，我以"请不要挡住我们教科研的阳光"一声呼告，刮起了一阵强劲而温馨的科研之风，呼吁广大一线教师要开展扎根于教学实际、学校实际、学生实际的"草根式"研究，强调我们每个教师本质上都是货真价实的研究者，是"草根"研究者，鼓励大家用我们的"草根"精神去书写"大树"追求。在大会上，我第一次不无自豪地指出："草根"，顾名思义，草之根也。植物扎根在土壤里，使自己被牢牢地固定在土壤中，也从土壤里吸收水分和营养，使植物苗壮成长。"草根式"研究表明一线教师的教育科研是一种非专业化的，是一种扎根于教育实践、落实到教师平时的教学行为当中的研究，研究的目的在于"改进"、解决教学中的实际问题，提升教学效率，实现教学的价值。教学推动研究，研究提高教学。只有来源于实践的东西，才是具有生命力的。其"草根性"表明，它不是专家、学者、精英自上而下的书斋式的"贵族"研究，而是由一线教师广泛参与并为一线教师所喜闻乐见、力所能及的"平民"研究。草根性具有强大的凝聚力，更具有强大的生命力和独立性，"草根本色"更是体现了平民化、大众化，质朴而平实。

激情过后，我理性地思索：如何让教师富有"草根"的钻研精神，让教研的阳光普照到每一位教师的心里？我以为教育科研重在过程，应该是一种兴趣爱好，一种生活方式，是一件关乎幸福的事情，而不是一个关乎成功的事情。李镇西老师说过："幸福比优秀更重要。因为'优秀'与否是别人的评价，而'幸福'与否是自己的感觉。"

（二）"蜗牛"也有科研春天

世界上只有两种动物能到达金字塔：一种是老鹰，还有一种就是蜗牛。老鹰与蜗牛，它们是如此的不同：老鹰矫健、敏捷、锐利，蜗牛弱小、迟钝、笨拙；老鹰残忍、凶狠，杀害同类从不迟疑，蜗牛善良、厚道，从不伤害任何生命；老鹰有一对飞翔的翅膀，蜗牛背着一个厚重的壳。它们从出生开始就注定了一个在天空翱翔、一个在地上爬行，是完全不同的动物，唯一相同的是都能到达金字塔顶。老鹰能到达金字塔顶，归功于它有一双善飞的翅膀。与鹰不同，这看上去又拙又笨的小小蜗牛，却可以长途跋涉，到达金字塔顶。蜗牛能到达金字塔顶，主观上是靠它那永不停息的执着精神，虽然速度很慢，但是一刻也不曾放弃向上爬的信念。到达金字塔辉煌的顶端，正是一小步一小步积累的结果。而在登顶的过程中，蜗牛与老鹰都是英雄。

在日落与日升之间，在激情与沉思之间，在跃动与平静之间，我们需要从容地对自己说："我现在还在享受着我的教学，别挡住我科研的阳光。"是啊，教科研的魅力在于科研自觉，不是行政命令所能企及的。让科研的一米阳光时时洒满自己的心房，用"草根"精神去追求自己的阳光发展，让自己的科研"花"开有"果"，最终实现教师的诗意的栖居。

六、我"科研"故我在

从每一堂课的教学实际出发，让教学的灵感闪现出智慧的光芒，拿起你的生花妙笔，为我们的教育教学谱写最动人的岁月华章！

拿破仑有句名言："不想当元帅的士兵不是好士兵。"同样道理，"不想当教育家的教师不是好教师"（能否实现另当别论）。西方有句谚语："向天空中的星星射击，总比向矮树射击打得远些。"教师应把"不当教书匠，要做教育家"当作人生理想和目标，去奋斗，去追求。努力成为一名研究型、创新型、学者型教师，应是当代教师的奋斗目标。

只要你是语文教学教研上的有心人，只要具备基本的写作能力，就能写好语文教学、教研和教改方面的论文。

1960 年，哈佛大学的罗森塔尔博士在加州一所学校做过一个著名的实验。新学期开始时，罗森塔尔博士让校长把三位教师叫进办公室，对他们说："根据你们过去的教学表现，你们是本校最优秀的老师。因此，我们特意挑选了100名全校最聪明的学生组成三个班让你们执教。这些学生的智商比其他孩子都高，希望你们能让他们取得更好的成绩。"三位老师都高兴地表示一定尽力。校长又叮嘱他们，对待这些孩子，要像平常一样，不要让孩子或孩子的家长知道他们是被特意挑选出来的。老师们都答应了。

一年之后，这三个班的学生成绩果然排在整个学区的前列。

这时，校长告诉了老师真相：这些学生并不是刻意选出来的最优秀的学生，只不过是随机抽调的最普通的学生。老师们没想到会是这样，都认为自己的教学水平确实高。

这时校长又告诉他们另一个真相，那就是，他们也不是被特意挑选出的全校最优秀的教师，也不过是随机抽调的普通老师罢了。

这个故事的意思是，世上本没有什么天才，所谓的天才就是靠自己的努力，发掘自身内在的潜力，从而改变自己的命运，那些非天才们只不过是让自己的潜力继续隐藏罢了。

敬佩季老的"爬格子不知老已至，名利于我如浮云"的精神世界，虽不能至，心向往之。古代先贤有言：立德、立功、立言乃人生之"三不朽"。于我们而言，师德自然得立，立功要看有没有机会，至于"立言"，大可以一试身手，留下片言只语，留得一路清欢以慰藉自己。

作为一名教师，我们容易奉"春蚕到死丝方尽，蜡炬成灰泪始干"为职业准则，视日复一日年复一年没有创造性的"默默耕耘"为自己生命价值的全部体现。如果我们习惯于"春蚕吐丝"，如果我们满足于"蜡烛燃烧"，甚而庆幸于某次考试的险胜，那么教育无疑将沦为太阳底下最缺乏朝气和生成性的职业，而事业支撑起来的"崇高"架子也将不堪一击。因此，我们得重新审视自身的生命价值，追问教育的意义，从"读者"走向"作者"。

目录

CONTENTS

第一章

阅读教学: 面朝"生""本" 春暖花开

　　语文教材中的作品几乎篇篇都跳动着作者生命的脉搏，所蕴含的丰富的人类文化精髓，包括人性的美好、人情的意蕴、人世的沧桑等等，给予我们诸多的人生启迪。因此，语文教材中蕴藏着丰富的令人心动的因子。我一直着力于挖掘教材中那些令人或为之开颜，或为之神伤，或为之振奋，或为之憔悴的因素，引导学生随着每篇文章所指点的方向，发现其由于人生经验和语文经验局限而不曾见着的东西（或不能理解、感受、欣赏的地方）。语文教学就是要让学生见识语文的魅力，因此，在教学中，面朝"生""本"，确定教学的起点与提升点，是教师最为讲究、最应刻意表达的地方（这也往往是学生极容易忽略掉的，以为是不言而喻甚至平淡无奇的地方），也是最有价值的地方，就应该成为主要的教学内容，使重理者，以理动人；重情者，以情动人；重文者，以美动人。教学中引导学生入阅读之境、悟阅读之韵，欣欣然趋向美、拥抱美。这样一来，学生心中美之蓓蕾就会被催开，春暖花开。

　　如果教师是"风"，学生就是"旗"。风吹旗动，这是"风"和"旗"合作的最佳境界，不仅有一种画面美，更有一种意境美。教师的风一旦吹到学生心田，学生就会从内心感到春天的魅力和生机，春暖花开。

没有人知道春风的颜色，只有当她拂过山川和田野。

没有人知道教育的力量，只有当学生的心灵扬起风帆。

我要让学生知道，春风的颜色是面朝"生""本"的教育实践。

初中文言文教学中教师"为"与"不为"的艺术初探

多年来，中学语文教学大纲虽经几次修改，但文言文的教学目标始终未变，即"培养学生阅读浅易文言文的能力"。1963 年的《全日制中学语文教学大纲（草案）》规定："具有初步阅读文言文的能力。"1978 年的《全日制十年制学校中学语文教学大纲（试行草案）》规定："具有阅读浅易文言文的能力。"1986年的《全日制中学语文教学大纲》规定："具有初步阅读文言文的能力。"1992 年的《九年义务教育全日制初级中学语文教学大纲（试用）》规定："读文言课文，要了解内容，能顺畅朗读，背诵一些基本课文。"2001 年的《全日制义务教育语文课程标准（实验稿）》规定："阅读浅易文言文，能借助注释和工具书理解基本内容。"都把培养学生具有初步阅读文言文的能力作为初中文言文教学的共同取向。毋庸置疑，稳定的教学目标对初中文言文教学的可持续性发展是极其有利的；但在文言文教学中，言文分离，各自为政，长期以来未能很好统一也是不争的事实。在"言"上费时费力，很多学生独立阅读浅易文言文的能力仍很成问题；在"文"上蜻蜓点水，又极不利于学生认识古代社会，了解传统文化，更谈不上涵咏蕴于其中的人文精神、文化精髓，这成了广大教师心中永远的痛。我认为，要从根本上改变文言文教学重"言"低效、轻"文"无益的现状，必须对文言文教学中教师的角色定位进行理性思考，教师"为"什么，"不为"什么，怎样有效地"为"。也就是说，在文言文教学中教师"为"与"不为"的艺术至关重要，它直接影响到文言文教学目标的达成。

文言文教学是言文合一的教学，教师在文言文教学中的"为"与"不为"都应以此为前提。教师在文言"文义疏通"方面应当"有所不为"；在文言知识类化、词法句法的规律方面"授"学生以学习文言文的"渔"，应当"有所为"；在教学中指导学生运用个性点评阅读法，让学生自己直接与文本对话，应当"有所不为"；在探究作品思想价值、人文精神时，应深度介入，引领学生在倾听历史回声，评说历史兴亡，实现精神成长，提高人文素养，应当"有所为"。

一、教师在文言文"言"（字词句）教学中"为"与"不为"的艺术

众所周知，与现代文不同，文言文因其年代久远而与读者形成的距离感，决定了文言文教学时教师必须引导学生跨越疏通文义这一关，否则学生就无法真正理解文意，与作者的情感、思想、意趣共鸣更是无从谈起。因此，文言文"言"（字词句）教学中教师该"讲"些什么，怎么"讲"，哪些不用讲，直接影响教学的有效性和艺术性。

（一）在"疏通文义"方面自读自译——"不为"的艺术

"字字落实，句句过关"被许多教师奉为文言文教学的"八字真经"，而在学生那里却异化成令人头痛的紧箍咒。逐字解释、逐句翻译、逐段讲解，不仅费时，而且常因形式单调导致学生心理疲劳，对文言文望而生厌。对学生来说，有半门外语之称的文言文确实比较难学，但文言文教学毕竟不是外语教学，仍是母语教学，不是从零开始。正如钱梦龙在《文言文教学改革刍议》中所说："现代汉语是古代汉语的继承和发展，现代汉语的词汇、句法和修辞手段都不可割裂地和古代文学语言有着血缘关系……学生阅读文言文虽然有一定的语言障碍，但绝不像学习外语那样毫无根基。"事实上，对于一些浅显的文言文，学生完全能借助注释和工具书疏通文义，理解基本内容。即使开始时学生有些地方读不懂，但日积月累，能读懂的地方会越来越多。退一步讲，文中有些非重点的难点，暂时不懂也无妨，怕的是教师完全代替学生去"读懂"，这样学生便永远无法自己读懂，"具有阅读浅易文言文的能力"便成了遥不可及的目标。尤其是在文言文教学的起始阶段，搞机械的文白对译，无异于堵塞活学之路。学生死记译文，主动求解的精神日渐衰退，根本无益于文言文阅读能力的培养。我在教授学生初中阶段需要学习的第一篇文言文《童趣》时，就放手用

15~20分钟的时间让学生自读自译，并把自己解决不了的字词圈出来，提交上来，再择其共同指向的重点字词写在黑板上，向全班学生求解，最后讲解学生实在无法解决的字词。当学生饶有兴味地自读自译完全文时，其对文言文学习的兴趣已萌芽，文言文不难学的信心已深植。

（二）在文言知识类化方面，授人以渔——"为"的艺术

文言文教学中教师光指导学生自读自译是不行的，教师当然要讲，但切忌"讲"过头，应把"讲"的重点锁定在常用词法（包括古今异义、一词多义和词类活用等）、特殊句式（包括判断句、省略句、倒装句、被动句等）上。教师在文言词法、句法的规律上当授学生以学习文言文的"渔"，而不是一讲到底。讲的目的是促使知识类化，引导学生积累常用词，丰富语言库，进而掌握文言词法、句法的规律，触类旁通，培养阅读浅易文言文的能力。

1．"为"在释义、译句方法

在学生接触文言文之初，教师要及时结合文本传授学生一定的疏通文义的技巧。在《童趣》教学中，在指导学生自读自译、小组合作共译时，相机教授学生三种常用的释义法：如"必细察其纹理"中的"细""察"用加字法解释为"仔细""观察"，"能张目对日"中的"目""日"采用换字法解释，"故时有物外之趣"中的"故"用推断法解释为"所以"。引导学生在特定语境中准确理解字词意思的基础上，教会学生用"保"（保留人名、官名、地名）、"调"（调换句中的词序和句子结构顺序）、"补"（补出句中省略成分）、"去"（去掉不切合现代汉语表述习惯的语词）等转换句意的方法，初步阅读浅易文言文。

2．"为"在文言知识类化

新课标要求学生"用摘录或制作卡片等方法积累阅读材料"。教学中，教师可指导学生准备常用文言实词、虚词、通假字、古今词义、词类活用等卡片，帮助学生进行"颗粒归仓"，做好文言文知识的归纳整理工作，促使学生掌握的文言文知识条理化和系统化，并由此引导学生学会领悟和联想，提高知识迁移能力，最终形成独立的"阅读浅易文言文的能力"。

文言知识对于学生学习文言文有着极大的价值，这一点毋庸置疑。教学

时教师绝不能停留在术语层面上，而应让学生在"知其所以然"的基础上，具备一种对"法则"的"自觉"意识，见"言"而知"意"。这种"言""意"融合的"自觉"意识，可以使学生将分散积累的语言材料条理化、体系化，形成良好的语感，进而在面对新的言语作品时，能够更迅速、更有效地进行语感"同化"，求得对当前阅读文本的准确把握。这就是教师在文言文"言"的教学中该"为"之处。如看到"何陋之有"，能判断"这里是宾语前置"不是教学的目的，能理解"何陋之有"的意思是"有何陋"才是。有了这个知识之后，再看到"宋何罪之有"便能指出"这也是宾语前置"，但这仍然不是目的，能理解这句话的意思是"宋国有什么罪呢"才是。教学中要让学生注意掌握"如……何……""得无……""……孰与……"等句式。又如，古代汉语中有名词作状语的语法习惯，"斗折蛇行"（《小石潭记》）句中"斗""蛇"与现代汉语的意思不一样，要翻译成"像北斗星一样""像蛇一样"；"其一犬坐于前"（《狼》）句中"犬"要翻译成"像狗一样"。教学中不是让学生通过比较去弄明白文言文中名词在动词前不做主语就转化为状语，而是让学生在看到"箕畚运于渤海之尾"（《愚公移山》）句中"箕畚"时能不假思索地译成"用箕畚"。对于古汉语中生命力较强的字，教师要注意讲清词义的正向迁移，比如"望其旗靡"的"靡"和"风靡一时"的"靡"，"前人之述备矣"的"备"和"关怀备至"的"备"，"小信未孚"中的"孚"和"深孚众望"的"孚"，"不能毁山之一毛"中的"毛"和"不毛之地"的"毛"，等等。文言文虚词教学是难点，更需教师帮助学生找出规律。如出现频率很高的"之"字，情况比较复杂，常见的有：作代词，可以指代人、事、物，相当于现代汉语的"他（们）""她（们）""它（们）"等；作助词，可作结构助词"的"，有的时候无实在意义，可不译；作动词，这种情况不大多见，如"又间令吴广之次所旁丛祠中""辍耕之垄上"（《陈涉世家》），"送杜少府之任蜀州"（《送杜少府之任蜀州》）。

以《曹刿论战》为例来看运用词语积累卡完成文言知识类化，轻松完成字词句教学。

📝**词语积累卡** ·····································

1. 指出用法特别的词：以 从 故 之

2. 你一定能找出文中表示通假的词＿＿＿＿＿＿＿

3. 下面的词古今词义区别较大，试说说看

间 鄙 牺牲 加 狱 可以 虽

4. 请注意下列句子的翻译

肉食者谋之，有何间焉？

何以战？

衣食所安，弗敢专也，必以分人。

忠之属也。可以一战。

一鼓作气，再而衰，三而竭。

5. 现在轮到你独立进行发现了，你该积累一个怎样的词语板块呢？

这不是单纯做练习，而是引导学生自己去分析、归类、联想、概括、发现，这种练习的层次提高了——既训练了知，也训练了智与能。我们幽默地把这种做法称为"颗粒归仓"，教会学生梳理已学知识并形成系列，便于今后复习和巩固，更重要的是锻炼了学生独立阅读文言文的能力。

二、教师在文言文阅读教学中"为"与"不为"的艺术

《全日制义务教育语文课程标准（实验稿）》除了要求继续培养学生"阅读浅易文言文的能力"外，还对文言文教学的价值有了新的定位，即"提高学生语文素养"，"吸收民族文化智慧"，"吸取人类优秀文化的营养"。《全日制义务教育语文课程标准（实验稿）》要求教师必须充分注意教学内容的思想性和人文性，注意语文课程对学生价值观的导向作用。也就是说，语文教学必须在引导学生"正确地理解和运用祖国的语言文字"的基础上，积极传承和创新民族文

化，绝不能两眼只盯着考试，考什么就教什么，忽视语言（古文）的文化特性。文言文是博大精深的中华文化最丰厚的载体，学生学习文言文，事实上也就是对中华文化最直接的传承。因此，文言文教学中教师必须深入钻研教材，挖掘教材本身的人文内涵，在培养学生热爱祖国的语言文字、继承先贤的优秀精神文化、锻炼学生创造性的思辨和表达能力等方面应"有所为"。

（一）学生个性点评阅读，教师故意淡出——"不为"的艺术

文言文教学是一种阅读教学。阅读，终究是读者和文本的对话，教师取代不了学生。在文言文教学中，运用个性点评阅读法引导学生自己去理解、自己去研读课文、自己去发现、自己去感悟，用自身的体验和感情去解读作品，用心去触摸文字背后的文化意蕴。

个性点评阅读法的要义在于引导学生对作品中不确定的"空白"处进行创造性的思考和探索。在教学中让学生直接在书上画线、作标记、写评语、作注脚。可点评观点：对文中孟子"舍生取义"的观点你如何看待？（《鱼我所欲也》）；对文中"先天下之忧而忧，后天下之乐而乐"的观点你如何看？（《岳阳楼记》）。可点评人物：愚公这个人怎么样？对智叟这个人你怎么看？（《愚公移山》）；你认为诸葛亮有哪些优秀品质？（《出师表》）。可点评技法：文章为什么用神话结尾？（《愚公移山》），文章采用白描手法有何好处？（《湖心亭看雪》）。可点评语言：文章读起来朗朗上口，很有节奏感，原因在哪？（《醉翁亭记》《陋室铭》）。可点评细节：几个人坐的位置不同，说明什么？（《核舟记》），"悄怆幽邃"之情境给你怎样感受？（《小石潭记》）。

以我在教学《唐雎不辱使命》时进行的学生个性点评阅读为例，来看教师的故意淡出给学生创设阅读空间以达成的阅读成效。"请同学们拿出笔，在文中的空白处写下自己的阅读感受，或品评事件的历史与现实意义，或点评文中人物，或品析文章语言，或写作艺术探寻。"15分钟后展示个性点评阅读成果如下：品评事件的历史与现实意义的有"保全了安陵国，维护了国家和自身的尊严"；品析文章语言的有"文中把'彗星袭月''白虹贯日''仓鹰击于殿上'等所谓吉凶之兆这些自然现象同人事联系起来，是为了说明专诸、聂政、要离等这些有胆识之人的凛然正气，有令人震撼、折服的力量"；点评文中人物的有"秦王对唐雎的称呼开始是不称而问，到用'公'称呼唐雎，再到对唐雎的称呼改为'先生'的敬词，写出了秦王盛气凌人、不可一世、骄横狡诈，有贪生怕死，纸老虎之嫌"，"'挺剑而起'动作描写，表现了唐雎不畏强暴，敢于拼命"；写作艺术探寻的有"秦王的形象对表现唐雎的性格有反衬作用，秦王狂妄、阴险，与唐雎的沉着、无畏形成对比"，也有"唐雎怎么可能带剑接近秦王"的质疑。个性点评阅读的过程是学生与文本对话的过程，是学生自主学习的过程，哪怕片言只语都是有价值的。这远比照搬教参讲深讲透的分析效果要好得多，学生在把握唐雎与秦王的人物性格、理解人物精神世界等方面也会简单快捷得多。这样既能让学生不再做学习文言文的"奴隶"，又能真正走入文言世界，体味文中之情，领悟文中之道，感受文中之雅，浸润在中国传统文化精华的滋养中，产生情感共鸣，有效促成学生阅读文言文的能力。

（二）探究作品思想价值、人文精神时，教师深度介入——"为"的艺术

新教材选用的文言文都是名篇佳作，其深刻的思想意蕴、人文精神千百年来滋养着一代又一代读书人。《桃花源记》《醉翁亭记》《岳阳楼记》等是不折不扣的文艺散文；《曹刿论战》《出师表》《隆中对》《邹忌讽齐王纳谏》《唐雎不辱使命》等虽节选自古代史书，但是具有很强的文学性；《三峡》《与朱元思书》《陋室铭》《爱莲说》等能传诵后世、脍炙人口，其文学价值不言而喻。这些文言作品中人物的思想性格，作者的人生态度、理想追求、思想情感以及课文的结构、语言、意境之美等等，对学生的人生观、价值观和艺术修养、审美情趣的形成是很有影响的。因此，文言文教学要坚持人文情感走向，教师要引领学生在倾听历史回声、评说历史兴亡之中实现精神成长，化古人之神气为自身之神气。这正需要我们广大教师大"为"特"为"。

1．"为"在还原人物形象时

如《邹忌讽齐王纳谏》一文教学中，邹忌善思之明及对齐威王讽谏之忠，使其忠臣贤相形象不可撼动，这时教师有必要引导学生以历史的审视眼光来品评历史人物，帮助学生树立评价历史人物的正确态度——"不虚美，不隐恶"。

例如，补充《战国策·齐策一》中的三则材料：

成侯邹忌为齐相章

成侯邹忌为齐相，田忌为将，不相说。公孙闬谓邹忌曰："公何不为王谋伐魏？胜，则是君之谋也，君可以有功；战不胜，田忌不进，战而不死，曲挠而诛。"邹忌以为然，乃说王而使田忌伐魏。

田忌三战三胜，邹忌以告公孙闬，公孙闬乃使人操十金而往卜于市，曰："我田忌之人也，吾三战而三胜，声威天下，欲为大事，亦吉否？"卜者出，因令人捕为人卜者，亦验其辞于王前。田忌遂走。

田忌亡齐而之楚章

田忌亡齐而之楚，邹忌代之相。齐恐田忌欲以楚权复于齐，杜赫曰："臣请为[君]留[之]楚。"

谓楚王曰："邹忌所以不善楚者，恐田忌之以楚权复于齐也。王不如封田忌于江南，以示田忌之不返齐也，邹忌[必]以齐厚事楚。田忌亡人也，而得封，必德王；若复于齐，必以齐[厚]事楚。此用二忌之道也。"楚果封之于江南。

邹忌事宣王章

邹忌事宣王，仕人众。宣王不悦。晏首贵而仕人寡，王悦之。邹忌谓宣王曰："忌闻以为有一子之孝，不如有五子之孝。今首之所进仕者以几何人？"宣王因以晏首壅塞之。

又如《孙权劝学》一文教学中，课前我特意让学生去查阅有关历史资料，写出自己对吕蒙这个历史人物的认识。课堂交流时，学生对吕蒙的评价是全方位的：很多资料显示，吕蒙是一个善于带兵打仗的人，教材节选的内容只写不习文的吕蒙在孙权的劝说下一改常态，努力用心于史书、兵书，以至鲁肃都称其"学识英博，非复吴下阿蒙"。于是一个文武双全的吕蒙就从史书中走出来，活脱脱地展现在学生面前。

2. "为"在探究人文精神时

如在教学《五柳先生传》时，课前放手让学生通过图书馆、网络等多种途径充分占有相关资料，上课时在疏通基本文意之后，让学生结合自己的生活和情感经历"自由地言说"，自主地表达自己观点。但要让学生理解中国传统文人那份特有的自赏自嘲的"味"，领悟中国传统文人那种淡泊名利、安贫乐道、悠然自得的形象背后个性张扬、傲骨独立的精神，没有教师的介入是不行的，这时教师的"为"就显得至关重要。又如《两小儿辩日》一文的教学中，学生对孔子这样一位以博学闻名于古今中外的学者居然无法回答两小儿的问题进行自主探究时，不同的学生产生不同的疑问，不同的疑问随之有了不同的"收获"：有些学生认为孔子虚有其名，并非博学之人；有些学生能在自我分析后体会到孔子是一个具有谦虚、实事求是高尚品德的人；也有一些学生则惊喜地发现自己能用所学的科学知识来解答两小儿的疑问，超越圣人的感觉让他们信心大增。此时，教师需及时介入，把学生的目光导向孔子严谨的治学态度上，并引导学生联系学过的《论语十则》，在涵咏诵读中让孔子的"温良恭俭让"为学生增加一丝文学修养的底气。

3. "为"在探寻作品思想价值时

探寻《陋室铭》一文作者这种安贫乐道的生活情趣在当今的现实意义时，学生思路滞塞，教师就要带领学生一起去追寻刘禹锡这种安贫乐道、淡泊高尚、超凡脱俗的精神品质的历史渊源，从而感悟作品深刻的现实意义。孔子有过"贤哉，回也！一箪食，一瓢饮，在陋巷，人不堪其忧，回也不改其乐。贤哉，回也！"的赞叹，陶渊明也有"富贵非吾愿，帝乡不可期"的表白。中国古代的知识分子身处逆境时，正是以此为精神支柱，源源不断地衍生出精神产品，这是他们的可敬之处，也是《陋室铭》的思想价值所在。又如探讨《愚公移山》一文中愚公精神的现实意义时，教师要引导学生结合"神舟"系列的成功发射、新型冠状肺炎的预防和防治、我国近十年的辉煌成就等现实，拉近与古文中的人和事的距离，产生"远可在天边，近可在眼前"的感觉，从而使文言文学习与时代相通相连。如此，学生便能领悟到愚公精神的实质是排除千难万险不达目的决不休止的坚持，是对"没有比脚更长的路，没有比人更高的山"这句话的最好解读，我们这个时代仍然需要这种精神。同时，激励学生从愚公手里接过精神火把，点燃智慧，照亮前行的路，去追寻明天的太阳。

4. "为"在语用表述时

文言文语言简洁而典雅，学生在接触文言文的过程中受其凝练而有韵味的语言的熏陶，不知不觉地提高了自己的语言表达能力。如在学习孟子的《生于忧患，死于安乐》一课时，我提出了这么一个问题：如何看待"生于忧患"这种现象？你还能从古代文学家中举出类似的例子？要求学生用排比句式来表达。有学生写出"屈原放逐，一曲《离骚》流芳千古；范仲淹被贬，一篇《岳阳楼记》传诵百世；曹雪芹遭难，一部《红楼梦》源远流长"这样洗练而有韵味的句子。又如在《邹忌讽齐王纳谏》一课的教学时，为了让学生更深刻地领会善于听取别人意见的重要性，我要求学生掀开中国历史的重重帷幕，去寻找清晰地昭示着后人的、发人深省的事例作为佐证。教师先示例：假如当初商纣王能听从比干的良言，又何至于落得个国破人亡的下场？如果当初秦孝公不听商鞅之谏而变法，又哪能称雄于六国？学生当堂写出了很精彩句子，比如：

（假如）当初蔡桓公能听从扁鹊的劝诫，又何至于落得个病入膏肓的下场？（假如）当初楚怀王能听取屈原的意见，又何至于落得个客死他乡的下场？（假如）当初吴王夫差能听取伍子胥的逆耳之言，又何至于落得个国破身亡的下场？

（如果）当初鲁庄公不听取曹刿的建议，又哪能取得长勺之战的胜利？（如果）当初齐威王不听取邹忌之谏，又哪能战胜他国于朝廷？（如果）当初唐太宗不听取魏徵的逆耳忠言，又哪能出现"贞观之治"的太平盛世？

这说明了一点：学生只有得益于文言文的浸润，才能把现代汉语运用得如此纯熟。

　　总之，在文言文教学中，教师"有所为""有所不为"，把学习文言文的"要领"给学生讲清，剩下的事情就要让学生去完成，让学生自己去读、去品味、去把握规律，从而培养学生举一反三的能力，最终拥有阅读浅易文言文的能力。教师"为"该为之事，不"为"学生该为之事，文言文课堂才会呈现"教师和学生都会因以对方为主体从而使自己成为主体"这样的精彩。

多元化汉字教学：打通语文教学的经脉

在《义务教育语文课程标准（2011年版）》中"识字与写字能力"是与"阅读能力""写作能力""口语交际能力"并重的，且明确了"识字、写字是第一学段的教学重点，也是贯穿整个义务教育阶段的重要教学内容"。这表明，初中阶段加强汉字教学和训练仍是语文教学的重要任务之一。

《义务教育语文课程标准》最新修订版与2011年版相比，对于"识字与写字"各学段的目标和要求都做了相应的调整。为减轻低年级学生的学习负担，更好地体现幼小衔接，第一学段的识字量由"1600个~1800个"改为"1600个左右"，写字量由"800个~1000个"改为"800个左右"；第二学段的识字量为"2000个"，写字量为"1800个"。直观看，识字量不变，写字量减少200个；但就本学段而言，识字量是增加的，写字量不变。第三学段要认识3000个汉字，会写2500个汉字，因此整个小学阶段的识字写字总量没有变化，只是把第一学段减少的识字写字量都加到了高年级。小学高年级的语文教师往往会将教学的重点由识字写字教学转向阅读教学，这个学段的识字写字量却比以前增大了；初中语文教师对于识字写字教学的重视程度又不如小学高年级的教师，而识字写字量却在第三学段的基础上又有一定量的增加，分别达到了3500个和3000个，识字写字任务与教师对此的重视程度是不成正比的。

不管是2011年版还是修订版，对于汉字的掌握都分为"会认"和"会写"两部分。"会认"只要求认识，在本课中认识，放到其他语言环境中也要认识，但只要求读准字音，不要求会意、会写、会用；而"会写"要求会读会写，了解字词在语言环境中的意思，逐步做到能在口头和书面表达中运用。"多认"有利于学生尽早尽快尽可能多地认字，保证学生的认字量能够让其进入独立阅读的状态，能为学习打下一定的基础；"少写"可能是考虑孩子的手指肌肉不够发达，过度写字对正常发育不利，写字的能力与识字的能力不是完全同步的。如果会认的都要求会写，大量的写字或许会加重学生负担，影响学生的身心健康，反倒会制约学生的识字能力和识字数量。但识字写字能力不仅仅是阅读的基础，还是写作和口语交际的基础，如果仅仅读准字音而不会写，更不理解它在语境中的含义，何以逐步做到口头和书面表达。这给初中阶段的口头和书面表达留下了很大的隐患，这种矛盾越来越显现出来。

多元化指的是对事物的理解与实践保持多种方式与方法。多元化汉字教学是将多元化的实践方法与汉字教学联系起来，表现为汉字教学方法和形式的多元化。它并不是狭隘地在课堂上机械刻板地训练书写，而是指在汉字教学指导的实施上保持多元化的教学策略，通过多元化的汉字教学策略打通语文教学的经脉，起到"以点带面"的教学效果。

一、编写汉字教学校本教材，使多元化汉字教学有"本"可依

面对汉字教学的种种不幸境遇，我们一定要想方设法另辟蹊径，寻找出路。在应试教育的驱使下，初中学生的书法课程很难设置。把汉字临摹书写交给时间，慢工出细活、十年磨一剑，固然不错，但采用什么样的形式，如何来激发学生的汉字学习兴趣，我认为可以开发《横竖撇点捺　汉字趣味道》校本教材，普及汉字文化，研究趣味汉字教学。

"以校本教材为依托，以趣味汉字社团为平台"的多元化汉字教学内容方案如表1所示。

表1 多元化汉字教学方案

单元序号	教学主题	教学内容	教学目标	教学课型
第一单元	寻根问祖——汉字的家族	第一节 中国文字知多少	1.了解我国民族的古文字系统 2.了解汉字对毗邻国家语言文字的影响； 3.激发学生探索古文字奥秘的兴趣	单元导读
		第二节 丽江东巴风情与古老的纳西族文字		欣赏阅读
		第三节 异域文字风情万种（西南、南方、北方、海外）		课外自读
		第四节 走进汉字家族		综合活动
第二单元	表里如一——汉字的性质	第一节 汉字的起源及内涵	1.了解汉字的起源、性质、造字原理和古今汉字的规范工作 2.通过学习汉字性质掌握汉字造字的一般规律，用于识字、辨字、写字 3.提高学生识字、辨字、写字水平，培养他们学习汉字、学写汉字的兴趣	单元导读
		第二节 "六书"与汉字结构		欣赏阅读
		第三节 古今汉字规范及运用		课外自读
		第四节 洞察汉字今昔		综合活动
第三单元	风姿绰约——汉字的形态	第一节 汉字的演变历程	1.了解汉字演变历程及每一阶段汉字构形特点 2.理解字纸结合对于汉字发展的积极意义 3.培养学生对汉字的审美情趣	单元导读
		第二节 "甲骨文—行楷"之路		欣赏阅读
		第三节 字纸绝配		课外自读
		第四节 追寻汉字足迹		综合活动
第四单元	字里乾坤——汉字的功能	第一节 汉字的政治、经济、文化功能	1.了解汉字在历史中的政治、经济、文化功能 2.激发学生探索汉字与民俗的渊源，求知汉字背后故事的兴趣	单元导读
		第二节 "字"透纸背		欣赏阅读
		第三节 汉字与生活		课外自读
		第四节 触摸汉字心跳		综合活动
第五单元	按图索骥——汉字的艺术	第一节 美的渊源和历程	1.了解汉字艺术起源、发展和成熟的表现 2.理解汉字艺术性和文学性相结合的意义 3.培养学生汉字审美情趣 4.培养学生书写美观汉字的能力	单元导读
		第二节 汉字与书法艺术		欣赏阅读
		第三节 中国文学中的汉字		课外自读
		第四节 博览汉字英才		综合活动

该教材图文并茂，深入浅出，由一个个小故事串联而成，深受广大师生的喜爱。

二、建立汉字教学方法检索表，使多元化汉字教学有"法"可依

目前，汉字教学大都采用"随文识字"的方法，即将课文、生词、练习等机械排列，让学生单调地读、重复地写，忽视了少年儿童的生理、心理发展特点，忽略了汉字的形、意、义的来源与联系，不讲汉字的起源、造字规律，使原本科学、简易、智能、有趣的汉字，成了无源之水，漫无边际、枯燥乏味，无从把握，这实在是一大憾事。我们提炼了八种识字教学法，希望由浅入深、循序渐进的教学原则，采取简易有序、生动有趣的教学方法，以引起初学者的兴趣，找到记忆的线索和联想的依据，激活学生自主、探究性学习的潜能。

（一）故事法

课前两分钟的练口活动安排讲汉字故事，这样学生既可了解知识，又能锻炼口语表达。故事融合了历史、政治、文化、经济、科学等多种元素，加之绘声绘色的演绎，所以学生记忆深刻。例如，用民间故事"十个兄弟"来记忆"克服"的"克"字、曹操杨修"一合酥""阔""绝妙好辞"的故事、贺知章因唐玄宗给孩子取名"孚"而产生误会的故事、苏东坡与佛印释"犬""吠"的故事。

（二）字谜法

谜面或暗示字义或描摹汉字形体特征，能让人形象化地感知汉字间架结构、汉字形音义联系特点，进而锻炼思维。因此，字谜法深受学生喜爱。

例如，揭示汉字形体的字谜——祟：先后出示；耆：卷首语；豚：小猪刚满月；孵：浮出水面下个蛋；魇：不见魔鬼也发毛。揭示汉字形体、暗示汉字意义的字谜——怯：想在后边，却在前边，胆小怕事，很不自然；磐：石头虽一般，坚固如泰山；渺：挥泪一别会又难。

（三）图画法

图字对照，可揭示汉字的造字规律，反映古人"形"（实物图形）—"事"（较抽象）—"意"（抽象）的思维发展规律，展现古人造字的非凡才智，更有利于现代人了解汉字所描绘的丰富的形象和深刻的文化内涵。例如，禾穗图与"禾"字的比照，简笔画的山形与"山"字的比照，借鉴"书画同源"，即汉字从图画发展而来的观点来理解汉字。

（四）对联法

充分利用汉字字音、字形等特点的对联，以及展示从汉字的形体结构或字音入手或拆字、合字或多音、同音撰写而成的对联，既蕴含文学性、历史性，又富有音律，能熏陶学生文字感悟力，对提高他们的语文素养有一定帮助。例如：苏小妹笑戏佛印"人曾是僧，人弗能成佛"，佛印反击"女卑为婢，女又可称奴"。

（五）口诀法

心理学研究表明，当无意义的识记材料按音节韵律排列后，记忆率至少能提高 10 倍以上。口诀具有生动活泼、朗朗上口、易唱易记的特点。与字谜法类似，有些口诀偏重字形记忆，有些口诀则兼顾形义，甚至可以区别一组形近字。

偏重字形的口诀，如"碧"字口诀："王大妈白大娘，坐在石上唠家常。""稽"字口诀："尤其上边有旨意，粮食作物要抓实。"兼顾形义区别的形近字口诀，如"辨、辩、瓣、辫"的口诀："中间点撇仔细辨，中间有言来争辩，中间种瓜长花瓣，中间青丝扎成辫。"

（六）拆字法

拆字法就是利用字本身的结构来记忆字形的方法。例如，弓长"张"、立早"章"、口天"吴"、古月"胡"等。

（七）部首法

部首法，即通过介绍许慎《说文解字》建立部首归类汉字的创举，以及字典里部首检字法的实践，挑选部首对汉字进行归类记忆，达到"举一纲而万目张"的效果。例如，部首"页"多与人体肩部以上的部位有关，

"顶""项""颈""额""颊"等即是。因为部首"爪"是手的象形，如"爬"，而部首"瓜"是瓜的象形，如"瓢"，因此书写中就不应出现"爪"与"瓜"不分的错误。

（八）趣解法

趣解法的灵感来自网络与短信，或以拟人形式展示汉字间的对白以揭示一组汉字的区别，或体现了流俗文字学的幽默滑稽，或表现汉字在广告语中的谐音妙用。例如，汉字对白。未对末说："你以为你戴上大盖帽就了不起了？"末对未说："削尖了脑袋也没见你爬到最上面，还是最后一名！"例如，汉字谐音。洗浴用品广告随心所"浴"，自行车广告"骑"乐无穷……

上述这些方法学生无论是借鉴归纳，还是想象自创，的确会让汉字记忆变得更为生动，而在实践与探究的过程中也能体会到汉字文化的无穷魅力。当然，教师要让学生明确的是，我们主张"记无定法，殊途同归"，汉字记忆不应当是一元化的，而应在每个不同阶段对属性不同的字选择不同的记忆方法。不过，汉字的科学规律是不能违背的，那就是"记有定则，勿离勿违"。要基于汉字据义构形、以形示义的特点，弄清楚每个汉字的内在依据，这样汉字记忆才会更有生命力。

三、成立趣味汉字社，使多元化汉字教学有"台"唱戏

搭建独具特色的汉字教学平台，从校本教材的编写到趣味汉字社团的建立及各类评价机制的形成，都将汉字教学推上日常教学的轨道，形成固定的汉字教学常规。

（一）在社团中建立奖励制度，有效促进汉字学习新局面形成

📔 **奖励卡** ··

【第一层次】

1. 考勤卡（人手1张）

2. 基础卡（4张）

（1）个人全勤卡

卡片领取准则为一学期全勤者。

（2）社团贡献卡

以一学期内对本社团发展做出相应的贡献为发放标准，具体要求可按各社团实际情况由辅导教师来设定，如网站维护、社团干部工作等。

（3）优秀成绩卡

以一学期内在各级、各类与社团活动内容相关的比赛中获奖成绩为发放标准。

（4）最佳人缘卡

一学期在社团内评比一次，由全体社团成员包括老师投票选出，不超过社团总人数的10%。

【第二层次】

社团"荣誉之星"卡（集满4张基础卡），获得"荣誉之星"的同学还将得到神秘礼物一份，在下学期的开学典礼上发放。

（二）在社团中组织各类汉字活动，点燃学生学习汉字的热情

根据教材内容和教学时间，按照重点突破、兼顾全体的原则，避免平均用力，把校本教材《横竖撇点捺　汉字趣味道》分成四种类型（"单元导读""欣赏阅读""综合性学习活动"和"课外自读"），然后实施有针对性地教学。这样，既有"点"上的单元导读，又有"面"上的欣赏阅读和课外自读，既有知识性、文化性的内容，又有趣味性、实践性的内容，从而促使趣味汉字教学进入

图1 趣味汉字社招聘广告

图2 社团奖励卡

初中校本课程教学并得到具体而有效的落实。

1. 单元导读

导读是引导阅读的意思，是根据每单元教学内容编写出来的，引导学生从"面"上对校本课程各单元重点内容进行导读，使其对各单元汉字的主要内容有一个全面的印象，由面带点地深入学习后面的内容，调动学生阅读学习的积极性。

每单元的教学内容没有一定的统一性和共同性，不像语文阅读课可以采用"引导—点评—延伸"的基本教学模式，每个单元的内容对于学生来说都是陌生的、充满未知的，初中生没有能力去点评延伸，所以这块的教学模式宜采用传统的"讲谈—接受"模式和以学为中心的"参与—活动"模式。

"讲谈—接受"模式的结构程序为导入新课—教学新课—总结新课—检查巩固新课，以讲述法和谈话法为主要教学方法，同时采用指导阅读、看图、图示、讨论等法，属于接受学习的教学范畴。由于它方便易行，又有发展学生思维能力的作用，并可采用多种变式，因而使用较为普遍。类似于历史教学的性质。例如：在教学汉字"美的历程"一课时，先由"汉字为什么能够成为中华文化系统中的一种美学元素？"一问导入新课。接着，选择"美的历程"中的几个风景点作介绍：在汉字的幼年时期，甲骨是如何锻造了汉字构形的本体之美，进而塑造了其持久生命活力的；"金石"作为历久不衰的汉字标准的理想载体，是如何规范和引导汉字保持并积累其美学内涵的；毛笔这种独特的书写工具，是如何挥运出汉字构形系统的辉煌璀璨的。当一堂课结束的时候，通过教师图文并茂的讲解，学生经历了视觉和听觉的冲击，明显感受到汉字之所以成为中国文化系统中的一种美学元素，不仅是"书画同源"获得的先天禀赋，更是后天汲取了醇厚的文化养分发育而成的。

"参与—活动"模式强调师生共同参与活动，由三个环节组成：创设情景—参与各类活动—总结转化。例如：在教学"字如其人"时，教师先让两三位学生写下相同的字（创设情境），让其他学生分析这三位同学的性格（参与各类活动），再出示著名书法家林逋等的作品（创设情境），让学生试着猜读其书品及人品（参与各类活动），最后出示黄庭坚等人的评价，告诉学生"字如其人"，要练好字、做好人（总结转化）。

2. 欣赏阅读

欣赏阅读以欣赏图片阅读为主，这一块教学内容的设置既符合汉字本身图画性的特点，也符合孩子们喜爱"读图"的习惯，还能够给汉字家族提供一个施展底蕴的大空间。图片或应纵坐标依次播放，或应横坐标相互对照。

如果教师讲解这部分内容则大有"指手画脚"之嫌，何不干脆采用"小组合作"教学模式，大胆放权，充分利用学生课余时间，每组合作选择一块内容或一个角度精心安排准备，将所获所得以 PPT 或手绘海报的形式在课堂上呈现。比如开一堂"字里乾坤"的汉字欣赏课，围绕"汉字中的古人生活画卷"这一主题，小组分工展示。有些小组探寻"后""婚""娶""陵"等字在人的生命历程中的印迹，有些小组则通过解析"冕""尾""玉""房""邮""氓"等字来揭开古人日常生活的神秘面纱，另有一些小组偏爱咀嚼"契""辛""庆"等字，借以窥探古人习俗制度与信仰的点滴。准备讲稿、排练演讲活动都在课前完成。

学生的课堂展示以小组为单位，演讲过程以图为主、文字为辅。例如，有的小组在讲述古人的怪"尾"时，播放了一张青海大通县上孙家寨出土舞蹈彩纹陶盆的图片。该小组不仅抓住"逮"字解释了"尾饰为什么会成为奴隶的标志"这一问题，还找到了《说文解字》《后汉书·西南夷列传》《太平御览·四夷部》和《满江红》中的相关内容作为佐证，使其他学生明白，中原民族历来有鄙视四夷的传统心理，"鄙夷"一词即为证明，加之奴仆的身份标志，尾饰这种人造的尾巴就不仅显得劣迹斑斑，而且浸透了卑贱的意味。说理深入浅出、头头是道，值得赞赏。

这样的教学形式，既丰富了学生的课外知识，激发了他们学习汉字的兴趣，也培养了他们的逻辑思维和口头表达能力以及大胆自信、合作钻研的精神。

3. 课外自读

课外自读是课堂教学的延伸和补充，同样的内容"横看成岭侧成峰"，能够满足不同层次学生阅读的需求，对学生人文素养的提高和探索精神的培养有极大的帮助。"课外自读"要求，一是明确目标——以"单元导读"为纲领，课内外联动迁移。例如在阅读"雅俗共用""千古楷模"这两节自读内容的时候，按照导读文章"纸行于世""书法名流"的内容，更加深入地理解这样一个内涵：纸与字的完美结合，为在竹简阶段就已萌芽的行书、楷书、草书提供了绝好的发展空间，汉字发展步入成熟期。二是学会方法——以"欣赏阅读"课上小组合作的心得为参照，由现象到本质、由形式到内容，找准角度、方向拓展阅读。就如前文提到的"尾"字，先了解该字的最初形态，从古书或者古语中寻找佐证，再观察它的演化过程，了解其经历大浪淘沙积淀下来的历史文化意义及其现实意义。三是勤做摘记——以"综合性学习活动"为平台，抄录一些典型的、有意思的内容，学以致用。

4. 综合性学习活动

人教版初中语文教材的一个亮点就是设计了综合性学习活动，历年中考的考察方向也有这部分内容，因而趣味汉字教学也可以对其予以借鉴运用。搭建这一平台，激发学生对汉字的热爱，使学生更有兴趣学习校本教材。此活动根据校本教材内容，可以分为五个活动项目，活动主题分别为"走进汉字家族"（家族）、"洞察汉字今昔"（性质）、"追寻汉字足迹"（形态）、"触摸汉字心跳"（功能）、"博览汉字英才"（艺术）。这一以生为本的活动，跳出传统教学的窠臼，引导学生以兼顾感性与理性的眼光去审美汉字、传承汉字。

图3 "趣味汉字社"竞赛

📖 **汉字学习卡**

第一关：根据所学知识完成下列填空。（每空2分，共32分）

1. 被称为"万岁文字"的是_____。

2. 你知道的关于汉字的传说有_____、_____、_____等，汉字的真正起源是_____，汉字的性质是_____。

3. 中国第一部古文字字典是_____，作者是东汉的_____（人名），他开创的汉字_____、_____、_____综合研究方法，发明的_____检字法，以及书中留下的大量的古文字资料，已成为汉文字学研究的宝贵财富。

4.汉字的造字方法有_____、_____、_____、_____。

第二关：请根据古汉字字形写出今汉字（每空2分，共32分）。

第三关：此关分为两大小题。

（一）根据语境在横线处选填汉字（每空2分，共6分）

1.朵朵白云飘浮在空中，它们聚_____（笼、拢）在一起，积蓄了足够的力量，便形成雨，洒向人间，滋润大地。

2.被贬后的苏东坡依然有赏清风皓月、饮美酒的闲情逸_____（至、致），足见他心胸的开朗、豁达。

3.男排主教练坦言，在这次预选赛上，男排只有破_____（斧、釜）沉舟，才有可能冲出重围。

（二）根据拼音和词义写词语（每空4分，共20分）

1.（　　）chí chěng：骑马奔跑。

2.（　　　）mù bù xiá jiē：形容眼前美好事物太多，或景物变化太快，眼睛来不及观看。

3.（　　　）fàn ér bù jiào：指受到别人的触犯或无礼也不计较。

4.（　　　）yī chóu mò zhǎn：一点计策也施展不出，一点办法也想不出来。

5.（　　　）máo gǔ sǒng rán：形容非常恐惧惊骇。

第四关: 辨析汉字。（10 分）

"辨、辩、辫"是一组形近字，很多同学会混淆这三个字，你有区分它们的好办法吗？请写在下面。

四、创新多元化汉字教学范式，使多元化汉字教学有"式"可效

在教学中建立更加灵活多变的方式已是大势所趋。汉字教学的特殊性使建立适合汉字教学的范式显得尤为重要。在社团"试水"的基础上，根据校本教材的不同课型和教学的不同环节，创新以下几种教学范式，以应多元化汉字教学之需。

（一）教师直接教授

学生面对既熟悉而又陌生的汉字，少不了教师以口耳相传的方式来帮助他们打开汉字的世界。但教师必须少讲、精讲，给学生预留参与学习活动的机会和时间。讲授过程中的点拨也是一门学问，要讲究分寸，不断设置悬念让学生自己去理解。教师在教学前要心中有数，教学中要"见风使舵"、善于点拨。教师的讲授还要富有吸引力，讲究情趣，使学生在学习知识的同时得到愉快的情感体验。

（二）多媒体创设学习情境

近年来，随着多媒体技术在教育领域的广泛使用，大量多媒体设施资源进入课堂，成了新的教学资源。例如课件具有文本、图形、动画、视频图像、声音等多种媒体集成的优势，信息容量大，表现形式灵活，又有非线性和交互性的特点，给学生带来了一种全新的学习环境和认知方式，也促成了一种新的以学为中心的教学设计，这种教学设计的目的在于促使学生对知识意义的主动建构，成为信息加工的主体。汉字本身就有"书画同源"的特点，一个方块字就是一张图，暗含着生动的文化密码，若多媒体能辅助教学，将动态效果直观地呈现给学生，教师的教学过程便是如虎添翼。

（三）学生自主探究

这是当今新课程理念所提倡的一种学习方式，要求学生做课堂的主人，在老师的引导下发挥自己的主观能动性，调动自己的各种感觉器官，通过动手、动眼、动嘴、动脑，主动获取知识。美国心理学家布鲁纳说："学习最好的刺激是对所学学科的爱好。"汉字是一门历史性、文学性、美学性非常强的学科，要让学生自主探究式地学习汉字，最重要的是引导他们了解汉字的魅力，让他们明白汉字就在身边，在生活中产生了解汉字的爱好。在汉字活动中总结规律，从活动中激发学生学习汉字的兴趣。例如：形声字"假、暇、瑕、遐"中"假"，人形假声，本义是人们相互间的借、贷，所以用人旁表义，引申义为凭借、借助，又引申为代理的、非正式的，再引申为不真实的，现代汉语多为表示真假的假。当教师点到为止之后，学生自主探究这几个形声字的内涵，远比听教师传授更能获得学习汉字的自我效能感。

（四）学生小组合作

"小组合作学习"这一教学模式的应用给课堂教学注入了活力，不仅可以使师生之间、学生之间更有效地进行语言交际，而且可以培养学生的合作意识、团队精神，促使学生相互学习、共同提高，进而有力地提高课堂效率。为提高汉字合作小组的有效性，首先要建立合理的汉字合作小组集体，其次要合理安排汉字学习合作内容，明确要求，再次要建立激励性的评价机制。

五、多元化的汉字教学植入语文教学，打通语文教学的经脉

进入初中阶段，语文教学的侧重点有所改变。小学阶段以识字教学为主，语文课堂开设专门的识字与写字课；进入初中阶段后，阅读和写作成为教学重点，语文学习的天地更为广阔、任务更为繁重，很多老师花大力气在阅读和写作上，而忽视了字词教学。我们希望由社团"试水"向语文课堂的"进水"转变，将多元化的教学植入中学语文课堂，从而大大提升汉字教学的地位，提高语文教学特别是文言文教学的实效性，同时开发学生学习汉字的潜能。

（一）根据汉字构形特点，以点带面

字词教学并不一定需要整节课地教授，完全可以渗透到现代文和文言文教学中，甚至是写作中，起到以点带面、点石成金的效果。

例如八年级上册的《生物入侵者》这篇课文，主要讲述了"生物入侵者"这一概念，介绍了它产生的原因以及给人类带来的危害。实际上，文章题目中的"侵"字就可以很好地解释这一现象。"侵"小篆写为 ，左为"人"，右为"帚"的结合，意思是手拿着扫帚，而这合起来的意思即为人拿着扫帚一步一步地扫，本义为渐进，引申义为侵袭、侵入。那么在这篇课文当中，如果不去看全文仅从题目中的"侵"来看，学生可以得到两个信息：一方面"入侵"是不好的，是贬义的；另一方面它指一个渐进侵入的过程，实际上这也将这篇课文的主题"生物入侵"的过程和危害体现了出来。这样一来，老师不仅通过对题目的解释吸引了学生的注意力，而且间接地将文章的主题思想传达给了学生，激发了学生学习的兴趣，加深了学生对文章说明对象的理解。

在八年级上册《苏州园林》一课中，"或者是重峦叠嶂，或者是……"中无论是"峦"还是"嶂"，所要表达的意义都与山的形状密切相关。遇见此类表形的汉字时，如教师能直观地针对其形象进行教学，不仅可以提高教学效果，还可加深学生的印象，激发学生的学习兴趣。在汉字发展史中，人们为了加快书写速度，逐渐将早期的象物性淡化，由此汉字不再用直观的物象来表示字义了，构件以它在独用时所记录的词义来体现构意，就是构件的表意功能。如"火"本指火，由它参构的字"烧""灶""灼""炉""炊"都与火有关；"钅"本指"金"，由它参构的字"银""铜""铁""针""钉"等都与金属有关，这里的"火"和"金"承担的就是表意功能。再如学生在文言文或诗词中常常会遇见类似的情况，例"马"本指马，七年级上册《龟虽寿》"老骥伏枥"中的"骥"，七年级下册《木兰诗》"但闻燕山胡骑鸣啾啾"中的"骑"，八年级下册《马说》"骈死于槽枥之间"中的"骈"，分别指良马、战马、两马并驾，构意都与"马"有关。因此，教师在教授此类汉字时可利用该功能对学生进行系统性的知识传授，这有助于学生汉字知识乃至文化知识系统的形成，以及对

汉字以及汉字文化的学习理解。汉字构件不仅示形示义，若其在构字时体现示音的构意，就具有示音功能。例如"江""河""渭""淇""淞""湘""浙"是不同水的名字，都从"水"，构意与"水"有关，它们的构件"工""可""胃""其""松""相""折"分别与字音相同或相近，具有示音功能。通过这些示音构件，很多与之对应的草木名被提示出来，并与其他树名区别开来。如九年级上册《商山早行》"槲叶落山路，枳花照驿墙"中的"槲"（一种落叶乔木）、"枳"（一种落叶灌木）；九年级下册《公输》"荆有长松文梓楩楠豫章"中的"松"（松树）、"楩"（黄楩木）、"楠"（楠木）等，构意都与"木"有关，"斛""只""公""便""南"同样具有示音功能。

（二）挖掘汉字文化内涵，点石成金

系统化的汉字教学不仅可激发学生学习汉字的兴趣，还可以加深学生对于我国传统文化的理解，使学生在感受古代劳动人民智慧的同时，提高自身的文化素养，为以后语言能力的发展打下良好的基础。

例如"孝"，上部是一个弯腰驼背白发苍苍的老人形，下边的子代表小孩，表示小孩搀扶老人。敬重老人，帮助老人，正是孝道的具体表现之一。孝又指居丧，即在尊长死后一定时期内要遵守一定的礼俗。理解了"孝"字，就如同打开了传统文化的精神世界——"到了一处，我蹲下来，背起了母亲，妻子也蹲下来，背起了儿子"，"好像我背上的同她背上的加起来，就是整个世界"。

八年级《说"屏"》是一篇简易的说明文，既然要说"屏"，何不从字形入手探求古今演变中的"屏"为何物。《说文》："屏，屏蔽也。从尸，并声。"屏者，障也，可以缓冲一下视线。引导学生了解"屏"的起源，明确"屏"的含义，激发学生的学习兴趣。

八年级余秋雨的《信客》中"信"是会意字，金文和古文皆从人。用人口所言会真实之意。隶变后楷书写作信。《说文·言部》："信，诚也。从人，从言，会意。"本义为言语真实。一方面通过典型事例挖掘信客身上诚实守信、任劳任怨、兢兢业业的品质，另一方面介绍"信"字的演变让学生明其内涵。

（三）文言文追根溯源，如鱼得水

文言文字词是文言文教学的起点和重点，在文言字词教学中，探寻字词意义的来源和联系，有助于学生理解文言文文本的内涵。

遇到易读错的文言字词时，教师对于字词的讲解有助于学生对知识点的掌握。"论"平时我们念得较多的音是"lùn"，如议论，而在读《论语》的书名时，读作"lún"。古人告诉我们，论，伦也；语，叙也，连起来就是叙述伦理，是孔子与弟子在叙述伦理。所以，《论语》是记录孔子和他弟子言行的一部书，是由其门人及再传弟子编撰而成的。

九年级下册《鱼我所欲也》中"一箪食，一豆羹，得之则生，弗得则死"，很多学生在看过注释以后，很快理解了"箪"的意思，即"古代盛饭用的圆形竹器"；但是对于"豆"的解释"古代一种木制的盛食物的器皿"却有些难以理解。这是因为在现代汉语当中"豆"在更多的情况下被认为是豆类植物的总称，与文中的含义相去甚远。实际上，教师在此类情况下只需展示甲骨文的"豆"字，学生便会发现它类似一个高脚的碗，并且碗上的一横就像是盖子，因此在课文里"豆"字指盛食物的器皿，而不是学生平常见到的黄豆、绿豆等。如此一来，把字词教学有机融入课堂教学，使字词教学与课文内容教学有机结合。

如果想要学生理解《诗经》中的"淑女"形象，对"窈窕、淑女"两个词的演变进行介绍他们就会一目了然。窈窕（Yǎotiǎo）：心灵美为窈，仪表美为窕，形容女子心灵仪表兼美的样子。淑（shū）：形声，从水，叔声。本义为水清澈。《说文》："淑，清湛也。"《尔雅》："淑，善也。"经此一番解释后，学生的脑海里马上浮现一个女子的形象，她不仅有美丽的外表，还有美好的心灵。

诸如此类的示例都表明，一个汉字有时候足以打开一片天地，我们的语文教学离不开汉字的教学。

多元化汉字教学不仅可以打破传统僵化的汉字教学，还能激活汉字的生命，挖掘传统文化内涵，给日常的语文教学注入一针强心剂，可谓课堂教学改革中的一项"新突破"。

品语文之 "雅"，悟语文之 "真"

《全日制义务教育语文课程标准》明确规定：语文是最重要的交际工具，是人类文化的重要组成部分。工具性与人文性的统一，是语文课程的基本特点。语文课程的 "工具性"，是指通过学习语文，学生能熟练地运用语言工具，并能顺利地参与交际活动。语文课程的 "人文性" 主要体现在对学生的人格、个性、精神世界的关怀，培养学生积极向上的情感，正确的价值观、人生观以及高尚的审美意识。因此在语文教学中，我们不仅要培养学生的阅读能力，丰富学生的基础知识，还要让学生通过语言文字理解教材所包含的思想、情感等人文性的内涵。语文课程的人文性，是以教化学生为本，在当前它体现了我国素质教育的普遍性要求，涵盖了思想性（政治思想、世界观、人生观、价值观）、文化性（古今中外先进文化的丰富内涵）、审美性（对自然美和道德美的欣赏）、发展性（发展智力、情感、意志等心理能力）、创造性（发展创新意识和创新能力）等，也就是全面提高人的素养。

语文学科是人文底蕴最为丰富的学科之一，我们的语文教学要破除唯理性教育的模式，在积累、涵泳、顿悟的过程中挖掘人文底蕴，重视情感、意志、审美情趣等的介入，引导学生求真、求善、求美。

语文教学中，在引导学生主动、高效获取知识的同时，更加注重 "师—生、生—生、师—文本、生—文本" 之间情感的体验、对话式的交流，在感知知识生成过程的同时，品味语文的韵味，体验求知的优雅，让 "文雅的言谈、优雅的举止、高雅的情趣、儒雅的气质" 逐步渗透到每一位师生的思想与行为之中。

"雅" 是中华文化的核心范畴之一，学者们对它的讨论由来已久，在 2000 多年的历史发展过程中，其影响着人们生活的各个方面。儒家之 "雅" 在孔子

"思无邪"观念的统摄之下必然归于正统，以正统为要，更进一步来说也就自然以古为"雅"。而道家崇尚的是清静无为，在人格的建构和审美的意趣上不同于当时的主流文化，追求个体生命的价值，以超凡脱俗为"雅"。儒家之"雅"构成了"雅"美学意蕴中沉稳的部分，道家之"雅"则是"雅"中灵动性的部分，我们也可以说道家的清新脱俗之"雅"让这个沉稳之"雅"有了生机与活力。

为此，教师应转变课堂教学，关注语文"三雅"，带领学生体味语文的"真"味。

一、品言语之雅，感知语言文字之"真"味

语言作为人们交际和交流思想的工具，应传达给听者，并影响听者，实现思想情感的交流。荀子将"言必当理"视为语言美的首要标准，认为语言必须"当理（事理、情理）"而"合于道"才是美的。荀子也重视语言的社会意义，一贯把"善言"（善的内容和美的形式）看作人际交往和交流思想的前提。要做到"与人善言"必须"文""理"并重，使语言兼有辞华和质美的境界。语文课，即言语实践课只有让学生感受到语言之美，学生才有可能朝着"善言"这个目标靠拢，才有可能提高自己的言语水平。

语文是由语言文字组成的充满生命活力的课程，绚丽多姿的语言是语文课上一道亮丽的风景，而缺少了语言的课堂则如无源之水、无本之木。所以，语文课就应该在浓浓的语文味中，在满怀诗意的情境中，在丰富的语言想象中，让学生品读语言文字，感受语言的魅力。然而，在课堂上，教师常常把过多的精力投入对文本内容的挖掘和对思想感情的讲解上，强化了"人文的感悟"，却淡化了对"语文本色的品味"。因而，除了要捕捉现行教材中课文的闪光点，抓住课文的精妙之处，还要大量补充经典美文，引领学生悉心品味，从一个个标点、一个个词语、一个个句子中去品味语言，通过细嚼慢品，与作者的情感共鸣，学生不仅能感受到人文关怀，更能得到语言智慧的启迪。

（一）摘抄积累，体会言语之雅

要使学生真正体会语文之"真"味，就要引导学生大量读书，积累众多的语言材料，熟读成诵，体会语言的美。一是积累好词，熟读成诵，体会美。二是积累佳句，熟读成诵，体会美。如比喻句有形象之美，排比句有整齐之美，拟人句有情感之美，诗句有韵律之美，不少名言有意志、品质、理想之美，等等。三是积累精彩片段，熟读成诵，体会美。

在学生进行第一次摘抄作业之前进行指导，刚开始的一段时间我都会带着学生一起品读美文，然后把好的字词句段摘录下来。慢慢地，学生就懂得了什么样的语言是值得积累的。例如，带他们一起品读丁立梅的《醉太阳》。

醉太阳

丁立梅

天阴了好些日子，下了好几场雨，甚至还罕见地，飘了一点雪。春天，姗姗来迟。楼旁的花坛边，几棵野生的婆婆纳，却顺着雨势，率先开了花。粉蓝粉蓝的，泛出隐隐的白，像彩笔轻点的一小朵。谁会留意它呢？少有人的。况且，婆婆纳算花么？十有八九的人，都要愣一愣。婆婆纳可不管这些，兀自开得欢天喜地。生命是它的，它做主。

雨止。阳光哗啦啦来了。我总觉得，这个时候的阳光，浑身像装上了铃铛，一路走，一路摇着，活泼的，又是俏皮的。于是，沉睡的草醒了；沉睡的河流醒了；沉睡的树木醒了……昨天看着还光秃秃的柳枝上，今日相见，那上面已爬满嫩绿的芽。水泡泡似的，仿佛吹弹即破。

春天，在阳光里拔节而长。

天气暖起来。有趣的是路上的行人，走着走着，那外套扣子就不知不觉松开了——好暖和啊。爱美的女孩子，早已迫不及待换上了裙装。老人们见着了，是要杞人忧天一番的，他们会唠叨："春要捂，春要捂。"这是老经验，春天最让人麻痹大意，以为暖和着呢，却在不知不觉中受了寒。

一个老妇人，站在一堵院墙外，仰着头，不动，全身呈倾听姿势。院墙内，一排的玉兰树，上面的花苞苞，撑得快破了，像雏鸡就要拱出蛋壳。分别了一冬的鸟儿们，重逢了，从四面八方。它们在那排玉兰树上，快乐地跳来跳去，翅膀上驮着阳光，叽叽喳喳，叽叽喳喳。积蓄了一冬的话，有得说呢。

老妇人见有人在打量她，不好意思地笑了，先自说开了："听鸟叫呢，叫得真好听。"说完，也不管我答不答话，继续走她的路。我也继续走我的路。却因这春天的偶遇，独自微笑了很久。

一个年轻的母亲，带了小女儿，沿着河边的草坪，一路走一路在寻找。阳光在她们的衣上、发上跳着舞。我好奇了，问："找什么呢？"

"我们在找小虫子呢。"小女孩抢先答。她的母亲在一边，微笑着认可了她的话。"小虫子？"我有些惊讶了。"我们老师布置的作业，让我们寻找春天的小虫子！"小女孩见我一脸迷惑，她有些得意了，响亮地告诉我。

哦，这真有意思。我心动了，忍不住也在草丛里寻开了。小蜜蜂出来了没？小瓢虫出来了没？甲壳虫出来了没？小蚂蚁算不算呢？

想那个老师真有颗美好的心，我替这个孩子感到幸运和幸福。

在河边摆地摊的男人，不知从哪儿弄来一些银饰，摆了一地。阳光照在那些银饰上，流影飞溅。他蹲坐着，头稍稍向前倾着，不时地啄上一啄——他在打盹。听到动静，他睁开眼，坐直了身子。我拿起一只银镯问他："这个，可是真的？"他答："当然是真的。"言之凿凿。

我笑笑，放下。走不远，回头，见他泡在一方暖阳里，头渐渐弯下去，弯下去，不时地啄上一啄，像喝醉了酒似的。他继续在打他的盹。春天的太阳，惹人醉。

上面加下划线的语句是最后学生摘录到本子上的，虽然花费了好些时间，但这时间是值得的，因为品读后再摘抄不仅提高了学生的品读鉴赏能力，还在很大程度上激发了学生积累语言素材的积极性。有"输入"（阅读、积累）不一定有"输出"，但要想有"输出"必定要有大量的"输入"。有了一定量的积累，自然而然会体现在学生的作文当中。如：学生以往在写作中写到秋天的果实时，往往会用"红色""黄色"这些词来形容；在带领他们一起品读了管用和《迟熟的果》后，学生将"林中，那些散发着芳香、炫耀着金黄和玉红的果子，骄傲地被人们采走了"一句中"玉红"这一极具表现力的词用于自己的写作。

（二）朗读指导，感受音韵之雅

朗读作品是一种感化、一种熏陶，读一篇好文章会让人心荡神驰，情思横溢，如饮甘露，浑身清新舒爽，给人以无穷无尽的力量。朗读能发展学生的思维，激发学生的情趣。学生朗读能力逐步提高，对课文内容的理解就会逐步加深。同时，朗读也是一种艺术的再创造。无声的书面语言变成有声有色的口头语言的过程中，眼、口、耳、脑等多种感官并用，既可以促进学生对知识的理解和记忆，又可以帮助学生积累大量的词汇和句子，提高学生的理解能力和表达能力，这就是"书读百遍，其义自见"的道理。特别是青少年儿童时期，从朗读活动中得到的宝贵教益，对一个人树立远大理想、坚定生活信念、振奋进取精神、激发斗争意志，会产生巨大的作用。"文学的一部分生命就存在于它的声音里，存在于声母、韵母、声调、轻重缓急等语气、语调里。"

1. 朗读的重音和停连

重音，是对一句话中需要强调的词语加以重读，以引起听者的注意。一般用着重号"."标示在词语下面，如图4所示。

山朗润起来了，水涨起来了，太阳的脸红起来了。
春天像刚落地的娃娃，从头到脚都是新的，他生长着。
春天像小姑娘，花枝招展的，笑着，走着。
春天像健壮的青年，有铁一般的胳膊和腰脚，他领着我们上前去。

图4 朗读中的重音

停连，指朗读语流的停顿和连接。停顿，用 ˇ 标示在词语之间的上方，不限于标点处，句中有时也有小停顿；连接，用 ^ 标示在词语之间的上方，是为了表达的需要，在此处要一口气连贯地读下来，有标点也不停顿，如图 5 所示。

坐着，ˇ躺着，ˇ打两个滚，^踢几脚球，^赛几趟跑，^捉几回迷藏。

风 ˇ 轻悄悄的，草 ˇ 绵软软的。

图 5　朗读中的停顿和连接

读的时候，"风"和"轻悄悄的"，"草"和"绵软软的"之间要停顿，读出"风"的轻柔和"草"轻软。

2. 多种朗读符号的综合运用

"吹面不寒杨柳风"，不错的，像母亲的手｜抚摸着你。风里带来些新翻的泥土的气息，混着青草味儿，还有各种花的香，都在微微润湿的空气里酝酿。鸟儿｜将巢｜安在繁花嫩叶当中，高兴起来了，呼朋引伴地卖弄清脆的喉咙，唱出宛转的曲子，跟轻风流水应和着。牛背上牧童的短笛，这时候也成天嘹亮地响着。

图 6　多种朗读符号

图 6 中 ～～表示悠扬重读，重音，｜表示小停顿，⌒表示拖音。开头的诗句要字字顿开，"母亲的手"和"抚摸"两重音要处理得语重而情深，令人觉得温暖而舒坦。"泥土的气息"和"青草味儿"读重音，给人以嗅觉上的美感。"清脆""宛转""应和"，还有"短笛""嘹亮"等词语重读，使人感到耳畔似乎响起一支充满青春活力的迎春交响曲。借助朗读符号的标注，将全篇朗读的语气、节奏、情感变化组织起来，便将朗读提升为美读。

（三）读悟结合，浸润言语之雅

让学生多读多背多诵，自读自悟、质疑问难，细细品味古诗文的韵律美、意境美、情感美、哲理美。不需要"讲透讲深""问个不休"，先积累起来再说，日后再来"反刍"。我们都有这样的经验，儿时诵读过的名家名篇、儿歌，现在仍然记忆犹新,朗朗上口。因为读是语言实践练习最重要的途径,只有读得多,才能悟得深。多读有助于对语言的感知、吸收、积累,也有助于思维的发展。正如俞平伯先生所指的那样:"古人做文章时,感情充沛,情感勃发,故形之于声。作者当日由情思而声音,而文字;今天的读者要了解当时的作品,也只有遵循原来的轨道,逆溯上去。作者当时之感寄托在声音,今天凭借吟哦背诵,同声相应,来使感情再现。"由此,我们不难发现:人们对文章的理解是以诵读为基本前提的,诵读最有价值的古诗文也是一种回归传统直觉式的语文教学。诵读古诗文不但可以培养儿童的理解力、记忆力和想象力,而且可以让古诗文在孩子幼小的心灵中不断地发酵,潜移默化地开发他们的智慧,促成其人格的全面成长,成为他们一生高远见识、优美人格的源头活水。充分利用学生手头的资源《经典诵读·推荐篇目读本》,借助表扬单、印章、表扬卡等激励手段,引导学生多积累课外古诗词。

俗话说:"熟读唐诗三百首,不会作诗也会吟。"学生对诗词有了一定量的积累,在伤心的时候就不会只说"蓝瘦香菇"而是想着"问君能有几多愁,恰似一江春水向东流""自在飞花轻似梦,无边丝雨细如愁""一川烟草,满城风絮,梅子黄时雨"了。"若有诗书藏在心,岁月从不败美人。"所以说,诗词可以改变我们的气质,提高我们的情操。

二、品文本意蕴之雅,感受文章内涵之"真"味

文章的意蕴美,是作家按照自己的审美意识和观点,依照美学规律寄托的某种理想,它铸就了语文的博大精深。在语言、节奏、结构、形象、意境、人性、伦理等众多元素所构成的美学系统中,意蕴美是深层次的,包孕在外表形态中,深裹在意象层面内,"若隐若现,欲露不露,反复缠绵,终不许一语道破"(《白雨斋词话》)。中学语文教学中,引领学生充分挖掘文本内涵,享受语文的意蕴美,成了提高其品位、健全其人格的重要组成部分。

（一）调动学生的阅读、生活体验，激活文本的意蕴美

作品中饱含着浓厚的生命气息，反映着作者对时代、对人生的认识和思考，学生只有在调动自己的阅读、生活体验进行创造性的解读之后，才能更好地品味、领悟文本的意蕴美，才能在激活文本的生命中激活自己的生命。

在教授《散步》时，让学生理解这一家人的"尊老"主题，可以调动学生的生活经验，与课文中的一家人的关系做比较。比如，如果你的家庭是三代同堂，你们会一起去散步吗？如果出现了分歧（吃什么饭，看什么电视节目等）时，是如何解决的？在两相对比中，学生自然而然会体会到这一家子的难能可贵。

学生的阅读、生活体验是一种宝贵的课程资源，教师应该鼓励学生寻求与文本相通的某些生活体验或阅读体验，资源与文本意蕴美取得一致时便会取得事倍功半的教化效果。

（二）调动学生的联想、想象力，碰撞出文本的意蕴美

好的文本存在着很大的张力空间，以及很多有意义的未定点。发现这些点，引导学生进行创造性理解和填补，本身就是在激活文本的生命。从另一个层面来说，学生的心灵与文本的意蕴美碰撞的过程也是对学生生命意识的熏陶感染过程。

在教《山中杂诗》时，要求学生发挥合理的想象与联想，将诗改写成一篇美文。这是陈诗诗同学的作品：

> 我住在这山中有一段时日了。此时正值黄昏临近，天色逐渐由蓝转青，刚送走来访的邻人，倚着窗户向远方看去。
>
> 我看见一座黛青色的山，绵延起伏，静默地伫立着，没有一丝声响，从山与天接壤的地方隐隐瞥见几缕青烟，菱纱般轻盈自在，四处飘荡。大概是山脚下的妇人们已准备好了晚饭，待丈夫儿女归来，吃顿热乎的晚餐。小时候，家境微寒，久居陋室，可母亲也是这样等我们归来，也许有一份期待、一丝牵挂从来都是最幸福的事情。落日的

光辉从竹叶的间隙洒出来，正好可以看到一轮红彤彤的落日，依旧是暖洋洋的却不如正午的那么耀眼，让人有一种归属感。

那年，遇见"伯乐"沈约，看了我的文章后大为赞赏，我有幸被引荐做官。从此每日应邀赋诗撰文，一展平生之所学，丝毫不敢怠慢。

那年，遇见旧友朱元思，我竟醉心游走于峥嵘的山石、浩荡的江水、挺拔的寒树，耳边萦绕的是泠泠的泉声、嘤嘤的鸟语、久久的蝉鸣，我早已无心于朝政，每忆起官场中那些浊尘般的往事，便不禁一笑嗤之。

头顶三两只浅灰色的飞鸟映着落日从屋檐上方飞过，我望着飞鸟，顿时浑身轻松，仿佛自己就是这群鸟中自由自在的一员，飞向温暖，飞向远方。再看近处，悠悠白云仿佛从雕有暗黄色菱花的窗中飘出来，让人觉得格外有趣，仿佛自己已与大自然融为一体，隐于这没有喧嚣杂乱的山中，真好。

这样的想象、联想非常生动，并且与文本内容紧密相关。而这一过程，既激活了文本的生命，又诱发了学生积极的情感体验，使他们真正走入了文本，关注到文本的深厚意蕴。

三、品作品文化之雅，传承语言文化之"真"味

优秀的文学作品和良好的语文素养可以极大地丰富学生的精神生活，促使学生的精神变得崇高、感情变得丰富、思想变得深刻、人格变得健全。因此，在语文课堂教学中，人文思想教育主要通过"语文"这个中介来实现。人文思想的传承发扬，渗透在整个教学过程之中，而学生又在学习中获得具体而丰富的真善美的精神陶冶。缺乏文化底蕴的教育，只能是知识的堆砌，是乏味的、肤浅的、平庸的；而用文化来引领与熏陶学生，影响是持久的、深沉的。文化

39

的传承，课堂是主阵地，教师是引领者。

（一）会意表意，使雅文化鲜活、生动

语言文字是文化的忠实体现者，同时它自身就是一种文化。几千年的积淀使得汉字的文化内涵日渐丰富。汉字是世界上至今还在使用的表意文字系统，虽然随着时代的发展，大多数汉字失去了象形的外貌，但在本质上还保留着早期文字的许多特征，而且时间越久越明显。因而，在教学中应充分运用文字这一载体。

如《孙权劝学》一文涉及"卿""孤"这两个人称代词，哪个是他称，哪个是自称，个别学生还是会混淆，更别说了解什么情况下可以用这两个称呼了。因而在课堂上对这两个字要进行重点分析。尤其是"孤"这个字，在弄清楚什么人能用这个称呼之后，又与学生探讨"为什么古代帝王以'孤''寡'自称"，学生进行讨论后，教师适时出示链接材料：

> 孤、寡都是孤单的意思。《春秋·士容》："孤、寡，谦称也。"龚自珍《最录尚书古文序写定本》："寡者，无二无匹最尊之词。"孤：字面上是少的意思，如孤儿，意为没有亲人的孩子。寡：是指一个人，多数也是少的意思。两个字联合在一起就变成了孤家寡人了，所以皇上就是至尊至上的，也是唯一的，天下是他的，他是主宰天下的唯一的人，所以"天下唯我独尊"。《战国策·齐策》："虽贵，必以贱为本，虽高，必以下为基，是以侯王称孤寡不谷。"这句话是说，因为地位低贱的人是地位高贵的人的根基，所以侯王自称孤、寡、不谷。意即君主称自己是孤单的，需要臣下的辅佐。

在教学活动中教师对古代的称谓文化进行了讲解，不仅使学生了解称谓的复杂性，而且使其明白古人的尊卑有序，以及对礼制的重视。

（二）涵泳品味，实现与雅传统的共生交融

当前的文言文教学中存在着一种常见的偏误，即将文言文教学窄化为文言教学，又将文言教学窄化为文言知识、语法教学，并进一步将其固化为背注释、背译文、背语法知识。这一偏误既降低了文言文教学的效率，又严重影响了学生学习传统文化的兴趣。

以往教授《孙权劝学》时采用的是文言文教学中最常用的套路："读一读"，即对全文进行朗读；"讲一讲"，即讲清楚重要的文言实词、虚词及特殊句式等，翻译全文，讲明全文的主旨；"背一背"，即对全文进行背诵。这样的课堂结构和进程，使课堂气氛沉闷，学生积极性不高，无法融入课堂，更无法沉潜于文字赏析之中。这样一种"文义解析"式的文言文教学模式，使得传承中华优秀文化的教学任务在有限的课时内形同虚设。在认识到这一点后，我们对课堂教学的进程和结构进行了调整。在原先的基础之上加入了分角色朗读这一环节，要求学生仔细揣摩人物说话时的语气语调，想象当时他们脸上的神情，还原当时的情景。"分角色朗读"这一形式充分调动了学生的积极性，很多同学跃跃欲试。要还原当时的情景，学生必须深入文本，与文本进行对话，还要考虑到事件发生的背景，人物的身份、地位，人物之间的关系等历史文化知识，这个过程会涉及"尊卑有序""重礼节""孝"等经久不衰的传统文化因素。

同时，因原文中"劝学"部分只出现了孙权的话语，而没有吕蒙的。因而，在分角色朗读时要求学生根据语境自己添加进去。第一组朗读时，扮演吕蒙的同学直接用白话文的形式与另一位同学进行对话，当"文言文"遇到"白话文"，一场令人捧腹大笑的戏码上演了，在"笑"的同时不忘引导学生注意"文""白"的差异，学生纷纷表示用文言文进行对话，表演更精彩。在这个过程中，学生意识到现代白话文有着比较明显的欧化倾向，虽然有明白如话、易于传播的优势，但是想要典雅凝练，仍然要从文言文中汲取营养。

语言表达的"中国化"实现了与传统的共生、交融，这既是传统文化的传承达到一定层次的标志，也是更好地传承传统文化的必由之路。一个人说话、写文章没有"中国味"，即使掌握再多的传统文化知识，他与传统文化之间也很可能仍是彼此疏离的。

（三）体悟认同，形成雅文化价值观

一直以来人们认为古文教学比现代文教学来得简单，教古文无非是先了解一下作家、作品信息，然后读准字音、读对停顿，继而梳理文中重点字词并翻译全文，最后分析人物形象、讲解文章的主旨。这样的语文课堂在教学结构和进程上面面俱到，在教学方式上浅尝辄止，对于传承优秀传统文化是很不利的，文言文往往成为语文课程的直接目标，而传统文化则成为隐藏于文言文之中的可有可无的间接目标。文章的思想主旨往往是由老师直接讲明，而且讲得比较浅显。部编教材课后练习的设计凸显文言文的文化目标，给我们提供了借鉴意义。教师在教学时应让学生思考古人的价值观，在文章的感染力中自然理解这些价值观，而不是直接灌输给他们。

教学《爱莲说》时在疏通文章字词、翻译全文之后，我设计了这样一个主问题：文中哪些句子描写了"莲"的形象？你觉得仅仅在"写莲"吗？此问题意在引导学生在整体把握文章内容的基础上，通过"莲"这一形象去领悟其象征意义，并感受作者心中的"君子"形象。这样比直接把"高洁自重""谦虚正直""不攀附权贵""志洁行廉""清高"等词灌输给学生更能让其接受，因而这些价值观对学生的影响也更为深远。

《卖油翁》一文告诉我们一个道理，那就是"熟能生巧"，即使有长处不能骄傲自满。如此说来，文中的两个人物，一人骄傲自满（陈尧咨），一人谦虚稳重（卖油翁）。然而在备课的过程中我产生了一个顾虑，学生读了文章以后会不会把卖油翁的形象理解为"骄傲、自大"：一个神态"睨"，斜着眼看，形容不在意的样子；一个动作"微颔"，微微点头，表示些许赞许，这很容易被学生理解为对陈尧咨的不屑、轻视。索性在课堂上就"卖油翁谦虚吗"这一话题进行了一场辩论。启发学生揣摩作者刻画人物的意图，必须进入人物的灵魂世界，要做到这一点仅仅抓住关键词句重锤敲打是不够的，还需考虑人物生活的时代，那个时代的文化、人们的思想观念等因素。卖油翁是以一个老者的身份出现的，因其年长、人生阅历丰富，因时间沉淀而老练内敛，而陈尧咨年轻气盛、不可一世。两人虽都技艺精湛，但其表现却是不一样的，陈尧咨因为善射

而自信、自矜，卖油翁因为技善而自信、谦和。中国传统文化所倡导和追求的理想人格"君子"在道德修养方面，核心的内容有恭敬、礼让、谦虚等。在综合考虑"身份、年龄、地位、文化背景"等因素后学生很自然地得出了卖油翁"谦虚、沉稳"的性格特点。

历史悠久的中国传统文化深深地体现着中华民族的审美特性与精神诉求，是中华民族的根与魂。正如费孝通先生所说，文化自觉的目的不是复旧，也不是全盘西化，而是加强文化转型的自主能力。也就是说，我们要思考在当今世界不同文化接触、碰撞的情况下，如何发挥中国传统文化在当今社会中的价值这一深刻问题，就要将"传统文化"根植于现实的土壤中并让它开出绚烂的花朵。

如在教学《杞人忧天》的时候，在揭示了文章寓意之后，我增加了这样一个环节：① 杞人"忧天地崩坠""晓之者"的话你赞成吗？为什么？② 人们常用"杞人忧天"讽刺那些不必要的担忧，"杞人忧天"真的是庸人自扰吗？如果杞人生活在现代，他的"忧天"有没有合理性？请阐述理由。意在引导学生立足于当今社会，从一个现代人的角度去重新审视这则寓言的寓意。在环境日益恶化的今天，大气污染严重，臭氧层遭到严重破坏，全球气温升高，太阳黑子活动强烈，影响人类生存环境，如果人类对于自身的命运没有深深的忧虑，那么环境将进一步恶化。

又如，教学《陋室铭》时的最后一个环节：《陋室铭》结尾引用孔子的话"何陋之有"，有什么深意？与同学交流一下，在物质生活日益丰富的今天，应该如何看待作者所说的"惟吾德馨"？第一问引导学生在整体把握文章内容的基础上品味重要语句，理解作者的志向和抱负。第二问引导学生思考中华传统美德在现今社会的意义和作用。

再如，教学《爱莲说》时，在阐明"君子"的内涵后，设计了教学环节："你如何理解'出淤泥而不染'的人生境界？小组讨论后请派代表阐明你们组的观点。"理解"出淤泥而不染"的人生境界，重在思考"洁身自好"的传统美德在现实中的表现和价值，从传统文化中汲取赖以生存的养分。

总之，语文学科是人文底蕴最为丰富的学科之一，与人们生活息息相关，与一切现代信息技术的发展联系紧密，最能引起学生的实践、创新能力实现本质的飞跃，提高学生认识问题、解决问题的能力，促进学生健康发展。正因为如此，我们的语文教学要破除唯理性教育的模式，在积累、涵泳、顿悟的过程中挖掘人文底蕴，重视情感、意志、审美情趣等的介入，在心灵体验、激情燃烧、思想碰撞、精神对话的过程中，培养学生开放思想，即具有"海纳百川的文化胸襟、高屋建瓴的人文视野、不畏权势的民主意识、独立思考的批判精神"（李镇西语），使他们形成健康的人格品质。

让语文作业走向学科的精彩

一、整体·内化·知新类语文作业的提出

我们一贯的认知总是习惯把作业和新授课给割裂开来，讲课文就是讲课文，写作业就是写作业。在平时教学中一个很通行的观念就是：把教学当成一种任务去执行。课程目标上说这节课两课时，就上两课时，课上完了再写与之相配套的如《作业本》，《作业本》写完了再写其他相关练习。周而复始，枯燥而乏味。其实，教师就该从束缚自己的条条框框中解放出来。既然是上语文课，就应该领着学生"贴着文本飞翔"；既然是作业，就该使学生把课堂上所学的东西和自身实践相结合，在更高的层面上观照自我，从而内化为自己的语文素养。

于是我想到了在现今众多类型的作业中是否该有这样一类读写作业，这类作业设计的关键词是"整体""内化""知新"，以尽量让学生"长上去"为根本目的，也就是说要努力达成学生的精神成长和心灵成长。正如陶行知先生所说的："人像树木一样，要使他们尽量长上去，不能勉强都长得一样高，应当是：立脚点上求平等，于出头处谋自由。"

整体·内化·知新类作业是培养和发展学生能力的一座桥梁，能优化语文学习的内在、外在环境。这类作业的特点是真正贯穿课堂，淡化知识分割，拒绝断章取义，拒绝只见树木不见森林；融通课堂内外，促使学生在做作业中内化知识、情感，自主地获得新知，促进学生知识迁移、技能训练、能力培养和思维发展，让作业真正成为"学生迁移知识、内化情感、创新思维的园地"。

二、整体·内化·知新类语文作业的设计

（一）整合知新类作业（语文作业是有深度的）

我们现行教材中的文本，大都是文质兼美、内涵丰富，具有一定审美价值的文学作品。这些作品，无论是现代文，还是文言文，都离不开人物形象的支撑。因此，对人物形象的把握直接决定了教学的有效性。课堂上教师尊重学生的阅读心理，引导学生潜心研读文本中的人物形象，在有效的语言文字训练中感悟人物形象；注重创设情境，激发学生的个性体验，通过对人物形象及精神的层层递进式的解读体悟文本的人文内涵，体会丰富的情感。也就是说中学语文教学中对作品中人物形象的准确分析，是学生领悟作品内涵、正确体验作品情境的主要方法，是提高学生阅读能力的有效途径。那么，课外也应沿着这一教学思路辐射到相应的作业中。

整合知新类作业设计在尊重文本的价值取向的同时，尊重学生的独特体验，它是对课堂上教学环节的深度拓展和延伸。教师运用代表性作业"千秋某某我评说"，引导学生与文本、与自己的内心对话，加深对人物形象的深刻理解。《语文课程标准》提出："阅读教学是教师、学生、文本之间对话的过程。"在此过程中，第一重要的是学生与文本的对话。同时让学生走出人物解读脸谱化的程式，进而树立不以成败论英雄的评论观，努力读出自己心目中的人物形象。

📓 整体·内化·新知作业设计

代表性作业：千秋某某我评说

适用对象：人物形象内涵丰富的文本

作业意图：打破人物解读脸谱化程式，读出学生自己心目中的人物形象

课堂上以"陈涉何以入世家"这一主问题贯穿始终。当学生对陈胜远大的志向、洞察时局的能力、组织领导才干等达成共识时，我适时抛出课后练习材料，触动学生心中的那根语文的弦，引导学生趋向这样的认识"亡秦者，秦也；亡陈者，陈也"，帮助学生树立正确的英雄观。当学生意犹未尽时，下课铃已响起，我又适时抛出作业"千秋陈胜我评说"，将课堂教学延伸到课外作业。课堂上学生的作业热情已被点燃，课外下笔的那一刻学生定然是思如泉涌，这样呈现在大家面前的学生作业既不游离于文本之外，也不会深陷文本不能自拔，始终洋溢着一种"理性的激动"。

黄伟豪同学在《不想成为历史，就要成就未来》中对陈胜的认识达到了这样的高度：

> 陈胜，一个本来十分卑微的放牛娃，却因为一串惊天的巧合，开启了他短暂却辉煌的一生。
>
> "王侯将相宁有种乎！"这朴素的豪言振聋发聩，昂扬着人们的斗志。正是因为这句话，让无数英雄豪杰全身气血沸腾；正是因为这句话，多少食不果腹的人看到了生命的意义；正是因为这句话，他的名字才被千年后的人们牢记。
>
> ……
>
> 陈胜，你代表了一个时代，你是那个时代最杰出的荣耀！你是反抗命运最伟大的王！
>
> 你，寄托了太多人的牵挂，即使败了，虽败犹荣！

钮兆炀同学对历史场景的再现，对"英雄"的独到的解读，无不说明了这样的作业让人物形象鲜活在了学生自己的生命里：

> 听，不远处传来了一声号令，"王侯将相宁有种乎！"略带沙哑的声音却是如此铿锵有力！啊！是陈胜！

公元前 209 年……秦朝已一统天下，建立了专制的中央集权国家。沉重的徭役，繁重的赋税，残酷的刑法让贫苦大众苦不堪言。"天下苦秦久矣！"这时，他穿着布衣、破鞋，正赶往渔阳戍守！

……

就在这儿，大泽乡，陈胜，九百戍卒开始了他们的征途，他们心中正熊熊燃烧着怒火，目光中充满了信念，不管未来是怎样，他们都会为理想而奋斗！

他们都是英雄。

这样的作业融通课内外，淡化教学与作业之间的界限，淡化知识分割，拓展学生的视野，让学生在完成作业的过程中尽可能整合课堂上零星、琐碎的解读，得到新的体会和发现，去挖掘无比丰富的文本内蕴。同时，这种开放而有张力的作业拒绝自我封闭，融通古今，培养学生的历史视角，较好地发展学生的潜能，将阅读能力的培养向纵深处延伸，收到课已尽而意无穷的效果。

（二）情感内化类作业（语文作业是有温度的）

语文教材中不乏优秀的文学作品，读之令人"心动神移，不能自已"，也就是说语文教材中蕴藏着丰富的令人心动的感情因子。教学中老师引导学生入其文、感其情，学生已情动于中，那么作业就该设计成为学生的情感找一个出口，让学生的情感得以酣畅淋漓地宣泄。情感内化类作业是语文作业中不可或缺的。

情感内化类作业设计

代表性作业：某某，有话对你（您）说

适用对象：情感因子丰富的文本

作业意图：发挥语文作业的温情功能，帮助学生做心灵的健美操，使之丰盈明润。

在课堂上教师引领学生在听范读、激情感、说感受、品文本的过程中与作者、文本、人物进行心与心的深度对话，让学生见识了一个伟大的父亲，感受父爱的深沉与博大，学生的情感已被拨动，心灯已被点亮。日常生活中早就习以为常、视为理所当然的亲情被唤醒，他们心中翻涌着某种情感，急需一个宣泄的出口。这时"爸爸（妈妈），有话对您说"这一作业的出现成了学生情感的需求，那一篇篇真挚感人的好文章就是课堂上情感自然流淌而成的。

周欣同学在《老爸，我有话对你说》中不无深情地忆起父爱的点点滴滴：

> 暑假中，因为做了错事，被你关在门外，没有空调，一颗一颗的汗珠直往下流。心中十分不爽，埋怨不断。过了十几分钟，你走出来，问我知道错吗？我硬着头皮不肯认错。你生气地关上门。"砰"一声，十分响，心中定是不高兴极了。第二次，你走出来，我耐不住炎热，只好应下，但心中从未真正应下。第二天大早晨，你便把我叫到书房，我知道一定不会有好事。只是你没有昨天严厉，而是语重心长地说："你长这么大，我从没罚过你，昨天的事，我也太冲动，不应该那样做，但我不会纵容你，不会让你错上加错。"我知道，你的心中一定也不好受。昨天的惩罚没有让我掉下一滴眼泪，但今天这番话，却让我泪流了下来。我没有在你面前哭，或许至今你还不知道我哭过……

于是父亲顺理成章地成了她心中永远会有的"一篇文章"：

> 爸爸，你是家中的顶梁柱，撑着一切，为我们遮风挡雨，我都知道，老爸……这一切，我想我不会告诉你，甚至这篇文章，也不会让你看到，但是我心中，永远会有这样"一篇文章"……

王一恒同学第一次以"您的女儿和朋友"的身份在《老妈，有话对您说》中深情款款地诉说着：

记忆里的你爱穿连衣裙。除非是非穿工作服不可的工作日，你总是穿着连衣裙。这不禁令我想到了前些天在小学老师微博上看到的一句话："每个女孩都有公主情结！"我想，你的心里一定还住着一个小女孩，你换上那各色的连衣裙时，心中一定是雀跃的吧。那天你兴高采烈地拉我去商场帮你看衣服，你在挑衣服时喜悦而认真的神态，以及换衣服后满怀期待地等着我点评的样子，都是那样的令人印象深刻。……

第一次有了直面亲人老去的思索：

知道吗？那天，我看见了外公。他真的已经老了，满头的银丝，再也找不出一根黑发，背弯得跟虾米一样，让人心疼。我意识到这是我第一次这样观察他。他将出门时，自言自语道："咦？外套呢？是落在沙发上了吧……"于是他找寻了一遍，没有发现，倒是在餐厅的椅子上找到了外套。"唉，老了，老了……"他喃喃地走向了门外。我站在门口，说："外公再见。"他没有听清楚，问道："什么事？"我提高音量道："外公再见！""哦，再见，再见。"他转过身，走下了楼梯。一瞬间，鼻子酸酸的，眼眶好像湿润了。

我知道，岁月不饶人，您终有一天头发也会变白，背也不会那么直，耳朵也不会那么灵光，记忆力也不会那么好了。"子欲养而亲不待"是句很残酷的话。而在您变老之前和之后，我一定会对您好的，一定。

这样的作业拒绝内敛拘谨，拒绝四平八稳，拒绝"任尔东西南北风，我自岿然不动"。呈现在大家面前的作业尽管没有动人的词句，但字里行间跳动着的是一颗真诚炽热的心，充溢着学生的真实、激情和个性，作业已成为学生真情流露、真情表达的载体。在做作业时学生会去采撷生活中那些温情的细节，去感知、触摸那份熟悉的爱，情感因而内化沉淀，转而滋养自己的生命，丰富自己的心灵。时时让学生做这样的心灵拂拭是多么有必要啊，因为一个人最可怕的，不是没有知识，而是被知识武装得刀枪不入、冷若冰霜。

（三）整体内化类作业（语文作业还能以学代教）

人教版初中语文教材的课文编排大致如下：七年级上册总共30篇，自读课文15篇；七年级下册总共30篇，自读课文15篇；八年级上册总共30篇，自读课文14篇；八年级下册总共30篇，自读课文13篇；九年级上册总共24篇，自读课文11篇；九年级下册总共25篇，自读课文12篇。从各册的编排看，自读课文几乎占整册书的一半，可见其分量相当重。

毋庸置疑，初中语文自读课文是学生巩固语文知识、迁移能力的主要阵地，也是我们教学的重要资源。可在实际教学中，自读课文一般每课用一课时，浮光掠影，培养学生自己分析问题、解决问题的能力根本无从谈起。那么，教师怎样做才能使自读课文的教学既不脱离"以学生为主体"的教学原则，又能使学生把在讲读课文中学到的知识深化、迁移和运用呢？其实，这些自读课文的编排有着明显的、重要的价值，那就是引导学生应用讲读课文中学到的知识，从"学会"到"会学"，从而达到在应用中巩固、提高和发展的目的。如果说讲读课文在语言教学过程中起到"举一"的作用，那么自读课文则起到"反三"的作用，"自能读书，不待老师讲"，乃至达到"不需要教"的境地。我认为布置学生自主写阅读心得不失为一种好方法。

📋 **整体内化类作业设计**

代表性作业：写自主阅读心得

适用对象：自读文本

作业意图：正向整体大迁移，以学代教，从"学会"走向"会学"

《孤独之旅》是九年级上第三单元第二篇课文，前面一篇就是《故乡》。《故

乡》这样经典文本的教学就是要让学生见识经典的魅力，要舍得花力气、花时间帮学生读懂、学透。同学们已经学习了《故乡》这篇反映少年生活的小说，从中获得了人生的启迪和艺术的享受，同时对小说这种文学体裁有了初步的认识。学生已初步能够从故事情节、人物形象、环境描写三维角度获取阅读小说的路径，体会作者的感情态度，把握文章的主题。这样做的目的不是只引领学生探寻《故乡》一文的经典之处，更重要的是培养学生自主阅读小说文本的能力，实现阅读能力的正向迁移，为其自主阅读下一篇反映成长的小说《孤独之旅》打下基础。

在语文教学中，教师要努力地遵循课程标准的精神，培养学生独立自主的学习和探究能力，真正实现"教是为了不教"这一最终目标。于是我结合《〈傅雷家书〉两则》中提到的"孤独"，补充课外阅读资料余秋雨的《垂钓》，让学生在完全自主的阅读中来一场真正的"孤独的精神之旅"，深切感知"孤独"，触摸"孤独"，诠释"孤独"，实现自己的精神成长。

放手让学生写《孤独之旅》阅读心得，让他们"当一回自主阅读的家"。

学生在这次"孤独之旅"作业中收获着各自的"成长"。斯馨鋆同学在品读"杜小康"的孤独中，直面自己的灵魂，觉察自己的孤独之旅远比杜小康的要漫长得多、坎坷得多，大有让"孤独来得更猛烈些吧"之势：

> 随着时光的流逝，鸭们长大了，杜小康也像这鸭一样，长大了。杜小康的长大却不同于鸭，因为心灵的成长要远胜身体的成长。经历了孤独的心，才能真正地变得坚强。在鸭下蛋的那一刻，父子俩都十分兴奋与激动。杜雍和接过儿子手中温热的蛋，不住地说："下蛋了，下蛋了……"那种心情早已不是见到一个鸭蛋时的心情了。杜雍和知道：在鸭下蛋时，自己的儿子也成长了。不论是鸭下蛋还是人的成长，都少不了一个至关重要的环节，那就是经受孤独的洗礼。
>
> 只有经历了孤独，才能获得那只有孤独才能给予的回报。这让我想起了一句不知从何听来的话：只有经历七重的孤独，才能成为真正

的强者。"强"这个字所代表的意思太多太多，没有经历过孤独的我虽有心苦寻，却无缘得到。

看来，我的孤独之旅远比杜小康的要漫长得多、坎坷得多……

陶家伟同学却在品读"孤独"时竟然悟得"孤独过后"的宁静：

风吹散了那片鸭，也吹散了你稚嫩的心。

……

左手空虚，右手繁华，重要的不是如何在孤独中做事，重要的是你内心最本能的选择。杜小康就在空虚与繁华之间，烟火的迷离与柔和的微光使他被迫突破这层桎梏。

……

渐渐地，漫漫无际的苇塘和辽阔无垠的天空萦绕在他脑海中，他只剩下，那最质朴的美丽。

抬起头，炽热的阳光灼伤了你的双眼，软到弯曲的芦苇指向那太阳，你眯起眼，感受天空的恬静。

自读课文为学生提供了有效学习的重要实践园地，如果学生能将在讲读教学中掌握的知识技能，迁移应用到自读课文阅读实践中，这种学习就会是有效的。整体内化类作业就是遵循学生认知发展的规律，让学生在自主的感受与体验、语言实践的积累运用中，发展思维，体验情感，培养能力。

这样的作业，才真正是拒绝以"教"代"学"，拒绝以教师个人的感悟代替学生的阅读体验。

语文学科本身就有着鲜明的特性。她从历史人物走来，是李太白杯中的美味酒，曹雪芹梦中的辛酸泪；是孔子的列国颠沛，屈原的汨罗遗恨；是先秦两汉的璀璨繁星，唐宋时代的恢宏巨制……

她从书本感悟走来，是"怒发冲冠凭栏处"的悲愤，是"千金散尽还复来"

的豪放；是"劝君更尽一杯酒，西出阳关无故人"的惆怅，是"山重水复疑无路，柳暗花明又一村"的惊喜；是《梅花魂》里海外华人绵绵不绝的乡思，是《秋天的怀念》中救赎心灵的质朴母爱……

她从孩童世界走来，是字正腔圆的普通话，是工工整整的方块字；是听人说话时的专注，是与人交谈时的从容；是从笔端流出的锦绣文章，是举手投足间隐隐的书卷气……

因此，我们的语文作业也该从历史人物中走来，从书本感悟中走来，走向学生的内心，化成他们笔端流出的锦绣文章和举手投足间隐隐的书卷气……带着语文回归学科的精彩，让学生从容地欣赏语文的别样风景，尽情地享受语文学科特有的快乐，收获自己的语文人生。

1+1+1：统编教材"活动·探究"单元教学的研究实践

活动探究是以任务为轴心，以阅读为抓手，整合阅读、写作、口语交际，以及资料搜集、活动策划、实地考察等项目，形成的一个综合实践系统。"活动·探究"单元应当着力于读写互动、听说融合，由课内到课外，培养学生的综合运用能力。因此，教师的关注点不应仅停留在课堂本身，更应该放远眼光，关注"教学以外"。

一、序列编排"1+1+1"，突破年级局限，宏观统筹优化教学序列

目前"活动·探究"单元的教学编排缺乏系统性。教师一般只会对某一册教材中出现的某个"活动·探究"单元进行相应的教学，而不会在其余学期穿插该"活动·探究"单元的相应知识。众所周知，真正的教学应该是顺其自然、循序渐进的，需要教师拥有大局意识，按不同年段的特点，对尚处在相对独立状态的"活动·探究"单元的教学作序列做优化处理。

首先，根据八年级到九年级"活动·探究"单元的不同主题，在相应的四个学期进行新闻、演讲、诗歌、戏剧的教学课，让学生在相对集中和规律的时间内得到引导和指导。同时，明确四个"活动·探究"单元虽然只是出现在八年级与九年级，但不应该把它们同其余学期的语文教学割裂开来。语文教学本来就应该在一个系统的序列中，那么，某一个"活动·探究"单元也不应该局限于某一学期的某一册语文书中，教师应该根据不同的主题，将教学活动有序地安排在适合的其余学期中，以形成一个统一完整的序列。

（一）在教学方式上，改传统教学方式为单元教学方式

在对三年的"活动·探究"单元的内容进行优化处理后，便要具体到每一个学期关于该单元的教学。绝大多数教师面对"活动·探究"单元，仍然以传统的一课一教的方式进行，这破坏了该单元本应该有的整体性。

"活动·探究"单元的教学方式与单篇课文教学方式形成互补。"活动·探究"单元需要教师改变以教师授课、学生听课为主的语文教学方式，突破原有学科教学在时空、内容、手段等方面的封闭状态，将学习的自主权真正还给学生，变当堂教授为全程指导，变掌控课堂为帮助自学，变关注成果为关注过程。教师的角色既是指导者、协助者，也是参与者、学习者。所以，"活动·探究"单元的教学方式应该有所改变，不再以传统的一课一教的方式进行，而应该"打包发货"，以单元教学的方式进行。

（二）在教学评价上，建立合理的评价机制

因为"活动·探究"单元是初中语文选用统编教材后出现的新鲜模块，所以还未形成一套较为成熟合理的评价机制。目前更多的是在学生的试卷上出现相关的知识点，这种单以考试为评价手段的方式，显然不能全面地衡量学生的能力。所以，应该建立合理的评价机制。

第一，确立评价底线，引导"活动·探究"单元的教学落到实处。以备课组为单位，进行统一集体备课，制定评价单，明确学生的总评成绩中需要加入该单元的活动参与成绩。这样，保证备课组每个班级该单元教学能落到实处。第二，重视过程评价，探索恰当的过程评价方法。不能以单元考试作为该单元成绩的最终评价。在该单元的整体教学过程中，教师需要进行观察，实时记录表现优异者并为其加分。培养学生这样的意识：只有认真学习，全程投入，才能有获得好评价的可能。第三，重视并促成评价主体、评价角度、评价标准、评价方式的多元化。这涉及操作层面，是合理评价机制建立的重点。可通过小组和班级交流、学习成果展示等方式，了解学生的兴趣、习惯、品位、方法和能力。采取教师评价、家长评价、学生评价、考试评价相结合的方式来评价学生在一定时间内的学习情况。使之贯穿整个初中阶段的学习，以确保相关知识的学习拥有一个循序渐进、逐渐巩固的过程。

（三）七年级的优化设计

七年级虽无"活动·探究"单元，但是作为初中三年相对来说最轻松、时间最宽裕的一年，可以在日常教学活动中，以校级科艺文体节作为活动平台，编排诗歌与戏剧等相关活动。例如，结合教材侧重"朗读教学"这一点，举办校园冬季晨诵比赛，让学生在朗诵中感受诗歌之美。学生之间彼此熟悉，阅读积累增多后，可以举办课本剧汇报表演，一方面让学生增强语文学习的兴趣，另一方面也让学生初步接触了戏剧，为今后的九年级戏剧单元学习埋下种子。

（四）八年级的优化设计

八年级开始，新闻单元和演讲单元分别作为上、下两册语文书中的重点内容进入学生学习视野。八年级上学期，在校运会这个大型活动之前，介入新闻单元的理论学习，然后学生可借校运会这个平台进行采访和写作，最后编辑新闻小报。同时，在"人不信不立"综合性学习活动时，组织班级举行小型演讲比赛，初步介入演讲知识。到了八年级下学期，详细地进行演讲单元的学习，从校级层面举办演讲比赛，并选出优胜者参加区级、市级的演讲比赛。在八年级下学期期末考试后，推荐学生阅读《艾青诗选》，引导他们初步接触现代诗歌。

（五）九年级的优化设计

九年级，教材上下册的"活动·探究"单元内容分别是诗歌和戏剧。九年级上学期，结合必读名著《艾青诗选》，带领学生系统学习现代诗歌，并举办原创诗文大赛，选拔优秀作品展示，并在元旦文艺会演中进行汇报演出。同时，考虑到九年级下学期中考在即时间紧迫的因素，在期末考后的两个礼拜内介入戏剧知识的学习。九年级下学期，组织学生熟悉戏剧单元的课文，在几次模拟考期间，进行戏剧演出指导。既在活动中巩固了相关知识，又让学生在紧张之余得到了放松。同时，九年级下学期也有一个现代诗歌单元，可以组织学生进行班级朗诵表演，在表演中巩固九年级上学期所学的诗歌知识。

二、任务层级"1+1+1"，突破一课一教，单元整体教学内容层级化

在对三年的"活动·探究"单元的教学序列进行优化处理后，便要具体到每一个学期关于该单元的教学。我们不再以传统的一课一教的方式进行，而是"打包发货"，以单元教学的方式进行。

教材中每个单元均有三大任务，但只是对每一个任务有一个笼统的解释，并未进行层级细化。所以，我们就需要对该单元的三大任务分别进行层级化处理。任务层级化设计是"活动·探究"单元教学设计的重点，预示着该单元的教学走向。以该单元的三个大任务为一级任务，每个大任务下衍生的具体教学板块为二级任务，每一个二级任务下需要完成的相关教学步骤以及补充说明为三级任务。这样，教师在具体教学中有了更为清晰、层次分明的任务，能够有的放矢，使该单元的教学更具融合感、整体感。

表2 八年级上学期新闻单元任务层级细化表

一级任务	二级任务	三级任务	
		相关步骤	补充涉猎内容
新闻阅读	走进新闻	感受新闻与其他文体的不同	《七律·人民解放军占领南京》（毛泽东）、剧本《风雨下钟山》（艾暄）片段、第一课《消息二则》（毛泽东）
	了解新闻	了解消息知识，群文阅读，比较辨析内容、同文体新闻的特点以及不同新闻文体的特点	第一组：新闻阅读任务单、第一课《消息二则》（毛泽东）、渡江战役后其他报纸的相关报道 第二组：新闻阅读任务单、第二课《首届诺贝尔奖颁发》、第三课《"飞天"凌空》、第四课《一着惊海天》 第三组：根据教师要求自带报纸、刊物
	关注新闻	根据新闻知识评议文章	根据主题搜集的新闻（可以关注不同媒体和不同的新闻形式）
新闻采访	制订方案	了解采访要求，学习制订方案	新闻采访任务单、优秀采访方案等
	拟写提纲	掌握提纲格式，学写采访提纲	新闻采访任务单、优秀采访提纲等
	现场采访	运用采访提纲开展采访活动，做好采访记	有条件的可以结合第一课，组织学生参观"南京渡江胜利纪念馆"，采访渡江战役老兵或纪念馆管理与服务人员

续表

一级任务	二级任务	三级任务	
		相关步骤	补充涉猎内容
新闻写作	消息写作	根据采访记录写消息	新闻写作任务单、“技巧点拨”《怎样写消息》、采访记录
	自选写作	选择其他新闻文体写作	新闻写作任务单、采访记录或搜集的资料
	编辑新闻	编辑报纸或新闻网	新闻写作任务单、优秀新闻网页等

表3　八年级下学期演讲单元任务层级细化表

一级任务	二级任务	三级任务	
		相关步骤	补充涉猎内容
学习演讲词	走进演讲	观看经典演讲视频，感受演讲与其他文体的不同	马丁·路德·金《I Have a Dream》演讲视频以及中英文资料
	了解演讲	群文阅读，了解演讲知识，理解作者思想观点，把握演讲特点	《最后一次演讲》（闻一多）、《应有格物致知精神》（丁肇中）、《我一生中最重要的选择》（王选）、《庆祝奥林匹克运动复兴25周年》（顾拜旦）
	关注演讲	推荐观看关于演讲的视频、综艺，进一步感受演讲特点	《开讲啦》《星空演讲》《超级演说家》《我是演说家》
撰写演讲稿	明确特点	写作前再次确定演讲词应具有的特点	教材90页知识卡片有具体介绍：针对性、观点明确、讲求语言技巧
	选择主题	提供可供选择的主题，按小组认领主题	《我的梦想》《让爱永驻心中》《书香，伴我成长》《竞聘某班委演讲》
	撰写修改	小组统一写一个主题额演讲词，并小组互改	小组统一写一个有助于小组成员共同商议、比较，最后以小组为单位加工成一篇演讲稿
举办演讲比赛	筹备阶段	个人准备、小组选拔、小组展示	小组此前已共同完成一篇演讲稿，此阶段以小组为单位选出组内最具演讲实力的成员进行展示
	赛前培训	年级参赛选手集训	班级选出1位代表，年级组派专门的老师进行演讲技巧方面的赛前统一培训
	现场比赛	视频直播全年级共看	选手、主持人、评委、观众到位，比赛流程一一落实

表4　九年级上学期诗歌单元教学设计以及活动层级表

一级任务	二级任务	三级任务	
		相关步骤	补充涉猎内容
自主欣赏	初读感知	不借助任何资料，独立阅读，记下初读感受	《沁园春·雪》《我爱这土地》《乡愁》《你是人间四月天》《我看》
	再读感受	以《我爱这土地》为例，深入赏析	补充关于诗歌的创作背景、诗人、作品特点等相关资料
	品味赏析	从感情基调、意象、意境、思想情感等角度写本单元其他几篇诗歌赏析文字	以小组为单位统一篇目进行赏析交流，并最终合力完成一篇赏析文字，全班交流
自由朗诵	学习朗诵技巧	复习七年级所学的关于朗诵的知识点	提供朗诵技巧中关于重音、停连、节奏等资料
	举行朗诵比赛	班级比赛、年级展示	制定评分表、选拔优秀朗诵者参与元旦文艺会演
尝试创作	创作小诗	教师制定主题	主题：青春、童年、成长、亲情
	修改润色	意象选择、艺术表现手法等方面修改润色	自主修改、小组修改、教师建议、最终定稿
	艺术加工	下发白纸、誊抄原创作品、配上背景、插画	选择佳作张贴于展示板或者结集成册放入图书角

表5　九年级下学期戏剧单元教学设计以及活动层级表

一级任务	二级任务	三级任务	
		相关步骤	补充涉猎内容
阅读与思考	欣赏戏剧	教师利用语文课、阅读课给学生看优秀戏剧	视频：《暗恋桃花源》《雷雨》
	了解戏剧	梳理主要情节，分析人物形象，品味人物语言，关注舞台说明，深入理解主题	以《屈原》为例
准备与排练	选定剧本	以小组为单位，拟剧本构思并展示，投票选出一个剧本	原创剧本《新三国演义》
	定下编剧、演员、导演、剧务人员	选择2-4人为编剧并在剧本大纲基础上进行充实，同时选出演职人员和工作人员	剧本的定稿、演员的培训、排练，需要老师一旁指导
	利用一周时间进行排练	语文课举行剧本研讨会、阅读课、活动课学生自己排练	为保证演出效果，人物台词可以提前录音
演出与评议	舞台演出	先给观众下发剧本、戏票，20分钟演出，15分钟主创谈创作	除班级同学外，可邀请家长、任课老师观看
	评选优秀演员	投票选拔	制定评分表、学生、家长、任课老师共同参与

三、主题活动"1+1+1"，突破课内课外，教学活动探究协作化

开展"活动·探究"单元教学活动过程中，教师层面、学生层面、家长层面应彼此配合、统一协作，将"活动·探究"单元的魅力发挥到最大。

（一）教师策划，让"活动·探究"不再"纸上谈兵"

七年级上学期，策划"我是朗诵家"活动，小组甄选、班级评选、年级大赛，层层展示，以单人朗诵、双人朗诵、多人朗诵等多种形式展开。这样，在有趣而又丰富的形式中，每一位学生读诗的热情都会被调动起来。七年级下学期，学生彼此已经熟知，学业还未太忙碌，可以组织学生出演课本剧，让学生在活动中体会到语文学习的趣味性。

八年级上学期，策划"小记者在行动"活动，充分利用校运会这个大事件，让学生全程投入，利用已学的新闻知识，把现场通过小报的方式记录下来。八年级下学期，在学习了演讲单元，了解了演讲的相关知识后，策划"超级演说家"演讲比赛，让学生在比赛的紧张刺激中充分展现自己。

九年级上学期，学习了现代诗歌的一些相关知识和表现技巧后，教师规定主题，让学生尝试自己创作，并策划"青春飞扬"诗词创作大赛，选出优秀名单公示，并将优秀作品结集成册。九年级下学期，经过戏剧单元的相关知识的学习后，组织剧组排练、演出，给初中生活留下美好的回忆。

（二）学生参与，让"活动·探究"真正活动起来

任何活动的顺利开展都需要学生的积极参与。活动前期，可以在班级层面以小组为单位进行研讨、选拔，并推选代表在班级中展示，这样能保证班中绝大多数学生的参与度。后期年级活动，班级可以在之前的优秀代表中再进行筛选。为了各级别活动的顺利开展，教师既需要放手也需要实时跟踪指导。

（三）家长配合，让"活动·探究"走进生活

想要"活动·探究"真正影响学生，单靠课堂学习和课外活动还是远远不够的。有时候，家长的力量是无穷大的。要随时和家长保持密切联系，让家长参与进来，可以起到事半功倍的效果。例如，可以邀请在相关领域有专业素养的

家长进行班级授课，邀请家长参与学习评价，邀请家长观看成果展示，等等。这样，关于"活动·探究"单元的相关知识才能真正走进学生的生活。

四、评价方式"1+1+1"，突破考量分式，教学评价全程化

通过教学评价合理化改革，引导"活动·探究"单元的教学落到实处。首先，以备课组为单位，进行统一集体备课，制定评价单，形成学生的"个人档案"，使学生在思想上意识到自己的期末总评成绩中需要加入该单元的综合成绩。

表6　"活动·探究"单元的学生"个人档案"（节选）

班　级	姓　名	期中成绩	期末成绩	"诗歌"单元成绩
906	檀雨聪	95	96	80
906	杨成	88	90	60
906	潘璠	84	85	70
906	费泽华	94	95	90

其次，重视过程评价，不以单元考试作为该单元成绩的最终评价。在该单元的整体教学过程中，小组、教师观察并实时记录各个板块成绩。通过以上做法，培养学生这样的意识：只有认真学习、全程投入，才能有获得好评价的可能。

表7　"活动·探究"单元过程评价单

任务板块	分　值	小组评分	教师评分
任务一	30		
任务二	30		
任务三	40		
综　合	100		

再次，重视并促成评价主体、评价角度、评价标准、评价方式的多元化。这是合理评价机制建立的重点。通过班级交流、小组互评、学习成果展示等方式，了解学生的兴趣、习惯、方法和能力；采取教师评价、家长评价、学生评

价、社会评价与考试评价相结合的方式来评价学生在一定时间内的学习情况。

当然,对"活动·探究"单元教学的研究还不够,还有许多方面要努力,尤其是适应课改需要,最大化实现统编教材的编写意图。

信息技术搭台 "整本书阅读"唱戏

—— 以信息技术推进"整本书阅读"为案例

一、案例背景

2016 年，初中语文统编教材开始施行，并明确提出了"整本书阅读"的概念。整本书阅读对于发展学生"语言建构与运用、思维发展与品质、文化传承与理解、审美鉴赏与创造"四方面的语文核心素养，有着不可替代的作用。

越来越多的学校有了将"整本书阅读"纳入教学内容的意识，但"整本书阅读"因其篇幅长、难点多、时空距离感强等特点，尚缺乏一套可供复制、可供操作的有效模式。

2011 年，教育部在出台的《义务教育语文课程标准（修订版）》中提倡："各级中小学应以课程标准为指导，借助互补互动的网络资源，建设开放、多元、有序的语文课程体系。"上述教育指导方针，已经从宏观角度明确了网络资源对于语文教学的辅助价值。

我们对当前我校学生课外阅读现状进行了调查（见图 7、图 8）。

图 7、图 8 显示，近一半以上学生表示平时课时紧、作业多，阅读时间少，阅读兴趣不浓，阅读整本书更难以做到，再加上整本书阅读方法不得当，所以总是走马观花、囫囵吞枣。

面对学生的阅读现状，我们认识到将"整本书阅读"置身于"互联网 +"的背景下，充分依托网络环境，运用现代化网络技术去创设形式多样的语文网络阅读教学情境，将信息技术与"整本书阅读"教学有机结合，转变阅读的碎片

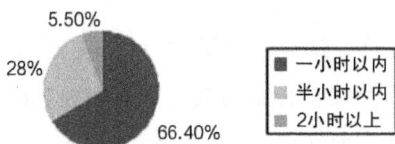

5.50%
28%
66.40%

■ 一小时以内
▨ 半小时以内
■ 2小时以上

图7 学生课外阅读时间

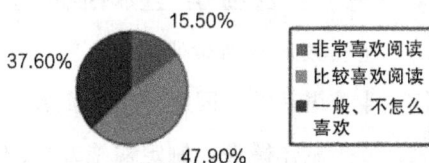

15.50%
37.60%
47.90%

■ 非常喜欢阅读
▨ 比较喜欢阅读
■ 一般、不怎么喜欢

图8 学生课外阅读兴趣

化、随机性、功利性行为，打造一套全媒体化的阅读模式。

二、案例主题

"整本书阅读"是相对于单篇阅读、碎片化阅读而言的，以期增加阅读的广度、长度、深度的生命体验。教师在指导学生"整本书阅读"的时候，最重要的是充分依托网络环境，运用现代化网络技术去创设形式多样的语文网络阅读教学情境，丰富网络阅读专题活动，开发"整本书阅读"微课课程，致力导读模式研究，保证每个学生都参与阅读交流，尊重每个学生独特的个性、爱好、能力，由学生自己来选择相应的角色，从而步入"整本书阅读"中。

三、案例实施

信息技术具有集信息于图、文、音、视、动、色为一体而综合表现力强的特性，改变了传统的"粉笔＋黑板＋一张嘴"信息单一的表现形式，可以克服"整本书阅读"篇幅长、难点多、时空距离感强等障碍。

借助网络资源，从课内和课外双向出发，搭建综合一体化的网络平台，为学生全面展示"整本书阅读"的魅力。结合拓展阅读专题网站、阅读互动社区、写作博客等信息化手段，阅读教学变得更加立体化、数字化，能长效激发学生的阅读兴趣，提升学生的"整本书阅读"能力。

（一）建立教研组"整本书阅读博客圈"

建立教师网络教研博客，"整本书阅读"教学设计量大、点多，靠个人单打独斗难堪其重。因此，在阅读指导活动之前，教研团队在博客圈进行设计交流，分头制作微课，制定实施方案；然后分别开展活动，进行反思教研，调整方案，"整本书阅读"导读课方案才最终成型。

（二）建立班级"整本书阅读微博圈"

教师、学生分别拥有独立的博客，他们在个人博客上发表的文章，都会在博客圈中展现。这样教师、学生的阅读活动、阅读进度、阅读体会、阅读疑难等信息就能不受时空限制地展开。许多阅读交流活动，以博客圈为载体，教师在班级博客上发起阅读活动，学生共同参与。博客圈突破了时空的限制，密切了学生、教师二者的联系，阅读活动的开展更为深入，交流更为频繁，提高了阅读的成效。

（三）利用信息技术激趣导读，渗透阅读方法

借助信息技术，引入影视教学资源，出示一些生动的图片、精美的动漫、富有激情的评书或精彩的录像片断等，以激起学生阅读的欲望，点燃学生阅读这部作品的激情。

📖 **阅读指导卡**

典型课例展示——《水浒传》教学案例

一、导读目标

1. 通过阅读《水浒传》，激发学生读书的兴趣，渗透阅读整本书的方法。

2. 把握章回小说的回目特点。

3. 结合相关故事情节把握主要人物的性格特征。

4. 把握《水浒传》的结构特征。

二、阅读准备

1.《水浒传》的阅读指导课件

2.《水浒传》电视剧的主题歌《好汉歌》

3. 准备好《水浒传》

三、**激趣导读**

1. 运用多媒体播放电视连续剧《水浒传》的主题曲《好汉歌》

师：同学们听完之后是否有热血沸腾、畅快淋漓之感？那高亢激越的气势，让我们想到了那些"路见不平一声吼，该出手时就出手"的豪侠之士。那么，你们知道这部连续剧是取材于我国的哪部古典名著吗？你们想到了其中的哪些豪侠之士？

要点提示：取材于《水浒传》；可能想到的豪侠之士：逼上梁山的林冲、醉打猛虎的武松、勇猛憨直的李逵、行侠仗义的鲁智深等。

师：众多的水浒英雄演绎了许多脍炙人口的故事，如林教头风雪山神庙、武松打虎景阳冈、鲁提辖拳打镇关西等。今天，我们就一起走进这部伟大的著作，去感受那些侠义之士的精神气概吧。

2. 简介作者施耐庵和写作背景

作家作品补充介绍。（多媒体显示）

施耐庵，元末明初人，一般认为是长篇小说《水浒传》最早的创作者。祖籍苏州。19 岁中秀才，29 岁中举人，35 岁中进士。曾在钱塘一带做过几年官，其余时间一直以教书为业，著名小说家罗贯中即为他的门生。

写作背景。（多媒体显示）

《水浒传》的故事发生在北宋末年。当时的社会非常黑暗，在位皇帝徽宗只知吃喝玩乐，终日不理朝政。蔡京、高俅、童贯等奸臣把持朝政，与地方官吏勾结，狼狈为奸、贪污受贿、横征暴敛，再加上地主恶霸与豪强劣绅的无法无天、横行霸道，广大人民生活在水深火热之中，被迫起来进行武装反抗。因此，整个北宋时期的农民起义此起彼伏，接连不断。小说中描写的宋江、方腊等起义，就是以北宋末年的农民起义为依据的。

3. 借助前言和目录，厘清全书脉络

我们要读一本书时，首先要对这本书的内容有一个大致的了解，有什么方法快速知道这本书的大致内容吗？

（1）下面请同学们快速默读前言，说说从中你知道了什么？

（2）除了前言，我们还可以通过目录了解书本的主要内容。目录就是故事的高度浓缩，通过目录，我们就可以把书本读薄了。请同学们浏览一遍目录，了解水浒有哪些故事，读一读你最感兴趣的故事目录。

（3）借回目析特点。全书故事情节可以分为三大部分，第一部分为第一至第七十一回，写鲁智深、林冲、杨志、宋江、吴用、武松、李逵、石秀、杨雄、卢俊义等一百零八名英雄好汉被逼上梁山的经过，是梁山好汉的个人英雄传奇故事；第二部分从第七十二回至八十二回，写梁山起义军同官军对抗作战，后来又一起受招安的过程，是梁山事业发展壮大的写照和梁山好汉的集体传奇故事；第三部分从八十三回至一百回（一百二十回本至一百二十回）写梁山义军受招安后奉命征辽、征方腊（一百二十回本包括征田虎、王庆的内容）直至最后失败的经过，是梁山起义的最终悲剧结局。

小组探究回目特点，由各组代表发言。举例如下：

第 002 回　史大郎夜走华阴县　鲁提辖拳打镇关西

第 006 回　花和尚倒拔垂杨柳　豹子头误入白虎堂

第 007 回　林教头刺配沧州道　鲁智深大闹野猪林

第 011 回　梁山泊林冲落草　汴京城杨志卖刀

第 037 回　及时雨会神行太保　黑旋风斗浪里白条

第 038 回　浔阳楼宋江吟反诗　梁山泊戴宗传假信

通过"回目"掌握主要人物和主要情节的相关信息，快速把握小说的脉络结构。

4. 走进文本，讲述故事

（1）请同学们翻到《鲁提辖拳打镇关西》。

（2）请同学们用速读的方法了解这则故事的主要内容。（出示：了解主要内容。这则故事有六页，很长，但是有很多同学对它有所了解，如果把已有的认识加上现在的认真阅读，相信你会读得又快又好）

（3）看后交流，谁来讲一讲这个故事？指名介绍。同学们，鲁达只是108个好汉中的一个，你还认识水浒中的哪些人物呢？（多媒体展示好汉的肖像卡片，让学生说出他们的名字，师生共议名字、绰号）

小结：108个好汉个个都有一段精彩的故事，相信在以后的阅读中你们会深刻地认识他们，也一定会为108个忠义、勇武、善恶分明的人物所感动。课后请同学们继续阅读这本书，相信这部名著会使你收获多多。

5. 教师小结

《水浒传》人物众多，人物形象鲜明且各有特点，故事情节生动曲折。我们在阅读时要注意每个人物独特的个性，也要注意比较人物之间的相同点和不同点；要将故事情节与人物形象联系起来进行品味，对书中表现出的侠义精神要结合时代背景来理解。我们今天同样要提倡"侠义"精神，但要以遵纪守法为前提。

"整本书阅读"教学的复杂性在于，教师往往既要面对高深繁难、包罗万象的学习客体，又要面对理解力有限的幼稚的学习个体。如何将这两者有机地联系起来，实现和谐对接，是一个非常棘手的难题。比如，面对《水浒传》这样的"鸿篇巨制"，很多教师会在导读教学时产生一种手足无措的茫然感和无力感。其实，"整本书阅读"教学首先要缩小自然阅读和理性阅读的差距，选好"切口"方能入味。华南师范大学莫雷教授在《青少年发展与教育心理学》一书中，将阅读理解能力的发展过程分为词句的理解、语境的理解与连贯性推理、谋篇布局的理解、写作意图与表现方法的理解、重点信息的把握、潜在信息的推论、整体信息的组织建构等七个子活动。"整本书阅读"教学的理解正是一个涵盖了微观理解和宏观理解的没有上限的动态发展结构。该课例的教学环节充分使用多媒体，通过光影声色等外部刺激来调动学生的好奇心、认同感和求知欲，使学生全方位地了解人物身世经历等背景材料，真正做到文学鉴赏中的知人论世。教师在课堂上要带领学生走进《水浒传》，把握章回小说的回目特点，结合相关故事情节把握主要人物的性格特征。

（四）专题式网络研讨，动态跟踪指导"整本书阅读"

信息流通具有实时高效的特性，信息传输具有异步、同步等特性，学习资源在信息技术环境下能够得到及时交流和共享，使学生可以不再受时空限制而进行自由的语文实践活动。

著名教育家苏霍姆林斯基曾经说："在教学中，教师应学会为学生提供必要的教学素材，并引导他们通过自主探究的形式获取教学素材中的知识。"教师应遵循这一教学理念，为学生创设一个基于网络的探究性阅读教学情境，培养他们的探究阅读技能。在具体的实践过程中，利用微博平台，创设"微博阅读教学平台"，在课内导读教学结束后，鼓励全班同学实名加入微博教学平台，举办多元化的专题式阅读活动。

📑 **线上阅读卡**

【"微博阅读教学平台"专题研讨板块】

1. 水浒人物纵横谈（举例说说你所知道的 108 位好汉的绰号，并试着谈谈绰号的由来或绰号与人物个性之间的联系）

要点提示：有以长相命名的，如长着豹头环眼的豹子头林冲、黑如炭团的黑旋风李逵等；有以身体的某一特色命名的，如背上刺有花绣（文身）的花和尚鲁智深、"面皮上老大一搭青记"的青面兽杨志、鬓边有搭朱砂记的赤发鬼刘唐等；有以个人特长命名的，智多星吴用、操刀鬼曹正、神医安道全、鼓上蚤时迁等；有以所用兵器命名的，如大刀关胜、双鞭呼延灼、金枪手徐宁、铁扇子宋清等；有以性格命名的，如拼命三郎石秀、母夜叉孙二娘等；有以名人命名的，如小李广花荣、病尉迟孙立、小尉迟孙新等；有以出身命名的，如菜园子张青等。

2. 英雄 PK 之我见（比较分析英雄性格的异同，加深理解）

要点提示：鲁智深、李逵、武松、林冲……

教师定期在平台上推送一些自己阅读《水浒传》的消息，或是名人的阅读心得文章链接，要求所有同学去欣赏品读，自主探究。每周双休日定期在平台上组织"在线阅读交流"活动，及时组织学生互相交流，通过微博的@特定人、留言板等，交流探究阅读体会，品味网络阅读的全新体验。在"整本书阅读"的推进过程中，教师充分利用微博这一网络新生态事物，创设了一种探究性教学场景，引导学生在线阅读、撰写心得，有效地锻炼了学生利用网络资源展开阅读学习的能力，使"整本书阅读"得以从"浅阅读"走向"深阅读"。这样"读"与"写"结合融通且相互促进，课外阅读有"法"可依，不仅使阅读指导课堂摇曳生姿，更激发了学生的阅读兴趣，让学生更好地将课外阅读所得输出来，通过准确规范、优美流畅地有效表达，促使学生将课外知识转化为语言能力，内化为语文素养。

四、案例分析

随着信息技术的迅猛发展，数字化教学资源的日益丰富，计算机网络作为现代教育的基础设施，在整个教育领域发挥着越来越大的作用。通过多媒体、微博、微信等新媒体平台开展"整本书阅读"对学生的吸引力更大，师生的参与度更高。开展"整本书阅读"不仅仅是帮助学生拓展知识体系，学会阅读方法，在阅读中形成语文素养，而且学生在开展阅读活动中所形成的人际交往能力，建立起来的自尊自信远比看到的东西来得更为珍贵。

如今，很多学校已经建成了自己的校园网、资源库、校讯通等网络平台，这将有力地推进信息技术在学科教学中"大展身手"。在"整本书阅读"教学过程中，教师利用多媒体网络技术的优势向学生提供与教学内容相关的学习资源，让学生根据需求从学习网站上选择感兴趣的内容进行后续自主学习，并通过公告栏、留言本等交流工具将自己阅读后的独特理解、感受、体会和疑问与老师和同伴交流、探讨。这样，学生通过大量阅读、理解、感悟、表达、交流等实践活动，思维由"浅阅读"走向"深思考"；并通过浏览其他同学的学习体会，提高获取、处理和应用信息的能力，增强师与生、生与生之间的合作交流，习得取人之长补己之短和尊重他人的良好品质。

当然，这也相应地给学校和教师带来更大挑战。

（一）学校应不断建设完善网络教学资源库

在初中网络阅读教学的开展过程中，学校教学管理层应从软件和硬件两个层面给予教师相应的帮助，不断建设完善立体的网络阅读教学资源库。例如，投入必要的财力、物力和人力，建立本校专属的网络阅读教学资源平台。该平台可以基于微博、微信等免费的开源网络平台，亦可是慕课、远程阅读教育等专属的自费建设平台，平台上应集成丰富多元的阅读教学资源，例如阅读文字、视频、动画、音频资源，且应具有阅读互动的功能，即学生和教师不仅可以利用平台上传下载阅读资源，亦可以在平台上发表自己对阅读学习的看法、心得和体会，实现网络阅读交互教学的效应，如此一来，可充分激发学生参与网络阅读的兴趣。

（二）教师应不断提升自己的网络教学素养

在网络环境下实践语文阅读教学，需要教师具备扎实的网络教学技能。具体来说包含掌握网络硬件软件教学的技能，例如网络一体机的教学应用、网络资源的搜集整理、网络录播设备的使用网络微课软件的制作、网络阅读软件等的编辑使用；此外，还需要根据学情、生情和教情，制定相应的网络阅读教学方案，如此才能够展开高效的阅读教学。为此，各级中学的语文教师在平时的教学中，必须加强自身上述几方面的素养，不断适应网络环境下初中语文阅读教学的改革。

"整本书阅读" 评价: 模糊·滚动·菜单·动态

在实施 "整本书阅读" 过程中, 教师的评价理念、评价策略、评价方法如果不及时跟进, 就不能有效推进整本书的阅读, 学生的阅读兴趣和阅读效果也会大打折扣, 达不到通过阅读整本书丰盈其灵魂、提升其精神、提高其素养的目的。因此, 我认为, 整本书阅读的评价, 应以鼓励创新为前提, 充分顾及学生的个性、特长, 以学生 "越读越悦" 为要。

对 "整本书阅读" 的评价不外乎老师的教和学生的学两个方面, 此处主要探讨的是如何对 "整本书阅读" 之学生的学进行恰当的评价。因为在实施 "整本书阅读" 过程中, 教师读得好固然很重要, 但毕竟学生读得好才是评价的最终目标。教师在制定评价学生 "整本书阅读" 标准的时候, 要尽量保证每个学生都参与到阅读交流之中, 尊重每个学生独特的个性、爱好、能力, 过于琐碎或者过难、过偏都将挫伤学生的阅读积极性。因此, 必须将考核作为阅读指导的一部分。关于作品内容熟悉程度的评价以题库的形式进行, 允许学生多次测试, 并且评价的方式可以让学生自己选。

一、动态模糊性评价, 让阅读 "悦" 起来

"整本书阅读" 是一个开放式的学习, 对它的评价不能按照课内单篇阅读那样进行细微评价, 而要从总体上采用模糊评价的方式。

(一) 阅读态度是前提

学生进行整本书的阅读, 关键是要每天都达到一定阅读量。但阅读是个性化的过程, 对阅读量进行评价, 不能强行要求每一位学生统一阅读速度、阅读

时间，评价的标准不能一刀切。评价时学生的阅读态度尤为重要，态度决定进度。这里的"态度"主要体现在阅读的习惯上，一目十行、敷衍了事，便是对经典的亵渎，经典最终也不会成为"你的经典"。有时间和机会就读书，不动笔墨不读书，有计划地读书……习惯总是根深蒂固的，习惯的力量往往是巨大的，因此良好的阅读习惯是保证整本书阅读质量的重要前提。

（二）阅读意志力是关键

中学阶段要培养学生执着、坚毅的阅读耐力，一蹴而就不适用于阅读。在阅读这个问题上，任何人不要指望毕其功于一役。"整本书阅读"是培养学生阅读意志力的重要途径，我们要敢于引导学生阅读达到一定文字量的长篇、短篇合集，甚至要尝试让学生接触有一定难度的作品。畅快的"悦读"当然必要，但艰难地"啃书"也必不可少。

（三）阅读评价是保障

量化评价主要有三种形式：一是对读书摘记、卡片和读书心得的判定，这种评价又多以量来评价学生读书的成绩；二是整本书阅读过关检测，在学期结束时用一课时对读书效果进行测试；三是档案袋评价，可分为展示型和文件型两类。展示型即是让学生选出最好的读书笔记、心得和鉴赏文章，向大家展览，为其他同学提供范本；文件型即是把学生几年的阅读情况进行系统记录，检测学生的发展情况。

针对学生的阅读任务完成情况，我拟定了星级评价方法，以获得星数来评价阅读任务完成情况。指标表述尽量清晰易懂，操作过程尽量简便，如表8所示。

表8　学生阅读情况星级评价方法

思维能力	思维特征	常用阅读任务	星级评价指标	自我评价	教师评价
自评和反思能力	反思、实践思维	阅读规划	①看了，但是没有看完整本书（星级★）		
			②看完整本书，但阅读过程没有什么计划（星级★★）		
			③按照自己的计划看完整本书（星级★★★）		

续表

思维能力	思维特征	常用阅读任务	星级评价指标	自我评价	教师评价
自评和反思能力	反思、实践思维	阅读规划	④能够在完成活动③的基础上，按照"任务推进"再读整本书（星级★★★★）		
			⑤能够在完成活动④的基础上形成读书情况自评体会（星级★★★★★）		
分析能力	辨认、转移、综合比较，推论、推测、想象	制作思维导图	①按照提示完成半成品思维导图（星级★★）		
			②能够在完成活动①的基础上，按照提示设计并完成思维导图（星级★★★）		
			③能够在完成活动②的基础上，根据探究所需独立设计并完成思维导图（星级★★★★★）		
		比较阅读活动	①按照提示的比较点完成比较（星级★★）		
			②能够在完成活动①的基础上，独立发现本书中的比较点，并完成比较（星级★★★）		
			③能够在完成活动②的基础上，独立发现与其他作品的比较点，并完成比较（星级★★★★★）		
评鉴能力	批判辩证思维	拟写书评活动	①书评侧重于人物形象和情节发展（星级★★）		
			②书评侧重于主题思想（星级★★★）		
			③书评侧重于表达方式、表达技巧表现手法、修辞格以及文本结构（星级★★★★★）		
创新能力	创造性思维、求异思维	续写改写表演活动	①按照对作品内容的理解进行表演（星级★★）		
			②有创意地改写语句、段落（星级★★★）		
			③有创意地续写文章（星级★★★★）		
			④依旧续写内容进行表演（星级★★★★★）		

二、分阶段滚动式评价，让阅读"活"起来

对学生的整本书阅读只有模糊性评价是远远不够的，为了保证学生阅读的质量，使学生长期保持对阅读的兴趣，就要对学生的整本书阅读进行分阶段滚动式评价。

（一）阅读指导课，重阅读方法评价

教师在指导阅读前，要有明确的目标。在阅读指导课上，不是通过学生的发言对目标达成情况进行检测，而是通过评价发现阅读中的问题，教给学生阅读整本书的方法，使阅读更有实效。

📑 **阅读指导卡**

《傅雷家书》导读—选择性阅读方法指导

第一步：查阅作者及作品概况

第二步：画浅层思维导图

通过第一步的学习，同学们对《傅雷家书》有了宏观的了解。

基于此，我们再进行梳理，让我们的阅读更有方向、有重点。

同学们，这些零散的家书都涉及了哪些方面的内容呢？请把你脑海中的有关这部家书的关键词列出来（比如亲情、做人等），形成思维导图发散模式。

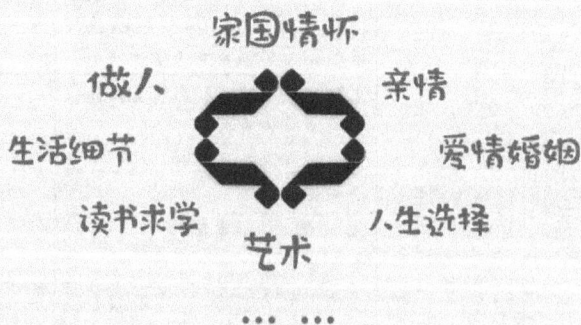

你的思维导图画好了吗？给你看看老师的思维导图，说不定我们能碰撞出思维火花呢！一个点或许就是贯穿书本的一条线索，为接下来的阅读指明方向。

第三步：学习选择性阅读方法，完成深层思维导图

选择性阅读就像飞蛾寻找光源，动物寻找水源一样，是一种理性的、目的性很强的阅读方式，它往往和阅读者的兴趣、思考、关注点密不可分。

下面向同学们介绍四种选择性阅读的方法。

第一种，兴趣选择。初一的时候我们都读过《朝花夕拾》，有些同学对鲁迅的童年感兴趣，就会去读《从百草园到三味书屋》，有些同学对鲁迅生命中重要的人物感兴趣，就会去读《阿长与山海经》《藤野先生》等，这便是依据兴趣选择的读书方式。

同样，在《傅雷家书中》，假如你在音乐、绘画、雕塑等方面有一定修养或对它们比较熟悉，可以试着读书中有关艺术的论述。

比如这段文字，很有意思，请同学们自读，"《琵琶行》中'大弦嘈嘈''小弦切切'一段，好比 staccato，像琵琶的声音急切；而'此时无声胜有声'的几句，等于一个长的 pause。'银瓶……水浆迸'两句，又是突然的 attack，声势雄壮"。

傅雷竟然将唐朝诗人白居易的《琵琶行》和西方的钢琴音乐联系在一起，发现其音色、节奏、情感上的异曲同工之妙，来指导傅聪，太妙了！中国的优秀文化滋养了傅雷的艺术灵魂，不知你是否愿闻其详？

跟着兴趣读，摘录其他有关艺术的语段或句子，充实导图中的这一条线索。

第二种，问题选择。也就是跟着心存疑惑的焦点读。假如你对如何对待恋爱和婚姻的问题百思不得其解，读书的时候就锁定这个问题和与之有关的内容，而抛弃那些无关紧要的东西。

比如，傅雷认为，终身伴侣最重要的还是要考察三样，其他的方面可以慢慢培养。

多么睿智的一位情感导师啊，同学们，你是否已迫切地想向他求教呢？文中还有许多指点人生迷津之处。不妨带着你的困惑继续阅读，完成这一线索。

第三种，目的选择。根据不同的读书目的选择不同的读书内容。

同学们还记得七年级我们学过的一篇课文《叶圣陶二三事》吗？里面有这样一句话形容叶老先生："零碎的，写作的各个方面，小至一个标点，以至抄稿的格式，他都同样认真，不做到完全妥帖决不放松。"同学们能否说说傅雷与之相似之处。

同学们，如果是为了与课内学习沟通衔接，就要关注与课内关联度高的内容；如果是其他目的，就选择与之相应的内容。

第四种，方法选择。实用文体采用"冷读"，和细读、精读不一样，它指的是阅读时头脑冷静，这样有利于把握概念，深入理解；文学作品可以采取"热读"的方法，调动感情，一气贯注，达到感同身受或身临其境的效果。其余，还有默读、批注、跳读的方式都可以采用。

傅聪表演失败后父亲安慰他的一段话，"冷读"和"热读"的方式都尝试一下，有什么不同的体会吗？

> 人一辈子都在高潮——低潮中浮沉，唯有庸碌的人，生活才如死水一般；或者要有极高的修养，方能廓然无累，真正的解脱。只要高潮不过分使你紧张，低潮不过分使你颓废，就好了。太阳太强烈，会把五谷晒焦；雨水太猛，也会淹死庄稼。我们只求心理相当平衡，不至于受伤而已。

冷读时，我们可体会到父亲的哲理——顺境、逆境交替，得意、失意轮转是人生的常态，我们要以强者的精神和意志坦然地面对人生，在生活的起起伏伏中演绎辉煌。

热读时，我们将体会到傅雷伟岸的父爱，这无疑给了心情失落的儿子一剂"强心剂"，醍醐灌顶，促使傅聪从跌倒处崛起。

如何走好人生之路是一门大学问，同学们若在这条线索中虚心求教，一定会受益匪浅哦！

四种选择性阅读方式在一定程度上有交叉和重叠，阅读的时候不必刻意。

同学们，在阅读的过程中你还可以在书信中圈点勾画，在空白处批注，你也可以列一张读书卡（表9）及时留下你的阅读痕迹！读完后别忘了完成深层思维导图哦！

表9　读书卡

阅读主题	页码	我的感悟、评价	选择性阅读方式

该导读课例，学生有没有掌握并运用"选择性阅读，完成深层思维导图"这个阅读方法是教师评价的关键。教师在课堂上带领学生走进《傅雷家书》，找到阅读《曾国藩家书》《郑板桥家书》《莫扎特家书》等一类著名家书的阅读方法，从读"一本"走向读"一类"。

（二）专题式研讨课，动态跟踪评价

整本书阅读更依赖于学生个体的自主阅读。这种阅读有一定的学习目标和阅读任务，在读写实践中培养阅读趣味，丰富情感体验，提升思想高度，还要有更有效的评价来推动阅读由浅入深、由局部到整体，这样，读者的情感、才智才能参与到作品中。

因此，整本书的阅读贵在精读，读有所悟，读出自己。

线上阅读卡

【"微博阅读教学平台"专题研讨板块】

1. 经典桥段之我评（欣赏作者塑造人物的方法，细品侠义之举）

要点提示：金圣叹："《水浒传》写一百八个人性格，真是一百八样。……只是写人粗卤处，便有许多写法，如鲁达粗卤是性急，史进粗卤是少年任气，李逵粗卤是蛮，武松粗卤是豪杰不受羁靮，阮小七粗卤是悲愤无说处，焦挺粗卤是气质不好。"（《读第五才子书法》）

2. 昨日经典之我议（读、议、悟《水浒传》的思想内容，感悟"少不读水浒"的积极的警示意图）

要点提示：作为我国优秀的文化遗产，《水浒传》蕴含着丰富的艺术营养，但由于其时代局限性，需要我们鉴别和摒弃。

每周双休日定期在平台上组织"在线阅读交流"活动，及时组织学生互相交流，通过微博的@特定人、留言板等，交流探究阅读体会，品味网络阅读的全新体验，引导学生在线阅读、撰写心得，有效地锻炼了学生利用网络资源展开阅读学习的能力，使"整本书阅读"得以从"浅阅读"走向"深阅读"。

通过微博的@特定人、留言板等方式来动态跟踪评价学生的阅读效果，并通过评价加快学生的阅读成果转化。在跟帖回评中，学生互相评价各自的发现，教师回应评价每个学生独一无二的感悟，促使各层次学生精益求精。这样评价时既尊重了学生的个体差异，又促进了每个学生的健康发展。"阅读说到底是自己的事"，但在阅读的过程中，我们不能以培养"阅读家"的心态进行阅读评价，而要像农夫熟悉庄稼一样去了解学生：他们的长处在哪里，是形象思维还是抽象思维？是文学作品还是哲理论文？需要怎样"扬长"又如何"补短"？哪些趣味"正"哪些趣味要"修正"……虽说学生要有"撞南墙"的阅读体验，但教师也要通过智慧的教学方式，让学生对自己的阅读做出正确的判断，明白什么可能是"光明道"，什么也许是"死胡同"。

（三）阅读成果展示课，"菜单式评价"

为了使评价更切合广大学生又便于操作，我设计了"菜单式评价"，供学生自由选择。

以"展"代评：从学生的实际需要出发，通过学生喜闻乐见的活动载体和活动方式，让学生在活动中充分展示自己的读书收获。教师充分利用一切可以利用的平台，如图书角、板报、宣传窗等，满足学生的心理需求，及时展示学生的课外阅读成果。刊登学生读书手抄报、真情实感的读后感、精彩习作，开展读书笔记的评比等。如采用故事会、朗诵会的形式来考查学生对阅读内容的记忆情况；采用写读书心得的形式来考查学生对阅读内容的理解程度；采用自编手抄报、做读书笔记的形式来考查学生对阅读内容的领会和表述的能力等。

这样的活动展示让成果看得见，以"展"代评，巧妙地将评价融入活动之中，能让学生体验成功。通过以"展"代评的形式，将评价融入活动之中，让每一次展览都成为读书活动的一个加油站、一个助推器。

以"测"代"评"：教师可以针对全班共同阅读的内容，采取检测的方式进行评价。在《水浒传》整本书阅读活动中，老师根据这本书出了200道阅读测试选择题。放在学习平台上，学生阅读完整本书后可自行在"微博阅读教学平台"上答题，系统随机给出20道题，每位学生有两次答题机会，系统会自动批改评分。

📖 测试题（部分）

1.《水浒传》的作者是（　　）。

A. 施耐庵　　　　　B. 罗贯中　　　　　C. 曹雪芹　　　　　D. 吴承恩

2.《水浒传》中的作者是（　　）朝代的人。

A. 元　　　　　　　B. 元末明初　　　　C. 明　　　　　　　D. 清

3.《水浒传》中有一个人物，原来是个"浮浪破落户子弟"，只因踢得一脚好球，受到皇帝的赏识，没到半年时间，直抬举他做殿帅府太尉职事。他把持朝政、无恶不作，这个人是（　　）。

　　A. 高俅　　　　　　B. 蔡京　　　　　　C. 高衙内　　　　D. 王进

4. 梁山一百单八将中第一个出场的是（　　）。

　　A. 史进　　　　　　B. 吴用　　　　　　C. 武松　　　　　D. 李逵

5. 梁山一百单八将中第一个出场的人物的绰号是（　　）。

　　A. 豹子头　　　　　B. 青面兽　　　　　C. 九纹龙　　　　D. 行者

6.《水浒传》"鲁提辖拳打镇关西"中的"提辖"是（　　）。

　　A. 官职　　　　　　B. 绰号　　　　　　C. 名　　　　　　D. 字

7.《水浒传》中"大闹野猪林"的是（　　）。

　　A. 关胜　　　　　　B. 鲁提辖　　　　　C. 李逵　　　　　D. 柴进

8. 倒拔垂杨柳的好汉是（　　）。

　　A. 林冲　　　　　　B. 花荣　　　　　　C. 鲁智深　　　　D. 武松

9.《水浒传》中"火烧草料场"把林冲逼上梁山的是（　　）。

　　A. 燕顺　　　　　　B. 呼延灼　　　　　C. 陆虞侯　　　　D. 卢俊义

10. 水浒中被高俅设计误入白虎节堂，刺配沧州，后雪夜上梁山的好汉是（　　）。

　　A. 林冲　　　　　　B. 花荣　　　　　　C. 鲁智深　　　　D. 武松

11.《水浒传》在人物塑造方面，最大特点是善于把人物（　　），扣紧人物的身份、经历和遭遇来刻画他们的性格。

　　A. 置身于真实的历史环境中　　　　　B. 置身于虚构的环境中

　　C. 置身于古代历史环境中　　　　　　D. 置身于真实与虚构的环境中

12.《水浒传》是中国历史上第一部用白话文写成的（　　）。

　　A. 通俗小说　　　　　　　　　　　　B. 白话文小说

　　C. 纪传体小说　　　　　　　　　　　D. 章回小说

13. 晁盖被毒箭射中后身亡，宋江被推为山寨之主，改聚义厅为（　　）。

　　A. 忠义厅　　　　　　B. 忠孝堂　　　　　C. 忠孝厅　　　　D. 忠义堂

14.关于宋江领导的农民起义失败的主要原因，最恰当的一项是（　　）。

A. 统治阶级的残酷镇压

B. 起义军的力量被消耗了

C. 起义军只反贪官，不反皇帝，被招安后，被统治阶级利用

D. 起义军内部分化

15.小说《水浒传》中的故事是（　　）。

A. 是作者根据现实加工创作而成　　　　B. 完全是真实的

C. 完全是作者虚构的　　　　　　　　　D. 绝大部分是真实的

阅读是一次灵魂的旅行，如果说阅读方法的指导是旅行的方向标，那么阅读评价就是旅行加油站。只有不断为学生加油，教师才能把学生领到"整本书阅读""天光云影共徘徊"的美丽景点中去。

双重视角下"整本书阅读"教学的有效实施

　　语文课程标准是标明基础教育课程改革动向的一面旗帜，随着改革的不断推进，就阅读方面，改革的关注点已经由最初的选文阅读触及整本书的阅读。2001 年，教育部颁布的《全日制义务教育语文课程标准（实验稿）》首次明确指出："培养学生广泛的阅读兴趣，扩大阅读面，增加阅读量，提倡少做题，多读书，好读书，读好书，读整本的书。鼓励学生自主选择阅读材料。"2011 年颁布的《义务教育语文课程标准》再次重申"要重视培养学生广泛的阅读兴趣，扩大阅读面，增加阅读量，提高阅读品味。提倡少做题，多读书，好读书，读好书，读整本的书"。由此可见，"读整本的书"是语文课程标准的要求，也是语文阅读教学的发展趋势。

一、教师视角下的"整本书阅读"教学是课程

　　教师接触最多的便是教科书，就语文这一学科而言，它采用的是文选型的单元编排方式，文章要么是单篇短文，要么是长篇节选。这些文章按照一定的逻辑编排成册，虽然可供阅读及学习，但是不免令学生"只知其一不知其二"或者难达"甚解"。阅读一整本的书，知晓前因后果、来龙去脉，了解文本架构等，可以为教师指导学生进行更理性化、更到位的理解提供可能性，也可以为学生进行多维度、多方位、多层面的思考提供指导。简而言之，教师的整体意识是防止学生在阅读过程中犯"盲人摸象"弊病的良方，而树立学生整体意识的有效方法之一就是阅读整本的书。

（一）"一问二要三读"推进教师阅读整本书

既然是整本书阅读，核心词就是"整"字。整本书阅读的首要任务是读完整本书，体验整本书，让自己的心灵在书中走一遍，走过书中的跌宕起伏，穿过书中的重重迷障，再回到书海的岸边，回望自己在书中的整个阅读历程，对整本书的内容有完整的了解和印象。但是，这种阅读重在体验，侧重教师的感性认识。因此，可以适当寻找几个探究点作为专题，让教师以较理性的思维再读整本书，深入分析书中的这些点，只有将整体与专题相结合，教师对整本书的认知和体验才能更立体、更完整。因此，教师整本书阅读的推进分为"一问二要三读"三步。

"一问"摸底。准确了解教师的整本书阅读状况及教师整本书教学的现状，了解教师在整本书阅读开展过程中可能遇到的问题，以寻求解决途径，进一步推动教师阅读整本书。开展问卷调查，收集数据做好数据分析。

您经常阅读哪一类书籍？

您阅读书籍的目的是什么？

您平均每年大概阅读多少本书？

您认为阅读整本书对学生有帮助吗？

您通常什么时候指导学生进行阅读？

在指导学生整本书阅读教学过程中碰到的主要困难是什么？

对于整本书阅读教学，您还有哪些建议？

"二要"策略。一是教师的整本书阅读与指导学生整本阅读的教学要一致。教师自己阅读整本书的能力直接决定指导学生开展整本书阅读的水平。整本书的阅读在于一个整体，不同于一篇课文的教学，学生阅读了一本书，留下些什么印象，感受到什么，关键取决于教师在指导内容的选择上突出最优化。整本书少则几万字，多则几十万字，而一节课只有45分钟，此时"教什么"比"怎样教"更重要。杜绝整本书阅读指导随意化、平面化、定义化及无主导价值现象，这一切都有赖于教师自身对整本书阅读的价值取向。二是教师对整本书阅读的拓展开发要有度。倡导"师生共读""内容重构"策略。教师必须先读，只有教师阅读思考了，引导学生的阅读策略自然才会生发。在当前 80% 的自由泛读前提条件下，需要有精读推进，即整本书的阅读教学，需要教师以独特的导读视角激发学生的阅读兴趣。教师通读全书后，提取相关信息，按照新的形式重新组合并呈现。要完整分析书中的人物形象，需要梳理书中与人物相关的事件，重新组织这些内容，建构客观完整的认识。又如，"闪回"是整本书创作的常用手法，一个画面、场景、人物在整部作品中重复出现，利用重复形成勾连。捕捉闪回就成为整本书阅读的独特策略，借助这一策略，能够更好地理解作者的创作意图，实现与作者的深度对话。

从某种角度来看，整本书阅读更像是一个不断扩大的综合实践活动。教师阅读成果不同形式的输出，其实就是一个课程化的体现。随着阅读的不断深化，教师不断发现新的阅读方向，找到阅读能力发展的生长点，并将其转化为下一阶段阅读的起点。

"三读"落实。一是读思想及艺术、知识普及及作品鉴赏；二是读出自己，思考我的阅读和教学缺少了什么，从作品中汲取营养，转化为自己的写作和教学；三是读出作品教学设计和课堂展示，最后走向作品拓展性课程开发。

（二）构建"整本书阅读"教学体系

"整本书阅读"的课程化研究是以部编本语文 7—9 年级教材推荐的名著篇目作为载体的，但要想达成课程体系，不仅要有统一的阅读指导范式，还要有 7—9 年级系统的教学计划、完善的评价制度和有效的过程管理。

1. 制定"整本书阅读"整体教学计划

设计整本书阅读要从"课时观"走向"课程观"，从"机械接受"走向"自主建构"。把它当作一个课程来对待，要系统设计整本书阅读的课程方案，包括课程目标、课程计划、课程实施和课程评价（见表 10）。

表10 "整本书阅读"整体教学计划

课程目标	整本书阅读属于阅读教学的组成部分，着重培养学生基于真实情境下的整本书阅读习惯和能力，能够有目的、有计划、有耐心地完成整本书阅读，学会梳理和把握整本书的内容，选择合适的内容进行探究，体验整个阅读过程，丰富自己的精神世界，并与他人分享阅读成果			
课程计划		课内讲读《部编教材规定》	课外自读《课标附录建议》	课外选读《校本教材建议》
	七年级上	《朝花夕拾》《西游记》	《安徒生童话》	《伊索寓言》
	七年级下	《骆驼祥子》《海底两万里》	《繁星·春水》	《三体》
	八年级上	《红星照耀中国》《昆虫记》	《童年》	《名人传》
	八年级下	《傅雷家书》《钢铁是怎样炼成的》	《红岩》	《三国演义》
	九年级上	《泰戈尔诗选》《水浒传》	《艾青诗选》	《边城》
	九年级下	《格列佛游记》《简·爱》	《鲁滨逊漂流记》	《史记》
课程实施	1. 课内讲读的整本书阅读实施分课前、课中、课后三个部分。课前确定阅读书目，明确阅读任务、提供阅读方法。初步完成整本书阅读，了解整本书主要内容；课中开展交流与探讨，表达和分享阅读体会，深化对整本书的理解，尝试专题探究；课后有针对性或选择性地进行重点局部再读，进行检测与反馈 2. 课外自读篇目指定、在课外的规定时间内完成、记载阅读过程。课外选读不作统一规定。学生根据自身时间、兴趣、能力来安排，可列入拓展性课程			
课程评价	过程性评价和形成性评价相结合。过程性评价侧重学生整个阅读过程的真实性，记录每个学生阅读过程中具体表现和状态。形成性评价检测整本书阅读的效果，基本上以书面检测的形式进行			

2. 规范"整本书阅读"教学的基本流程

整本书阅读教学的基本流程是一个"情动"的过程，也是一个思考的过程，是"情""思"结合催生知识的过程。导读、自读、交流延伸不是在走流程，而是教会学生基本的阅读方法和策略，实现其思维品质的提升（见表11）。

表11 "整本书阅读"教学流程

教学流程	教学目标	教学方式
导 读	激发学生阅读整本书的欲望	大声朗读 片段导读
自 读	让学生全身心地走进整本书，实现多维对话	持续默读 片段赏析
交 流	1. 围绕一定专题对整本书进行交流，彼此分享不同的观点，提升对文本的理解 2. 将同主题或相关主题的文本材料进行比较阅读，将主题引向深入	读书交流会

续表

教学流程	教学目标	教学方式
延 伸	展开多向度的延伸活动，拓展作品的教育意义	读写结合、语文综合性学习、研究性学习等

二、学生视角下的"整本书阅读"是"悦"读

"整本书阅读"要遵循学生的认知规律，需要教师由浅入深地引领他们走进整本书的世界。同时遵照文本特点，进行具体有效的读书指导，使学生"越读越悦"。

（一）教给学生打开"整本书阅读"的方法，给出走进整本书的路径

在名著阅读之前，以教师指导为主，重点在于介绍作者和相关背景，讲授有效的读书方法，激发学生阅读兴趣。当然还要布置本阅读专题的具体要求，如明确读书小组、评价标准、阶段性任务等，加强整本书阅读的过程管理，即解决"为什么要读""读哪些内容""用何种方法去读""完成哪些读书任务"等问题。部编教材把名著导读放在课内，且设置了非常好的"读书方法指导"和"专题探究"板块（详见表15），可谓一书一方法，我们在进行整本书阅读时要善加利用。

📑 **阅读指导卡** ·····

《傅雷家书》之选择性阅读

【检视阅读】

1. 先看书名和序言，特别注意副标题或其他的相关说明，然后将书在脑海中进行归类。

2. 研究目录，对书的基本架构做概括性的理解。

3. 从目录当中挑选几个感兴趣或与主题息息相关的篇章来读。如果这些篇章在开头或结尾有摘要说明，就要仔细地阅读这些说明。

【分析阅读】

1. 使用最简短的文字说明整本书在谈些什么，确定作者想要解决的问题。

2. 知道作者的论述是什么，从内容中找出相关的句子，再重新架构出来。

3. 确定作者已经解决了哪些问题，还有哪些是没解决的。再判断哪些是作者知道他没解决的问题。

【主题阅读】

1. 再一次浏览书目，确定哪些与主题相关，就主题建立起清楚的概念，并找出最相关的章节。

2. 再读相关章节，对主题进一步明确，形成大纲。

3. 阅读与主题相关的其他书目，通过对比阅读，加深对该书形成主题的认识。

【读书笔记】

1. 在重要、关键的句子下画一条线，如有特别重要的段落也可以画双横线，但不宜过长。

2. 在空白处做星号或其他符号——要有所选择，只用来强调最重要的段落。也可在相关地方夹一张书签，在书签上写下感想，这样只要从书架上拿起这本书，打开做记号的地方，就能唤醒曾经的阅读记忆。

3. 在与作者观点不同的地方略做标记，随后在笔记本上写下页码并提出疑问，后面可以留一些空白，以供后来解决问题时填写。

4. 将复杂的论点简化说明在书页的空白处，或是记下全书所有主要论点的发展顺序。书中最后一页可以用来作为个人的索引页，将作者的主要观点依序记下来。

5. 结合《傅雷家书》的特点，还可以做一个语录摘抄本，提取最打动你的文字，旁边做一些旁批。

（二）交流跟进指导，为兴趣保鲜，"为阅读护航"

教师对学生在阅读过程中出现的错误或问题要及时跟进指导，"为兴趣保鲜"。当学生阅读名著的热度已经冷却时，教师要通过丰富多彩的活动让学生乐于读。

📓 **乐趣阅读卡** ·········

【《三国演义》阅读游戏化设计】

1. 为视频配音，并入选"三国好声音"活动。

2. 拍摄微视频，举办"三国微电影节"。

3. 把握三国人物和主要情节，参加"三国英雄榜""三国闯关赛""穿越三国"活动。

4. 百家争鸣说《三国》，说出你的"心三国"。

在学生阅读名著过程中，以学生的分享交流、活动为主，教师要点拨纠偏、激疑促思，使学生能及时分享收获、心得，交流困惑、疑虑等。

📓 **乐趣阅读卡** ·········

《昆虫记》之科普作品阅读指导

【采访提纲】

采访者：XXX

采访时间：2018 年 4 月 22 日放学后

采访对象：法国著名科学家、科普作家，《昆虫记》的作者法布尔

采访目的：了解法布尔的写作动机以及他对昆虫的生活与习性的有关看法，并从中获得一点人生启发

采访方式：深度访谈

采访问题：

1. 先跟大家说说您为何要写《昆虫记》，以及您的写作动机。

2. 您是什么时候开始观察昆虫的，平时每天都观察吗？

3. 您觉得观察昆虫有什么需要注意的吗？

4. 您在写作《昆虫记》时哪种昆虫让您感受最深？

5. 您认为观察昆虫对您来说有何价值？

6. 您在观察不经常在陆地上出没的昆虫时，是怎样克服困难的？

7. 如果现在有一个昆虫爱好者也想写《昆虫记》，您会对他（她）有什么忠告？

（三）动态模糊性评价，让学生的阅读"悦"起来

如果对学生的整本书阅读采用枯燥的"以测代评"方式，必然使学生丧失阅读兴趣，重新回到"功利化"阅读的老路。所以，设计出既能准确评价学生的阅读情况，又能使学生乐于接受且操作简便的评价方法，是关键。

我们在学校开展师生共读活动，每天保证一小时的整本书阅读，校内20分钟左右，校外40分钟左右。校内20分钟是指每天中餐后学生在班里静静地阅读20分钟（称午读时间），教师参与共读时，以口头评价督促为主；放学回家后，自由控制课外阅读时间，但每天不少于40分钟，由家长督促评定。"大阅读"氛围激发学生的阅读兴趣，你追我赶蔚然成风。

在这个过程中，学校统一发放"整本书阅读综合评价表"（见表12），主要是让学生学会自我管理，充分发挥学生在阅读中的主观能动性；采用动态模糊评价，学生自评、同学互评、家长评价和教师评价相结合的综合评价为主，关注差异，但是也要有基本的速度要求，即学生要在规定的时间内完成阅读情况公布。对阅读速度慢的学生，跟进了解督促。学校在班级固定区域设置多个开放式书吧，每个书吧安排学生管理员进行管理。开放式书吧设置读书交流专栏，将学生自主阅读所书写的简短读书心得或好书推荐张贴于专栏中，供师生交流分享。

表12　整本书阅读综合评价

姓　名		年　级		班　级		阅读时间	
读物名称：			作　者：			阅读速度：	
读物主要内容							
优美词句或精彩片段摘录							
感想与收获分享							
自我评价（打钩）	阅读认真（　）		家长评价（打钩）	能主动阅读（　　）			
	基本认真（　）			在督促下阅读（　）			
	还需努力（　）			还需努力（　）			
同学互评				教师评价			

　　学校每月评选出学生月度阅读之星，在开放式书吧展示其照片及个人简介等。每学期结束前评选校园"十佳阅读之星"，进行表彰奖励。

　　人类最伟大的思想在书里。精神世界的构建过程就是从信息到知识到智慧，像一个金字塔，是精神与智力逐步升级发展的过程。通过阅读整部书籍，我们的智慧才能一步步地通往精神的"金字塔"之巅。在整部书阅读过程中，没有教师参与指导下的阅读不可能促使学生个体心灵的成长，不可能指导学生个体精神的完整发育。在潜移默化的熏陶感染之中，唤醒他们的思想，洗涤他们的心灵以及砥砺他们的精神，对于人生观、世界观和价值观尚未成型的初中生来说，大有裨益，能为学生形成良好的个性和健全的人格奠定基础，能为学生提升审美情趣和思想道德修养提供助力。在某种程度上说，教师参与阅读在建构自己思想大厦的同时也丰富和完善学生的精神世界。

搭建学生学习的"三间小屋"

——《精神的三间小屋》教学设计

一、教学说明

毕淑敏《精神的三间小屋》被编入九年级上册"议论性文章"单元。文中，作者认为应当为自己的精神修建"三间小屋"：第一间"盛着我们的爱和恨"，第二间"盛放我们的事业"，第三间"安放我们自身"。中学课程中缺少逻辑学这门独立的学科，议论文教学便承担着部分逻辑思维培养的任务："区分观点与材料，发现观点与材料之间的联系，并通过自己的思考，做出判断"。

把握文体的共性和文章的个性。《精神的三间小屋》是一篇集议论、描写、抒情于一体的说理性（议论性）散文，不是一篇典型的议论文。议论性散文的共性，是用"散文"的笔法进行"议论"或是阐述观点。该文在阐述"精神的三间小屋"这个论题时，语言风格生动而深刻、精美而睿智，思辨色彩较为浓厚。这篇文章"个性"突出，阅读时，我们往往会被作者的散文笔法卷入其中，思考自我"精神的三间小屋"。作者使用的"散文"笔法有新奇的比喻说理、强烈的对比议论、整齐的排偶句式、诗意的抒情词句等，还具有悲天悯人的情怀，读起来发人深省。

教学中，借助《敬业乐业》这个例子的"举一"，让学生在学习《精神的三间小屋》这篇自读课时得以"反三"。学生自能默读课文，在文章中"区分观点与材料，发现观点与材料之间的联系"，习得议论性文章阅读的方法与策略。

基于此，教师也应当创设"三间小屋"，分别盛放"共性""个性""生成"，为学生搭建自习空间，促进学生进行思考和判断，从而进行意义建构。所谓"三生万物"，这"三间小屋"既是有限的终点，也是无限的起点。

二、学习目标

★根据议论性文章的基本特点，厘清行文脉络。

★了解"精神的三间小屋"的内涵，理解作者关于构建个体精神世界的观点。

★把握本文用"散文"的笔法进行"议论"的特点，体会其作用。

★引导学生关注自我内心世界，积极建构个体的精神空间。

三、课堂呈现

（一）导入

英国戏剧家莎士比亚曾说：我们的身体就像一座园圃，我们的意志是这园圃里的园丁……让它荒废不治也好，把它辛勤耕植也好，那权力都在于我们的意志。俗话说，"身安不如心安，屋宽不如心宽。"

我们生活的世界，按常规来看，可以称之为三维空间。空间如此广阔，时间如此漫长，不是我们这些弱小的生命体能够体会到的。但是，我们人类除了拥有空间感之外，还拥有精神，它能够穿越一切空间和时间，造就一种永恒的力量。那么，人的精神是如何发挥这种作用的呢？那就必须给人的精神活动以空间。学习毕淑敏的《精神的三间小屋》或许能给我们启发。

（二）勾连已学，理清文脉

（1）学生自读课文，扫除字词障碍。

（2）自主探究，明确作者观点，梳理文章脉络。

（3）为本文画出思维导图，在小组内交流并做修改。（《作业本》第2题）

明确（一学生上台板书，见图9）。

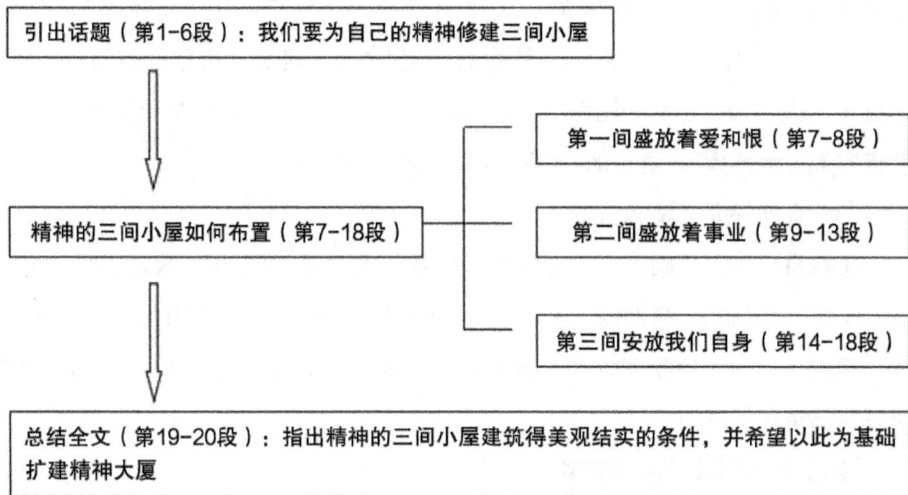

图9 《精神的三间小屋》思维导图

（4）结合思维导图讲述文章的论证思路。

思考：这"三间小屋"有什么关系，它们可以换顺序吗？

明确："三间小屋"是一个整体，作者由表及里、层层深入地论述这"三间小屋"中盛放的爱和恨则是我们精神的原动力，事业是我们精神的支撑点，而自身是小屋的根本，是心灵大厦的基础。只有自己拥有主见，才能明确所爱和所恶，才懂得什么样的事业能带给我们真正的快乐。

在论证上，作者采用大结构总分总、小结构并列式的层次，以"爱恨、事业、自身"并列阐释"三间小屋"的内涵及其意义，论述了人需要什么样的精神生活，需要如何构建自己的精神空间，由浅入深、层层推进地表达了自己独到的见解——"为自己的精神修建三间小屋"。

（三）自主学习，援疑质理

（1）学生自读，出现疑难，形成问题。

（2）梳理收集问题，展示质疑。

预设：①建设美观结实的精神大厦，修建的三间小屋应该各有什么特点？（提示：先从文中找到体现精神小屋特点的词语和句子，然后分析概括）[《作业本》第3题（1）]。②作者为什么在她精神的小屋里装上"爱和恨""事业""自身"这三样东西？（提示：精神的小屋"三间"足矣，房屋的空间虽"小"足矣）。③作者在文章开头说"人有一颗大心""人的心灵，应该比大地、海洋和天空都更为博大"，这里的"小屋"与"大心"矛盾吗？

（3）合作探究，疑义与析。

①在自主探究基础上，小组合作，碰撞交流；②分组汇报，教师适时引导。

了解文中所写"精神的三间小屋"的内涵，理解作者关于构建个体精神世界的观点（三间小屋象征着个人精神的栖息地，每个人都应该努力、真诚地修筑好自己精神的空间）。

（四）旁批诵读，品味文风

在语言品读部分，引导学生通过诵读和旁批，勾连本单元前面已学的其他议论文，体会作者善于运用比喻、对比等文学性的笔法进行描绘、阐述，这种大大增强了材料的形象性，强化了对精神的三间小屋内涵的阐释。

（1）语言品读，梳理学生难于理解的语句。

预设：①"精神的小屋也定需住进你所爱好的事业。否则，鸠占鹊巢，李代桃僵，那屋内必是鸡飞狗跳，不得安宁。"这句怎么理解？②"你的一生，经历过的所有悲欢离合喜怒哀乐，仿佛以木石制作的古老乐器，铺陈在精神小屋的几案上，一任岁月飘逝，在某一个金戈铁马之夜，它们会无师自通，与天地呼应，铮铮作响。"这句理解不了。

（2）以点带面，发现"这一类"的语言特点。

📋 **方法指导卡**

【设问引导】

"精神的小屋也定需住进你所爱好的事业。否则，鸠占鹊巢，李代桃僵，那屋内必是鸡飞狗跳，不得安宁。"这句话理解起来有些难度：一是语句凝练，书面色彩较浓；二是存在大量的成语，并且成语的意义发生了变化；三是使用了博喻，要观照主题才能真正理解。

首先，明确成语本义；其次，明确成语的主语与宾语谁是斑鸠，谁是喜鹊，谁是李树，谁是桃树；再次，观照全文进行理解，当事业之外的金钱、地位或其他光环影响我们，以致我们不能选择真正喜欢的事业时，我们内心一定是痛苦的。

【对话教学（片段）】

生 1：老师，文章里这句话，我理解不了。

师：理解不了很正常，当年我在你们的年纪也不能理解。

（生笑）

【点评意图】教师幽默且具有同理心，可以快速拉近与学生的距离，引导学生聚焦困惑，为解决问题和课堂对话做准备。

师：请具体说说你的困惑。

生 1："木石制作的古老乐器"怎么会在"金戈铁马之夜""无师自通，与天地呼应，铮铮作响"呢？感觉比较深刻，应该包含着人生的道理吧。

师：的确蕴含着深刻哲理，你的感觉不错！这是一个有价值的问题。怎么解决呢？回到原文，读书思考，寻求证据。（3分钟后，无人举手）

师：需要小组讨论吗？（大家点头）

（小组讨论3分钟）

【点评意图】积极鼓励，彰显了"提出问题"的价值，增加了学生的成就感。给出方法"回到原文"，授之以渔，强调"证据"的重要性。当学生遇到学习阻碍时，从个体思考到小组合作，以引发真正的思考和对话。

生 2：我们小组认为，作者把"一生中经历的悲欢离合、喜怒哀乐"比作"木石制作的古老乐器"；"金戈铁马之夜"指的是某些特殊的时刻，即能够触动你心灵的时刻；"铮铮作响"指的是引发了思考，引发了共鸣。

师：抓住了比喻，基本理解了内容。她指出了什么时候会响？金戈铁马之夜——某一个特定时刻。继续思考。为什么会响？其含义如何？

生 3：某一个特定时刻激活了以前的经历和情感等，"无师自通"，自然而然。也就是悲欢离合、喜怒哀乐等经验积攒到一定程度，就会在某一个特定的时刻突然爆发，唤醒你的情绪，甚至让它决堤。

（师生自发鼓掌）

师：好，这两位同学分别从为何会响、什么时候响、响的意义等三个方面梳理了这段话的内涵。那这段话在全文有何意义？

生4：作者使用了比喻论证，并通过诗意的描写和抒情，让我们明白了爱与恨这间小屋的重要性，有力地论证了要为自己的精神修建三间小屋的观点。

师：你有无这样的生活感受？试举例说明。

生5：我看了一个电视节目。有一个人荣获金奖，上台领奖时，刚开始还很高兴，突然之间大哭起来。别人问他，这么高兴的时候你为什么会大哭呢？他说他想到了自己的母亲，一连好几年看他为了这个比赛付出了难以忍受的煎熬和折磨，后来还没有来得及看到他登上领奖台，就因为一次偶然的事故离开了。于是，在这样一个悲喜交集的时刻，他的情感爆发了。

【点评意图】从学生对话中寻找突破口，在课堂生成中建构意义并搭建继续对话的桥梁，引导学生发散思维。最后，通过举例来论述自己的观点，这是为了理解观点、阐释观点，有"逻辑"地进行思考，也是在培养学生进行"议论"。

师：是啊，情感是我们精神的原动力。情感本来是看不见、摸不到的，作者使用比喻，就让我们不仅可以看到，还可以听到，化抽象的情感为具体的场景；既给我们带来了美感，还富含哲理且有力地论证了自己的观点。亲爱的同学们，发现没有，这句话的表达方式既是描写，又是议论，还有点抒情的味道，它是三者的完美融合！请同学们从文章中找出在类似的句子作旁批，品味鉴赏，感受其独特的语言风格。

（3）旁批，品味鉴赏，感受其独特的语言风格。

"旁批"，就是在文章的旁边作批语，对我们仔细阅读起着很大的作用。既包括对所批材料内容的提炼，又包括阅读者自身的真切感悟。如《于丹〈论语〉心得》中的一段文字，请为它写一段"旁批"。（不超过40字）

　　这个世界上真正的真理，永远都是朴素的，就好像太阳每天从东边升起一样，就好像是春天要播种，秋天要收获一样。《论语》告诉大家的东西，永远是最简单的。

　　（4）全班交流，教学共生。

📋 **课内讨论卡** ·······

　　屏显：毕淑敏的语言："热切诚恳，娓娓道来，如叙如诉，纯洁的露水，蓬勃的白桦，端庄的麦穗，舒缓而磅礴的河流，浸润着她对人生的深沉思索，透露出她对人生的大智大慧的感悟。"

　　师：文章中，这样的比喻句俯拾皆是。请大家找找，边读边感悟。

　　生6："假若爱比恨多，小屋就光明温暖，像一座金色池塘，有红色的鲤鱼游弋，那是你的大福气。假如恨比爱多，小屋就阴风惨惨，厉鬼出没，你会精神悲戚压抑，形销骨立。"

　　生7："如果想重温祥和，就得净手焚香，洒扫庭院。销毁你的精神垃圾，重塑你的精神天花板，让一束圣洁的阳光，从天窗洒入。"

　　生8："假如你不喜欢它，漫长的七万个小时，足以让花容磨损日月无光，每一天都如同穿着淋湿的衬衣，芒刺在身。"

　　生9："适合你的事业，不靠天赐，主要靠自我寻找。这不但是因为相宜的事业，并非像雨后白桦林的菌子一样，俯拾即是，而且因为我们对自身的认识，也是抽丝剥茧，需要水落石出的流程。"

　　生10："在我们的小屋里，住着所有我们认识的人，唯独没有我们自己。我们把自己的头脑，变成他人思想汽车驰骋的高速公路，却不给自己的思维，留下一条细细的羊肠小道。我们把自己的头脑，变成搜罗最新信息网络八面来风的集装箱，却不给自己的发现，留下一个小小的储藏盒。"

　　【点评意图】教师小结是为了推进教学，让学生能够整体认识并把握作者的语言风格特点。引他人评价，是为了强化这一特点，并环环相扣、步步深入、以点带面，发现"这一类"的语言特点，从而水到渠成地培养学生语感。

生11：老师，我还发现这些句子用比喻的方式在进行对比。

师：对啊，你们看，比喻句从标题贯穿到结尾，多么生动而美妙啊。其实不单是比喻句，作者还综合运用了其他手法，引用、拟人、排比、对比等修辞句信手拈来，借此把一个个抽象的精神小屋写得具体、鲜明。精美的语言，睿智的思想，让它散发出无穷的魅力，让我们不得不感叹作者独特的语言魅力！

（5）教师小结语言特色：华丽而不失朴实，深刻而不失平淡，睿智而不失真诚。

（6）师生共同配乐朗读。

（五）拓展延伸，走向毕淑敏的散文世界

人类情感丰富多彩，事业五彩斑斓，对自身的认识也是逐渐拨云见日的。房屋虽"小"，可盛放的宝物却是无法用数字来计算的，作者借几间小屋使大心具体化、形象化，这样大中求小、衬托呼应，既是作者行文的机智，更是作者谦逊人格的体现。

文章以三间小屋为载体，阐述了精神追求的内涵及其意义，激励人们关注自我心灵，提升精神境界，使人格得到升华。三间小屋组成了作者辽阔的精神世界，如果人人都能像毕淑敏那样建造好自己的精神小屋，间间累积势必会矗立起一幢民族的精神大厦！

（1）内涵拓展：作为一个忙碌的学生，我们该如何构建自己的精神小屋？

（2）阅读拓展：从"造屋"到"造心"。（《作业本》第4题）

推荐阅读毕淑敏的议论性散文《我很重要》《素面朝天》《保持惊奇》《风不能把阳光打败》。

四、案例分析

（一）文本教学目标的精准把握

文本被选入教材，我们就必须从"教"与"学"切入的深度与广度认真审视并确定其教学价值。从教学角度而言，要让学生"把握作者的观点，区分观点与材料，理清论证的思路，学习论证的方法"。基于单元教学目标和本课学习意图，首先要明白这几者之间的关系，如果论点解决"说什么（观点）"，材料解决"用什么说"，那么论证思路和论证方法就是解决"怎么说的问题"。其次，这是一篇自读课文，在学习前三篇议论性文章的基础上自读"学材"，才能培养学生学习议论性文章的能力。所以，我在学生自读中进行点拨提升，教学目标有两点：一是把握作者的观点和阐释论证的思路；二是理解作者使用的散文笔法。

在这间教学的"小屋"里，盛放文体及文本的特点。

（二）基于学情的学生自读活动设计

人民教育出版社的尤炜说："自读课文的编写方式，意味着教学目标和课型要有较大的变化。""教师要做的工作是导读导学，不是讲解。"可见自读课的教学同样关注学情，甚至比教读课更重视学生的思维，因此教师在自读课教学中更要有所作为。教学中体现为基于学情的主问题设计、基于学情的解惑答疑，还有基于学情的搭桥点拨。

该文虽为自读课文，但初中学生涉世尚浅，要在饱含文采的哲理字句中明白精神丰富对于人生的意义，有一定难度。要体会到情感、事业、自我融为一体，才能成为一个幸福快乐的人，难度更大。该文中，教师在语言品读部分，引导学生通过诵读和旁批，勾连本单元前面已学的其他议论文，给学生充分阅读的时间和思考的空间，在多重对话中，即学生与教师、学生与文本、学生与编者、学生与学生的对话中，尤其是学生自我内心的对话中，让学生学会理性思考，自主判断，自己发现该文在语言上的独特之处。

在这间教学小屋里，盛放着"学生"和"问题"。

（三）水到渠成的课外自读推荐

部编语文教材的阅读教学，从教读到自读，从单篇课文到整本书，特别是阅读策略的引导，意在形成"教读—自读—课外阅读"三位一体的阅读体系，帮助学生在课内外之间建立一条通道，激发学生的阅读兴趣。

自读课最要紧的是通过巧妙的问题和活动设计唤醒学生的读书兴趣，巧妙地为学生介绍他们感兴趣的好书，让他们学会自读，学会读书，把文化安顿在心灵里，成为一生幸福的储蓄。

因此如何让学生对作者毕淑敏感兴趣，对她的其他作品感兴趣，以及对这种文体感兴趣，教师在自读推荐的设计上做足了功夫。

《精神的三间小屋》是一篇富有哲理的议论性散文，将"说理"融入"情感"，以理服人，以情动人。作者使用的"散文"笔法有新奇的比喻说理、强烈的对比议论，比喻与对比揭示着深刻哲理，如："假若爱比恨多，小屋就光明温暖，像一座金色池塘，有红色的鲤鱼游弋，那是你的大福气。假如恨比爱多，小屋就阴风惨惨，厉鬼出没，你会精神悲戚压抑，形销骨立。""你的一生，经历过的所有悲欢离合喜怒哀乐，仿佛以木石制作的古老乐器，铺陈在精神小屋的几案上，一任岁月飘逝。在某一个金戈铁马之夜，它们会无师自通，与天地呼应，铮铮作响。"这样的语言在文中俯拾皆是。引导学生自己在文字中行走，品读浸润，自然而然地会走向毕淑敏的散文世界。

在这间教学小屋里，盛放着"拓展"与"延伸"。

在议论性文章的教学中，搭建学生"学习的小屋"，促进学生学习、思考、对话，建构意义。教师所搭建的这"三间小屋"，有着严密的逻辑和思辨的气息，成为课堂阅读教学的坚实架构和魅力空间。

同中见异品"西游"

神魔小说《西游记》写孙悟空大闹天宫及师徒四人求取真经的故事。初读《西游记》的时候，同学可能有这种感觉：小说的情节"似曾相识"。尤其是占了大量篇幅的"八十一难"，似乎在描述重复发生的事情。但细细阅读下来，你就会发现，在作者生花妙笔的点染下，相似的情节不但无重复之嫌，而且同中见异、各具特色，整部小说显得摇曳多变，流光溢彩。

一、此难非彼难

根据"八十一难"不同的起因可将其分为五类，分别是惹是生非、宿敌报仇、路见不平、女性逼婚以及妖魔杀身。相关情节可见图 10 思维导图。

纵观"八十一难"，惹是生非之难共有三起，分别是观音院失袈裟、五庄观偷食人参果、玉华县炫耀兵刃。宿敌报仇之难主要来自两伙仇敌，一伙是红孩儿的母亲罗刹女，叔父如意真仙，他们因红孩儿皈依佛门，对师徒四人不依不饶；另一伙则是多目怪，为替蜘蛛精报仇。路见不平之难，其中有四个"国家"出于同一原因引发了悟空的路见不平，即车池国、祭赛国、比丘国和灭法国国王的毁僧灭佛。女性逼婚，共有六次，四圣试禅心、女儿国国王、蝎子精、杏花精、老鼠精和玉兔精，或神佛，或妖魔，或女王；或是富贵，或是美色，或是私情。妖魔杀身之难是取经路上最为常见的，众多妖怪都想吃了唐僧肉而长生不老，或取代唐僧来修成正果，如黄风怪、白骨精、红孩儿、金鱼怪、青牛精、六耳猕猴、黄眉童子、蜘蛛精、蜈蚣精等。

不同起因造成的磨难，引出了一个个鲜活生动的故事，人、神、妖、魔粉

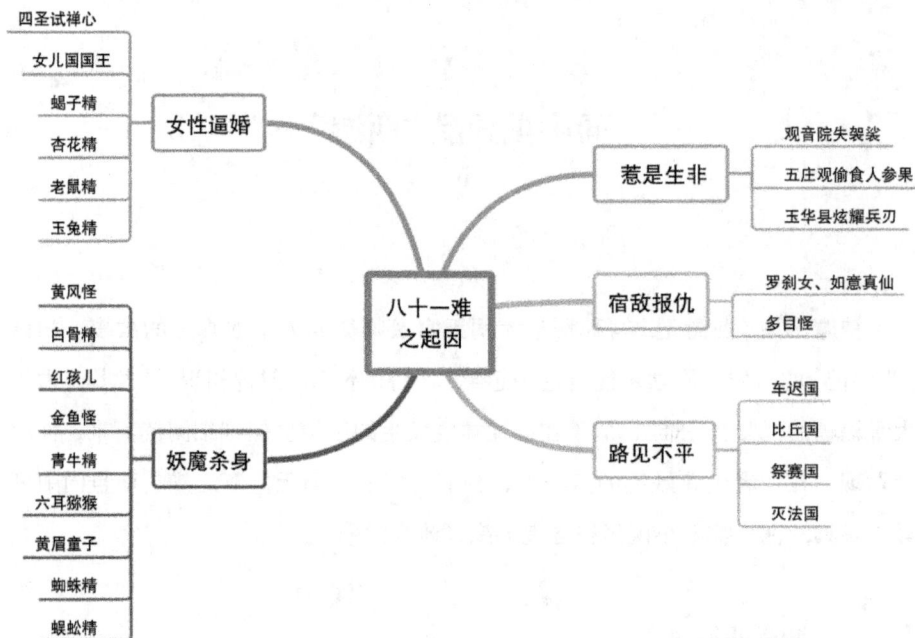

图 10 《西游记》思维导图

墨登场，精彩演绎着丰富真切的世态人情，正如鲁迅先生评价的那样：神魔皆有人情，精魅亦通世故。让我们走近这些形象，用心品一品、读一读。

📄 **朗读卡**

1. "放心，放心！"你看他不由分说，急急地走了去，把个包袱解开，早有霞光迸迸。

2. "你这个巧嘴的泼猴！我那儿虽不伤命，再怎生得到我的跟前，几时能见一面？"

3. 朝上唱个喏道："承照顾了！"八戒道："你看他惹祸！听见说拿妖怪，就是他外公也不这般亲热，预先就唱个喏！"

4. 昏君，昏君！为你贪欢爱美，弄出病来，怎么屈伤这许多小儿性命！苦哉，苦哉！痛杀我也！

5.八戒道："我说：'妖精，你不要无礼，莫害我师父！我还有个大师兄，叫作孙行者。他神通广大，善能降妖。他来时教你死无葬身之地！'那怪闻言，越加忿怒，骂道：'是个甚么孙行者，我可怕他？……'"

第一句，"放心，放心"，悟空连说两个放心，可见他急于将袈裟拿出来炫耀；"急急地走了去"这个动作，生动地体现了他内心的焦急，急于在和尚面前求胜的心态。正因为悟空放纵心猿，才引来了后来的是非。

第二句，"巧嘴的泼猴"体现罗刹女即红孩儿的生身母亲，对悟空的深恶痛绝。正因为他，他们母子才难以相见。"几时能见一面"，想见而不得见，多么悲痛，一个深爱孩子的母亲形象溢于字里行间。

第三句，在驼罗庄，听李老者说此地有妖怪，悟空就"唱喏"，还说"承照顾了"，又侧面描写八戒的话"就是他外公也不这般亲热"，体现悟空与妖怪的斗争是主动的、积极的，颂扬了他疾恶如仇、敢于斗争、善于斗争的精神。

第四句，连说两个"昏君"，这是知道比丘国国王要吃小孩的心肝；唐僧滴泪大骂，又连说两个"苦哉"，表现了他内心的痛苦悲伤。这是唐僧仁爱之心的体现，也侧面写出了比丘国国王无道、残暴的昏君形象。

第五句，这段语言描写是猪八戒用激将法请孙悟空回花果山，前面是"神通广大，善能降妖"，后面是"我可怕他"，写出了八戒颇有心计，善于用悟空的弱点来对付他，体现他憨厚中又不乏小聪明的一面。

此难非彼难，难难有坎坷，难难有世态。看似一类的磨难中，有各色的人像，有丰富的情感，有复杂的人性，映射出《西游记》这篇鸿篇巨制广大而深远的内涵。

二、"三""五"蕴妙义

上面我们讲的是一类事情中的不同点，《西游记》（比如三借芭蕉扇、三打白骨精，还有三次出走等）中一件事情重复在写却又不雷同，各有特色。

我们先来回顾三次出走的情节（见表13）。

表13 《西游记》"三次出走"情节

三次出走	概述情景
第十四回 心猿归正 六贼无踪	在刚刚当唐僧徒弟时因打死了几个抢匪，被唐僧教训了一顿，不服气，跑了。然后到东海龙宫去找龙王诉苦，后来被龙王劝化，重新回到唐僧身边。也就是在这期间，观音菩萨化作一个老婆婆，传给了唐僧《紧箍咒》
第二十七回 尸魔三戏唐三藏 圣僧恨逐美猴王	当悟空最后一次打死白骨精之后，唐僧认为他滥杀无辜，要将悟空逐走，任孙悟空好说歹说，唐僧就是不松口。他只好向师傅下拜告别，止不住地流泪，还嘱咐沙师弟保护好师父，最终返回花果山，后唐僧宝象国遇难，猪八戒用激将法将其请出
第五十六回 神狂诛草寇 道昧放心猿	当悟空不听唐僧的话，打死了几个强盗。唐僧觉得他是逞凶作恶，非得跟他断绝师徒关系，孙悟空苦苦告求，唐僧就发狠，把紧箍咒一连念了十遍。看到唐僧心意已决，孙悟空无奈只好离开，又去找观音菩萨相助。最后也回了花果山

在三次出走中，孙悟空的性格发生了怎样的变化？

📖 **朗读卡** ·······

1. 他见三藏只管絮絮叨叨，按不住心头火发道："你既是这等，说我做不得和尚，上不得西天，不必恁般絮聒恶我，我回去便了！"那三藏却不曾答应，他就使一个性子，将身一纵，说一声"老孙去也！"三藏急抬头，早已不见。

2. 大圣见他不睬，又使个身外法，把脑后毫毛拔了三根，吹口仙气，叫："变！"即变了三个行者，连本身四个，四面围住师父下拜……那大圣见长老三番两复，不肯转意回心，没奈何才去。你看他——噙泪叩头辞长老，含悲留意嘱沙僧。

3. 大圣疼痛难忍，见师父更不回心，没奈何，只得又驾筋斗云，起在空中，忽然省悟道："这和尚负了我心，我且向普陀崖告诉观音菩萨去来。"

第一段通过"按不住心头火""使一个性子，将身一纵"等语句，表现了孙悟空任性、急躁的性格。

第二段孙悟空打死白骨精后，唐僧赶他走，他向师父下拜告别，"连本身四个，四面围住师父"，无奈离开时又"噙泪叩头"嘱咐沙师弟，这虔诚的跪拜和止不住地流泪，表现了孙悟空重师徒之情，如此成熟稳重，不正说明他开始成长了吗？

第三段，"大圣疼痛难忍"，为什么会疼痛难忍？孙悟空因打死了一群草寇，被唐僧赶走，却又回来向师父求饶，哪想师父念起了紧箍咒，当悟空又一次被狠心拒绝后，"我且向普陀崖告诉观音菩萨去"，悟空开始理性地处理问题了，不再任性、急躁，再一次说明他的成长。

再来看看《西游记》中对孙悟空钻腹的描写。钻腹作为孙悟空克敌制胜的手段，在整部《西游记》中一共对妖魔使用了五次。但读者在欣赏这五次钻腹的具体艺术描写时，却没有"重复"的感觉。吴承恩在这众多次数的"钻腹"描写中，是怎样同中见异，力免雷同的呢？我们把五次钻腹列表（见表14），从形态、详略和难度系数三个角度来领略吴承恩高超的艺术手法。

表14 《西游记》"孙悟空钻腹"情节

钻腹的描写	形 态	详 略	难度系数讨论
黑风山对熊罴怪（第17回）	大丹药	略	你认为哪个难度系数最大？说明理由
路阻火焰山时对铁扇公主（第59回）	蟭蟟	略	
小西天对黄眉老佛（第66回）	熟 瓜	略	
狮驼岭对狮王（第75回）	不加变化	详	
陷空山无底洞对地涌夫人（第82回）	虫儿、桃子	详	

不难发现，"钻腹"中变化形态是不一样的，孙悟空的形态分别是仙丹、蟭蟟、熟瓜、不加变化、虫儿和桃子。作者对孙悟空的五次钻腹，并没有平均使用笔墨：前三次相对简略，第四、五次则花了大量笔墨，写得详细。那么你认为哪次"钻腹"难度系数高呢？这个答案就仁者见仁、智者见智了。

也许是最后一次。你看，先是变成虫儿伏在茶沫下，却被女妖伸指弹去了；然后又变成一个桃子，让唐僧假示关心体贴，才让妖怪吃下了肚，可谓费尽周折。也许是第四次，你再看，不加变化地被狮驼岭的妖王吞入肚中，妖王用盐白汤灌下，想把孙悟空呕出来，失败之后，又想用药酒杀悟空，又暗计准备在孙悟空出来时将他咬死。可谓无比惊险。说到这里，我们很敬佩吴承恩先生了，重复的情节却在他的巧妙构思下，不仅避免了重复，还显得别有新意，读来兴味盎然。

不论是三次出走，还是五次钻腹，写的都是同一件事情，但作者采取"重复中反重复"的叙事策略。三次出走，走的却是三种不同的路线，反映了孙悟空从幼稚到成长的变化过程。五次钻腹钻出了不同的情境，机智诙谐的孙悟空，或狡猾或蠢笨的妖怪在作者的高超艺术水平下，各具情态、栩栩如生，真是妙不可言，意趣无穷啊！

三、取经就是修心

同一类事情、同一件事情都有值得探讨的不同点，如果是同一个字词呢？又会怎样呢？跳读回目，我们会发现，出现频率最高的关键字是"心"，共出现11次；出现频率最高的关键词是"心猿"，共出现17次。取经和"心""心猿"有什么关联呢？

我们先来跳读章节，对相关章节列表（见表15）研究。

表15 《西游记》中孙悟空的心路历程

情节梗概	着眼章节	"心"的历练
心猿意马 ↓ 猿熟马训	第一回：灵根育孕源流出　心性修持大道生 第二回：悟彻菩提真妙理　断魔归本合元神	寻　心
	第四回：官封弼马心何足　名注齐天意未宁	纵　心
	第七回：八卦炉中逃大圣　五行山下定心猿	定　心
	第十四回：心猿归正　六贼无踪	修　心
	第九十八回：猿熟马驯方脱壳　功成行满见真如 第一百回：径回东土　五圣成真	正　心

发现从寻心到正心，这是孙悟空的心路历程。

📖 朗读卡

1. 天真地秀，日精月华……猴王道："今日虽不归人王法律，不惧禽兽威服，将来年老血衰，暗中有阎王老子管着，一旦身亡，可不枉生世界之中，不得久注天人之内？"

2. 皇帝轮流做，明年到我家！

3. 这尊者即领帖子，拿出天门，到那五行山顶上，紧紧地贴在一块四方石上。那座山即生根合缝。可运用呼吸之气，手儿爬出，可以摇挣摇挣。

4. 那三藏却不曾答应，他就使一个性子，将身一纵，说一声"老孙去也！"……（行者）只得回心，跪下哀告道："师父！这是他奈何我的法儿，教我随你西去。我也不去惹他，你也莫当常言，只管念诵。我愿保你，再无退悔之意了。"

5. 如来道："孙悟空……且喜汝隐恶扬善，在途中炼魔降怪有功，全终全始，加升大职正果，汝为斗战胜佛。"

第一句，孙悟空受"天真地秀，日精月华"出生，就震动了上天，但这个"不归人王法律，不惧禽兽威服"的猴子是怕死的，他担心着"将来年老血衰，暗中有阎王老子管着"，终有一天要面临死亡。为了摆脱生死的束缚，他前去寻师学艺。写的是拥有自然本性的孙悟空希望寻找更高一层的心愿。可谓"寻心"。

第二句，"皇帝轮流做，明年到我家！"正是孙悟空不畏权势、勇于反抗、决不妥协的宣言。自从大闹天宫后，孙悟空不受天地管束，脱离秩序社会，成为一个完全自由的"人"。这就为后来取经过程中，他不畏艰险甚至不顾唐僧的反对，即使身背骂名，被误会被驱逐仍然坚定地和妖怪做斗争奠定了基础。可谓"纵心"。

第三句，"可运用呼吸之气，手儿爬出，可以摇挣摇挣。"为了将孙悟空纳入正途，给他一个秩序社会的身份，如来将他压在五行山下，希望磨去他的妖性。因为孙悟空所要的绝对自由与秩序社会体系之间存在尖锐的冲突，社会体系需要有序性和规范性，而绝对自由的理想最终只能使他不被秩序社会接纳，如来和五行山就有了出现的必要。可谓"定心"。

第四句，从"老孙去也"到"我愿保你，再无退悔之意了"，也体现五行山对孙悟空心理变化的影响，从反天官到归正，从绝对自由到定心猿，并不是对过去的背叛，而是约束下的发展。这是个体走入社会之后，面对秩序的必要反应，是孙悟空被纳入秩序社会的第一步。可谓"修心"。

第五句，"全终全始"是对孙悟空修心过程的评价。从脱离秩序社会的妖到走进秩序社会成佛，向往绝对自由的灵魂向内进行着自我克制和反抗，虽然有三次离开，但都是主动回来，而且一次比一次成长。到了最后，他已经不是最初大闹天宫的孙悟空了，而成了一个虽然使用暴力但是心怀悲悯的人物。妖心已退，佛心正炽，于是被封为"斗战胜佛"。

探讨到这里，我们可以说：取经等于修心。《西游记》这部小说的主题是多元化的。很多专家也常阐述"心性"的含义。所谓"心生，种种魔生；心灭，种种魔灭"。孙悟空表面上与妖魔做斗争，实际上是跟内心中那个不服管束、打破一切秩序的自我做斗争。幸运的是，他保留了本性中的勇敢坚强和向往自由的精神，同时学会了悲悯、坚持和一心向善。

此刻的我们，也许也在接受"心的历练"，我们保留住本性中的那片净土了吗？原来每一个人都走在各自"取经"路上……

温馨理性拾"朝花"

一、内容梳理——飞鸿踏雪

《朝花夕拾》是鲁迅以回忆童年和青少年时期生活为主的散文集，共收入10篇散文，外加一篇《小引》，一篇《后记》。

《小引》《狗·猫·鼠》《阿长和山海经》《二十四孝图》《五猖会》《无常》《从百草园到三味书屋》《父亲的病》《琐记》《藤野先生》《范爱农》《后记》，前述前7篇作品，记述鲁迅儿童时期在故乡的生活片段，展现了当时的人情世态和社会风貌，是了解少年鲁迅的可贵篇章。后面的《琐记》《藤野先生》《范爱农》三篇作品，记述的是鲁迅离开家乡到南京、日本求学和回国后的一段经历，留下了青年鲁迅在追求真理的人生道路上沉重的脚印。

二、温馨回忆——朝花堪拾

"朝花夕拾"意思是：早晨的花到了晚上再来拾取。鲁迅创作这本散文集的时候，已人到中年，为什么到这时才来拾取那些早年的美好回忆呢？《朝花夕拾·小引》中给出了答案："我常想在纷扰中寻出一点闲静来，然而委实不容易。"

1926年，正是鲁迅先生生活中最辗转流徙、心情苦闷的时候，他只能借回忆旧时的美好事物来排除目前的苦闷，寻一点"闲静"，寄一丝安慰。可以说《朝花夕拾》是作者童年时代的一曲恋歌。

在百草园里，春天可以看到肥胖的黄蜂伏在菜花上，夏天可以在蝉鸣声中听长妈妈讲美女蛇的故事，秋天可以摘又酸又甜的覆盆子吃，冬天可以在雪地里捕鸟……这里有无穷无尽的乐事。

不识字的阿长竟办成了别人办不成的事情，她费尽千辛万苦给我买来我渴慕已久的《山海经》，给我内心带来强烈的震撼。

夏夜，我躺在一株大桂树下的小板桌上乘凉，祖母摇着芭蕉扇坐在桌旁，给我猜谜，讲故事。画面非常温馨的。

在日本学医时，藤野先生对来自"弱国"的我非常关爱。他严谨、正直、热诚、没有民族偏见的高尚品格给予我继续奋斗的力量。

三、理性批判——朝花哪堪拾

（一）双重视角下的理性

在阅读《朝花夕拾》的时候，我们不难发现在"小鲁迅"的背后还站着一个"大鲁迅"。

同一段经历、同一件事，大小鲁迅有着不同的感受，表16清晰地呈现出《朝花夕拾》以成人视角来反观儿童时期的生命体验。

表16 《朝花夕拾》双重视角分析

篇 名	小鲁迅（儿童视角）	大鲁迅（成人视角）
《狗·猫·鼠》	对猫吃了我的隐鼠而终身仇视猫	表达了对弱小者的同情和对施暴者的憎恨
《阿长和山海经》	1. 对阿长的睡相差、爱切切察察的厌恶、鄙弃； 2. 对阿长买来《山海经》的感激	1. 对阿长的感激与怀念； 2. 对阿长悲惨一生的怜悯和同情
《二十四孝图》	最初得到《二十四孝图》时的高兴，接着便是扫兴，进而便是绝望的情感经历	对封建孝道教人愚孝的批判
《五猖会》	儿时急切盼望观看迎赛神节的急切心情及父亲逼"我"背诵古文时痛苦感受	指出强制的封建教育对儿童天性的压制和摧残

续表

篇　名	小鲁迅（儿童视角）	大鲁迅（成人视角）
《从百草园到三味书屋》	百草园无穷乐趣； 三味书屋的陈腐，儿童在那里受到规矩的束缚，课间学生溜到后园嬉耍，老私塾先生在课堂上入神读书学生乘机偷乐	揭示儿童广阔的生活趣味与束缚儿童天性的封建书塾教育的尖锐矛盾，表达了应让儿童健康活泼地成长的合理要求
《父亲的病》	小鲁迅的年幼无知以及他当时内心的矛盾； 当时父亲已经病入膏肓，鲁迅听到父亲吃力地喘着粗气，心里曾闪过一个念头，快点把这口气喘完吧。然而立刻觉得这是大逆不道的，但同时又觉得这是正当的，他爱他父亲，心疼他父亲，希望父亲能少受一点苦。从中我们可以读到小鲁迅的年幼无知以及他当时内心的矛盾	对自己屈从于陋习而使父亲不能安静离世的悔恨，表现了对旧思想、旧文化的理性批判

在表 16 中，我们看到作者一方面以孩童的无知眼光、蒙昧心灵去观察和感受周围的人与事，展现孩童眼中的风土人情，从而让读者体味到作者儿童时期生活的美好与缺憾；另一方面，作者又以成人视角来反观儿童时期的生命体验，用成人的评判标准去重新衡量世界，以成人的视角来思考和反省成长过程，突出社会和体制的种种弊端。

（二）回忆影射现实的批判

在阅读《二十四孝图》的时候大家都会存有这样的疑问：作者在文章开头花了很多的笔墨去写反对白话文，这与《二十四孝图》有什么关系呢？是不是跑题了呢？我们还是到《朝花夕拾·小引》中去寻找答案："文体大概很杂乱，因为是或作或辍，经了九个月之多。环境也不一：前两篇写于北京寓所的东壁；中三篇是流离中所作，地方是医院和木匠房；后五篇却在厦门大学的图书馆的楼上，已经是被学者们挤出集团之后了。"这里所说的"流离……挤出"，都与这一时期在女师大风潮、三·一八惨案中和陈西滢们的论战有关。1925 年，鲁迅在北京担任大学讲师期间，因支持学生运动而受到当时所谓"正人君子"的流言攻击和排挤。1926 年，北洋军阀政府枪杀进步学生，制造"三·一八"惨案。

鲁迅写下《纪念刘和珍君》等一系列文章，热情支持学生的正义斗争，控诉北洋军阀政府的残暴，结果遭到当局的通缉而不得不远走厦门避难。一般来说，回忆性散文的写作大都以忆往追怀为主要内容。应该说，鲁迅的写作初衷亦是如此。但是，现实的严酷冲击，并不是靠自己"躲进小楼"寻"闲静"就可以避开的。何况鲁迅先生这样战斗意识、批判精神都十分强烈的作家，是不可能全身心投入书斋里去的。因而，在创作这些散文的时候，记忆和现实总是时时缠绕在一起，影响回忆性视角的正常投射，干扰了作者创作思路的线性发展，从而就有了许多作品中的既回忆儿时生活又回应现实生活，既回忆以往的生活又批判现实社会的种种腐朽、黑暗势力和虚伪的"正人君子"，以及"尊孔读经"为口号的复古主张的错综交织的创作景况。

他在《琐记》写道："流言的来源，我是明白的，倘是现在，只要有地方发表，我总要骂出流言家的狐狸尾巴来，但那时太年青，一遇流言，便连自己也仿佛觉得真是犯了罪，怕遇见人们的眼睛，怕受到母亲的爱抚。"鲁迅因支持学生运动而遭到所谓"正人君子"之流的流言和排挤，在回忆起儿时遭受衍太太无中生有中伤的经历时，回忆与现实交织到一起，内心充满了对流言家的痛恨。

1925 年的"五卅"运动，标志着共产党领导下的反帝、反封建斗争进入高潮。鲁迅支持的"女师大"学潮，是全国反帝反封建斗争的一个组成部分。围绕着"女师大"学潮，鲁迅和帝国主义、北洋军阀及现代评论派，展开了毫不妥协的斗争。鲁迅写了许多杂文揭露他们的本质，使他们露出原形。现代评论派以退为进，发表一系列攻击作品，1926 年 2 月 21 日，鲁迅写下《狗·猫·鼠》予以回击。

当时一些守旧文人鼓吹"读经救国"，反对新文化运动，咒骂白话文。鲁迅借对腐朽的儿童读物《二十四孝图》的批判，揭露这班人的用心。他在文中坦言："我总要上下四方寻求，得到一种最黑，最黑，最黑的咒文，先来诅咒一切反对白话，妨害白话者。"

《无常》中又有一个"正人君子"与"下等人""愚民"的对立：前者不但掌

握着"阳间"即现实社会的"公理"，而且以"维持公理"为己任；后者则处于"活着，苦着，被流言，被反噬"的地位。尤其值得注意的是，鲁迅在讲到"下等人"的命运时，所说的"活着，苦着，被留言，被反噬"，恰恰是他自己在与现代评论派的"正人君子"们论战时的生存境遇。1926年"三一八"惨案后，鲁迅写了《纪念刘和珍君》等文章，愤怒声讨反动政府的无耻行径，遭到反动政府的迫害，不得不过起颠沛流离的生活。文章在夹叙夹议中，对打着"公理""正义"旗号的"正人君子"予以了辛辣的嘲讽。

在回忆中经常插入对现实中的"名人""名教授""绅士""指导青年"的"前辈"们也就是"陈源们"的讥讽，这是鲁迅特有的杂文笔法对散文创作的渗透。表面看起来，这都是随手拈来，顺便"刺"它一下，很容易被当作是涉笔成趣的闲笔。其实鲁迅是一点也"闲"不起来的，"闲话"只属于陈源。这些杂文笔法是在提醒读者：鲁迅整个的思考、《朝花夕拾》里的回忆，始终有一个他者的存在，正是这些"绅士""名教授"构成了这部作品里的巨大阴影。鲁迅在《朝花夕拾》里所要创造的"世界"是直接与这些"绅士""名教授"的世界相抗衡的：不仅是两个外部客观世界的抗衡，更是主观精神、心理的抗衡。

在"大小鲁迅"的品析中我们分明能够看到的是鲁迅关注人生、关注社会的伟大情怀，这才是鲁迅最可贵的地方。他对儿童教育的关注，对弱小者的怜悯和同情，有直面现实社会的勇气，有强烈的自我反省意识。从他描述儿时盼望观看迎神赛会的急切心情和被父亲强迫背诵《鉴略》的痛苦感受，从他写自己年幼时常常去叔祖的书斋看书，随着自己的兴趣看书，还有模有样地评出了自己最爱看的一本，我们读到了鲁迅对儿童教育的关注。从他因猫吃了他心爱的隐鼠而终身仇猫，从他对阿长的回忆和感念，我们又看到了他对弱小者的怜悯和同情。从他借回忆往事来影射、批判社会现实的文字，我们读到了他直面现实社会的勇气，更读到了他强烈的自省意识。他写中国留学生在东京奢靡的生活，以及看电影事件中国留学生的思想的麻木，同时不忘反思自己，一句"在讲堂里的还有一个我"，足以见出他具有强烈的自省意识。鲁迅先生在深刻揭露人性的弱点和现实的荒谬的同时，也给予众生悲悯的审视和温和的同情。

第二章

作文教学：相机而为　追求无痕

　　作文教学，一直是语文教学的一个重点、难点，在某种程度上作文向来扮演着最不受学生欢迎的角色。无论是教材编排，还是课程设置，阅读与写作都是被割裂的，作文教学总存在着这样那样的问题：作文教学与阅读教学各自为政，作文教学方法单一，过程式指导大行其道，不注重教学时机的把握……这些问题严重影响了我们作文教学的效果，影响到对学生写作能力的培养。因此，在作文教学中我们必须不遗余力地实施以摆脱作文"课"的限制和"教"的束缚为目标的无痕教学策略，一改作文教学以突兀生硬的面孔冷不丁地出现在学生面前的形象，通过以读带写、以写促读、读写互动，随机展开作文教学，及时地相机而行、暗示催生、激疑促思和点石成金，从而提高学生的写作热情，培养学生的写作能力。

无痕引导　相机而授——初中作文教学的研究与实践

一、问题的提出

（一）实践课标的需要

《义务教育语文课程标准》指出："写作教学应贴近学生实际，让学生易于动笔，乐于表达，应引导学生关注现实，热爱生活，表达真情实感。"这跟叶圣陶先生对作文教学的看法相吻合，叶老认为："教师之为教，不在全盘授予，而在相机诱导，必令学生运其才智，勤其练习，领悟之源广开，纯熟之功弥深。乃为善教者也。"叶老所提出的"相机而授"与《义务教育语文课程标准》中"尊重学生的个性化体验""写作要感情真挚，力求表达自己的独特感受和真切体验"等诸多作文教学理念一脉相承。我们在教学中，既可把它看成作文教学原则，又可视其为教学策略。

（二）现实教情的需要

教育学博士上官子木在《创造力危机》一书中提到："孩子们要靠抄来写作文，是因为在文字结构乃至内容上都难以达到老师的要求；孩子们要靠编来写作文，是因为自己的生活经历并没有包含老师要求写的内容。"换句话说，不是学生缺乏真情实感、缺乏想象力，而是我们的作文题目和作文要求完全是从成人的视角出发，而偏离了学生的情感体验和生活实际。教师的作文教学没能很好地保护并发掘学生的写作热情，学生写作文是被动地为"考试"而写，为"作业"而写，这些功利的目的使学生的作文思想苍白、语言干瘪，缺乏生气、缺乏灵气。

（三）理论研究的需要

近几年，国内外相关著作很多，大多是以罗杰斯等人的"认知发展心理学"为理论基础，强调学习是以人的自主学习潜能的发挥为基础，以自我主动学习为特征。但这些研究大多停留在理论支持层面，能够具体深入地阐述用"相机而授"的方法来激发学生写作意识的论著少之又少。

课程改革以来，国内对于"作文教学系统"的相关研究层出不穷。语文教育家洪宗礼认为：作文教学应该循"序"渐进。物皆有序，作文教学作为一种能力培养，知识有深浅，认识有过程，能力形成有循环，岂能无"序"？无序曰"乱"，必须改"无序"为"有序"。相关研究中较有影响力的是陈继英先生的高效率作文教学体系。这些研究往往着眼于"作文系统序列"的制定，而对于这些研究成果如何有效地在作文教学中实施却涉及不多。因此，有必要把"灵活地写"与"系统地教"结合起来，力求变"被动写作"为"主动情感抒发"，这样的作文才是属于学生自己的，才能让学生易于动笔、乐于表达。与此同时，伴以系统有序的写作指导，循序渐进地引导学生走进写作的世界，一定能沉稳有序地提高学生的写作水平，促进学生的长远发展，增强教师的作文教学能力。

"无痕引导，相机而授"，顾名思义就是在作文序列大纲的引导下，依从学生的情感体验，突破课堂的时空限制，随时、随地抓取学生萌发的写作灵感，适时地诱发、牵引、点播或提示等。其关键在于相机而行、暗示催生、激疑促思和点石成金，有了"相机"才能做到"无痕"，从而提高学生的写作热情，培养学生的写作意识。其运用之妙全在一个"机"字，此处的"机"指的是"随机指导""激发动机""创造契机"三个方面。

二、无痕引导、相机而授，保证学生写的"灵活性"

叶圣陶先生曾说："教师的教学，不在于全盘授予，而在于相机诱导，必令学生运其才智，勤其练习，领悟之源广开。纯然之功弥深。乃为善教者也。""相机而授"既可把它看成作文教学原则，又可把它视为教学策略，即在作文教学中依从学生的情感体验，突破课堂的时空限制，随时、随地抓取学生萌发的写作灵感，适时地引导，引路入境，激疑凝思，在不知不觉中引导学生走进写作的世界，依从学生的写作欲望灵活机动地安排作文教学。具体方法有"阅读"和"随笔"两大载体。

（一）以阅读教学为阵地，相机而授，写作知识"随风潜入夜"

1. "形"的化用变身：在阅读教学中，变通好的写作形式

文章的结构即文章骨架，必须把文章撑起来。教师在阅读教学中，可以变通一些大家公认的好的写作形式，如日记体、书信体、镜头组合式、片段式等，及时教授给学生。在教学中我发现《乡愁》一诗的形式是极好的作文框架，于是我找来了文章《人与路》：

人与路

小时候，路是一条羊肠小道，你在这头，我在那头。

还记得吗？那时的我，小小的，瘦瘦的，你从我妈手中接过我说："这孩子，瘦成这样，很难养！"于是，你省吃俭用，把攒下来的钱给我买奶粉，买糖葫芦。渐渐地，我胖了，会走路了，一张小嘴甚是乖巧，一有空就跟在你后面，一个劲地叫"奶奶，奶奶"。而你却瘦了。每到周末，你牵着我的手，走过那条羊肠小道，站在村口等我妈来接。把我"归还"后你折身就走，但耐不住我一再对你的呼唤，在小道的尽头，你转身再朝我挥挥手。我模糊地看到，你用袖子使劲地擦着自己的脸。

那条羊肠小道，如今已铺上水泥了罢？那些踩过的脚印早已不在了，却深深地刻在我的心里。

再大些，路是一根电话线，你在家里，我在远方。

那根电话线，也许是天下最"窄"的路吧，可它却承载着天下最阔大的爱。

后来啊，路是一张张冥币，你在天上，我在地上。

这篇作文就是巧用《乡愁》形式搭建起极富诗意的抒情结构："小时候，路是一条羊肠小道，你在这头，我在那头。""再大些，路是一根电话线，你在家里，我在远方。""后来啊，路是一张张冥币，你在天上，我在地上。"同学们大受启发，迅速搭建了自己的行文结构：

> 小时候，友谊是一个小小的玩笑；
>
> 长大后，友谊是一次轻轻的握手；
>
> 后来啊，友谊是一份珍贵的礼物；
>
> 而现在，友谊是一句励志的话语。

2. "材"的变通链接：在阅读教学中，创造性地"化用"材料

材料，好比文章的血肉，必须起到足以托起文章的"意"的作用。写作中要求每一个材料都是学生自己亲身经历过的几乎是不可能的，这就要求教师在平时的阅读教学中碰到那些与学生的生活有着密切联系的材料时，创造性地将其"化用"，引导学生十分机智地化用到自己的作文里去，并提醒学生"材料"的"化用"不等同于抄袭，要打上自己的印记。

我课前美文推荐时发了三篇中考满分作文《我发现枕头里有个世界》《我的视线———把蓝色的雨伞》和《自行车上的空间》，学生看后普遍认为这样的素材在他们生活中有很多影子。于是，我在课堂上引导学生观照自己的生活，寻找似曾相识的素材，打通素材与素材之间壁垒，只有发现自己独特的素材，才能写出独特情感体验的作文。于是有学生成功写出了《暖心》。

暖心

……

我一下子定住了，看着她摇摇晃晃地走出我的房间，脸也没洗，牙也没刷就钻了进去，真暖，就是枕头不知为何不与这暖流合流。伸手摸摸枕头旁边，是那股暖流。

心中的堤，溃了。一泻千里。

即使是这夏天，也会在冷天需要一个暖被窝，怕我在这阴湿的夜晚手脚冰凉。得了肾病，却又小心翼翼不碰我的枕头，这是老妈对我的"洁癖"。

三毛说过："爱如禅，不能说，不能说，一说就错。"

我不想说了，可我想什么时候也能替你暖暖心。

3. "意"的借鉴翻新：在阅读教学中，借鉴翻新名篇佳作的立意

"立意"是文章的灵魂，意胜则文胜，直接决定着文章的质量。毋庸置疑，一篇文章思想的高度决定文章的高度。学生学习作文立意，可以借鉴已学课文的立意方法，可以借鉴名篇佳作的立意方法，可以借鉴同龄人优秀习作的立意方法，也可以借鉴自己日常习作中自认为或老师认为好的立意方法。冰心《谈生命》一文中关于生命感悟的警句俯拾皆是，于是我要求学生也写一写关于生命的句子，并适时教给学生借鉴的技巧。我先出示两个学生借鉴成功的例子：

赠葛洛　冰心

爱在左，同情在右，走在生命路的两旁，随时撒种，随时开花，将这一径长途，点缀得香花弥漫，使穿枝拂叶的行人，踏着荆棘不觉得痛苦，有泪可落，也不是悲凉。

幸福随想（节选）

一直以为幸福在远方，在可以追逐的未来，海市蜃楼般缥缈诱人，流水落花般零丁飘落。于是，在追逐的路途中，我毫不犹豫地将一切舍弃，涉过万水千山，一身风霜，一身沧桑，却在蓦然回首之际发现，幸福，其实很简单，它一直行走在生命的一旁，随时播种，随时开放，将这一径长途，点缀得花香弥漫。

幸福，就是这样简单、具体，永存于心，使行走在生命的长途上

的路人，踏着荆棘，却不觉得痛苦；有泪可落，却不因为悲凉。

上述两篇文章前者是冰心先生赠给葛洛的一首散文诗，后者是学生的作文，虽然话题各不相同，但仔细对比阅读，我们不难从中发现内在的关联：乙开头结尾巧妙借用冰心的散文诗，文句意蕴深长。但这不是简单照搬，而是把积累的他人文章中的优美语段自然地化入自己的作品，使自己的思想与借用的材料水乳交融。这样学生很快就明白了，原来作文的立意可借他人的思想来提升自己思想档次，接着学生们就很快写下了自己对生命或深或浅的感悟。

生命像一只迁徙的鸟。它知道自己的目的地在何方，却不知道要如何度过这段漫长的旅程，一切都要自己探询、探索……生命像一只在汪洋中前进的小船，他从金黄色的沙滩出发，驶向那无边无际的海洋。他鼓起船帆，劈波斩浪；他穿过无数个日日夜夜，经历着一次次四季轮回，他激起了层层浪花，在阳光下跳跃着，翻腾着；他勇敢而有力，期待着前方的一切……生命像彩虹。他时刻在云层中积蓄着力量，在太阳的照耀下默默等待，等待着希望，等待着洗礼。生命像一道阳光……

有了这样的立意，便可顺势再布置一篇以"生命"为话题的作业。在这过程中，老师并没有进行过多纯写作技巧的指导，而是在阅读感悟的基础上，以例文引导，使学生在不知不觉中感悟到习作不再是一件难事，而是课堂阅读教学的一种自然延伸，他们获得的也不仅是一篇作文，更是写作本身：用文字替自己说说，表露自己的心迹。

（二）以"学生随笔"为载体，相机而授，写作指导"润物细无声"

生活随笔可以用来记录一些东西，比如一些自己的生活故事、心路历程、个人意见等，不受字数、空间长度的限制，妙在休闲，有什么就写什么，想怎么写就怎么写，表达更灵活、自由、轻松和自然。相反，作文是规定的，要考虑如何选择材料，如何过渡等。但随笔不是这样的，内心的激励力量会让学生说实话，表达自己的真实情感，它是自由的，所以学生更容易写出真实感受。因此，教师会在学生的生活随笔中发现许多新鲜而有价值的东西。生活每天都有新的发现，写作就有了最新鲜的补充。这些我们天天看到、听到和感觉到的事物进入写作视野，用它们写出的文章就有一个新的生命。其实每一个普通的东西都有隐藏在生命中的真正意义。因此，教师要适时引导学生完成由随笔作文向考场作文的转化，适时点亮学生的思想、语言，教给学生从随笔作文向考场作文转化的技巧和方法，让学生在不知不觉中提升写作能力。

随笔的引导分为两种：一是顺势指导，个别引导点亮，二是整体技巧提升。

1. 顺势指导，个别引导点亮

顺势指导，个别引导点亮是指对学生进行一对一辅导，一旦发现学生的某一篇随笔有深入挖掘的空间就及时地顺势引导，使之更细腻、更深邃。引导时要讲求分寸，不能把教师的主观意志强加给学生，不能让学生的文章更漂亮了却改了"姓"，一切的指导都要以顺应并保护学生的独特体验为前提。

在批阅随笔时章晓燕同学的随笔引起了老师的注意。

> 今天，常给我缝沙包的三奶奶走了，三爷爷竟像婴儿般坐在地上哇哇哭起来，我从没见过三爷爷这样的脆弱。这一次，我艰难地知道，原来一个你一直熟悉的人可以那样消失掉，顷刻变成一块冰冷的石碑！唉！突然觉得心里沉甸甸的，有些喘不过气来。最是人间难留住，朱颜辞镜花辞树。

从这篇随笔的字里行间，我们可以看到这个学生真切的情感体验和淡淡的哀伤。一个十几岁的孩子，当她第一次经历生离死别时内心的沉重与顿悟，原来朱颜易老，原来很多人需要珍惜。这种动了真感情的文章是很有挖掘潜力的。于是，老师找到她聊三爷爷和三奶奶的故事，聊在这个故事中她第一次体验到了什么。聊了很多，但老师对于写作技巧却只字未提，当聊到学生的内心情感已经充沛到快溢出来的时候，文章就会浑然天成。最后这个学生当天晚上就把聊的内容写成了一篇文章，这篇文章让人读后不禁潸然泪下。

>   ……

>   一场送别仪式在几个女人颤抖的哭叫声中结束了。爸爸想挽着三爷爷回去，可他却突然甩开了爸爸的手，无力地蹲下身子。他发狠地用手背抹去泪水。一下、一下……最后竟像婴儿般哇哇大哭起来，我从没见过三爷爷这样的脆弱。这一次，我艰难地知道，原来一个你一直熟悉的人可以那样消失掉，顷刻变成一块冰冷的石碑！

>   再后来，不再常见到三爷爷了。耳旁新春的风带着时光碎片穿过重重树影呜咽而过。早春的风还有些凉，可毕竟又是一个春天了！当一切都被烙上了岁月厚实的油彩，三爷爷渐渐地退化成一棵古老的歪脖子树，他常独自坐在自家院子里，絮絮地说着话，终日等着朝阳东升，夕阳西沉……

>   最是人间难留住，朱颜辞镜花辞树。

2. 专题指导，整体技巧提升

专题归纳是指在众多学生的随笔中寻找共性，这一共性可以是共同的写作立意，也可以是暴露出的共同写作问题。抓取到这些"共性"后及时归纳，并开设专题作文指导课。学生在写随笔时往往是激动的、随性的，鲜少考虑表达技巧，所以在专题指导课上要把对写作技巧的指导列为重点。当然，任何写作技巧的指导要以顺应并保护学生的个性化体验为前提。

学生在刚开始写随笔时会觉得没东西可写，写出来的随笔也完全不"走心"，这就失去了随笔的灵魂。针对这一普遍问题，老师特意开设了第一节随笔写作指导课，课后，同学们慢慢地开始重新审视自己的生活，写出来的随笔也愈见灵性和深邃。

碗

七岁那年，妈妈买回了一套碗。我热情地迎了上去。

碗是一种充满历史感的青铜色，碗面上还画着一幅山水画，一条条蜿蜒的山路像蛇一样盘在江边的山崖上。一叶小舟漂泊在江面上，舟上的老人披着白色的斗篷，弓着腰，手中拿着鱼竿，颇有一种"独钓寒江雪"的味道。换一个碗面，竟已经是春天了。满地的桃花形成了一条"花路"。桃花树上，鸟儿们张着嘴巴，仿佛在"叽叽喳喳"地唱歌。

十五岁这年，妈妈又买了一套碗。但我只是冷冷地回了一句："妈，你又买碗啦。"

时间，过得太快；人，也变得太多。

这些随笔处处闪烁着深邃的思想火花和真挚的情感波澜。很喜欢林清玄的一句话："在人间寻求智慧也不是那样难的。最重要的是，使我们自己的柔软的心，柔软到我们看到一朵花中的一片花瓣落下，都能动容颤抖，知悉它的意义。"其实随笔写作的最大意义就是让学生的心变得柔软，唯其如此才可以"一粒沙里看世界，半瓣花上说人情"。

三、序列引导、相机而授，保证学生写的"系统性"

在作文教学的研究与实践中，我遇到的最大的难题是如何处理好"序列引导"和"相机而授"的关系。序列引导强调"收"，相机而授凸显"放"，收放的度是很难把握的，序列收得太紧会导致作文指导的死板，过于随机而授又会导致作文指导的混乱。因此，作文教学中把"序列引导"和"相机而授"结合起来，由"激发写作兴趣"开始，由观察到思考再到感悟，充分体现了渐进性的写作规律和认知规律。

首先，它是一个先放后收的过程。序列的第一阶段"激情写作"以解放天性、激发写作兴趣、消除厌写心理为主要目标，此阶段要给学生充分的"自由"。但过分的"自由"必然导致混乱，这时就要慢慢地加大对写作"章法"的渗透，使学生由"激情写作""观察写作"慢慢过渡到"升格写作"。但要特别注意的是，对写作章法的讲授必须以不损害写作热情为前提。

其次，它是一个由表象到本质的过程。本序列以记叙文为主，由记叙文到散文、议论文，是一个人的认识由浅入深，由形象思维上升到抽象思维。如"写人为主的记叙文"包括"一人一事的记叙文""多事一人的记叙文""一事多人的记叙文"等。它还是一个由片段到全篇的过程。序列的各个阶段都是先让学生写片段再慢慢过渡到全篇。这种渐进式的写作会使学生感觉写作是一步一步顺其自然的事，减轻其畏难心理。

在具体操作中实行了作文教学"三步走"策略。所谓"三步走"，是指把每个阶段的写作教学按照作文序列的要求分成"素材原始积累""选材自由定篇"和"定向专题指导"这三个环节。其中，"素材原始积累"和"选材自由定篇"更强调"相机而授"，突出顺应学生情感体验，尽力减少束缚解放其天性，教师引导要尽量弱化；到了"定向专题指导"环节，"序列引导"则成为重头戏，因为这时学生已经有了充分的生活积累和情感体验，迫切需要一个渠道把所见、所感抒发出来，这时教师的定向指导就尤为重要。

（一）素材原始积累——生活与阅读是两大源泉

1. 阅读积累，腹有诗书气自华

课题组规定每周都要进行美文选读。美文选读课形式多样，可以是教师引领的主题美文欣赏课，也可以是以学生自主推荐为主的活动课。例如与学生一起读蕴含古典文化的《庄子》，一起看于丹的《庄子心得》。当然，我们也不回避学生痴迷的《盗墓笔记》，一起去评判该书是悬疑大作还是荒唐之言。这样既能提高学生分析文章、鉴赏文章的能力，又能带领学生在大千书海里自由徜徉，快哉！

2. 观察感悟，生活处处有文章

我开设了两节作文指导课：一是"生活处处有文章"，二是"亲情是永恒的话题"。"生活处处有文章"这节课重点是激活学生观察生活、发现生活的意识，并培养学生抒写生活的习惯。这堂课用的视频和图片素材都是我用手机自行拍摄的，绝对原创。这样不仅能使课堂充满生活气息，还使学生感叹原来我们的身边到处充满了美！

"亲情是永恒的话题"这堂课是前一节课的深入，重点强调"亲情"这一重要生活元素，也为学生写作奠定真情实感的基础。这两堂课的重点是激发学生感受生活的意识，感受人间真情，引导学生用"心"观察生活、思考生活、品味生活，并从中获得独特的体验和感受。

（二）自由选材表达——自由与灵活是两股清流

1. 写作松绑，给学生思想"飞翔"与"跌倒"的空间

这一教学环节就是要给学生的写作松绑，让学生写自己最想写的东西，写自己最擅长的体裁。只有这样他们才愿意写作，写出来的文章也不至于千篇一律，更有利于凸显个性。要给学生思想"飞翔"与"跌倒"的空间。

2. 定期交流引导，相机而授

让大家畅谈这一周的见闻和感受，也可以向同学们推荐本周自己最喜欢的一本书、一篇文章、一段文字或一句话。这堂课一定要师生平等对话，让学生在轻松的气氛中畅所欲言。教师也要适当引导，帮助学生厘清思路，化繁就简，为下阶段的选材写作做准备。

3. 定向专题指导，无痕引导

在学生有充分的情感驱动和生活积累这一前提下，教师可以针对学生习作初稿中突出的问题进行集中有针对性地指导，整理学生纷繁的思绪，确定情感突破口。同时，教师要亲自下水，用自己的文章给学生做最直观的示范和讲解，这样能极大地激发学生的参与热情。但特别强调的是，"相机而授"一定要建立在序列引导的基础上，做到有序、善引、求活！教师心中一定要有一盘棋，要有大方向，否则星星点点的精彩难以形成合力，"东一耙子西一扫帚"的指导会造成学生认知思维的混乱，无法有效地促进学生写作能力的提高。

初中语文 "读写互动式课文作文" 教学模式的实践与研究

首先，由于应试教育的弊端，作文教学变成了一项异常艰巨的系统工程。作文教学中重表达轻育人、重模式轻能力、重课堂轻生活、重指导轻讲评的不良现状使其陷入一种尴尬的局面：教师教得再努力，但由于学生课外阅读的时间太少，积累的素材太少，起到的效果并不明显，大多数学生一提到写作文就头疼，写作的兴趣不浓。叶圣陶先生曾说过：练习作文是为了一辈子学习的需要，工作的需要，生活的需要，不是为了应付考试，也不是为了当专业作家。文章的灵魂在于情真，写作的要义在于抒写真情。教师在作文教学中过多地传授写作技巧，忽略了写作是 "我手写我心" 的活动，有可能会使作文教学迷失了它的本真。

其次，在教材编排与课程设置上，阅读与写作是分离设计的，这就直接导致了语文课堂上读与写被人为地割裂、分离，作文教学是初中语文教学中的重点也是难点。难教、难学，再加上 "高耗低效" 的怪圈现象，无形中打击了语文教师作文教学的积极性，为数不多的作文课再次缩水，使得 "写" 严重缺失。尽管在语文教学实践中，越来越多的教师意识到读写结合的重要性，在课堂教学中或仿写片段借鉴篇章结构，或拓展延伸探究文章内涵，既提高了阅读教学的实效，又明确了作文教学的前进方向。然而在长期的教学实践中，文章写作生发点的确立却又往往停留在粗疏随意的层面上，缺乏系统的整理和整合，因此学生阅读能力与写作水平的提升力度亦不尽如人意。

最后，读写结合是语文本身就拥有的规律。《新课程标准》提出：教师应转变观念，更新知识，不断提高自身的综合素养。应创造性地理解和使用教材，积极开发课程资源，灵活运用多种教学策略，引导学生在实践中学会学习。《浙江省初中语文教学建议》第 15 条指出："阅读教学中要经常随机进行读写结合练习。"新课程改革使得教材越来越贴近学生的生活，就写作而言，教材提供了大量鲜活的、典型的范例，学生可以从中体会、学习、借鉴具体可行的方法、技巧和构思，以读促写，以写促读。在这个意义上，教材既是阅读文本，又是一本"作文宝典"。因此，我们完全可以通过读写互动式教学，用好、用足教材，既引领学生与作者、文本深度对话，更好地解读文本；又能对文本进行二度开发，借"他山之石"攻"我之玉"，提升写作能力，使阅读与写作能力"双赢"。语文教师在课内以少数几根火柴点燃学生语文方面的潜能，从而让它自然延伸到课外，并且伴随一生。因此"读写互动式课文作文"的提出，是顺应课堂教学改革的需要，是顺应作文教学的趋势而生的。

课文作文，顾名思义，就是写与课文有关的作文，由课文生发出来的作文。胡明道老师曾给课文作文下过一个定义：根据课文材料，展开合理想象，写出一篇与课文有关系而又不重复课文内容的新的作文。余映潮老师也倡导写课文作文，并用四句话概括了什么是课文作文："读大文写小文，读长文写短文，读此文写彼文，读一文写多文。"从两位老师的话中不难看出，课文作文的写作角度是很宽泛的，可以从各个方面找到写作的生发点。

"读写互动式课文作文"，是指以用足用好现有教材为宗旨，教师在引导学生理解课文的基础上，对教材进行二度开发，引导学生写出与原文或相关或不同于原文的新文（段），既可提升学生对课文的深入解读，又能提高写作水平的新型教学模式——"读写互动式课文作文"教学。

一、因文而异，确立读写契合的类型

为了使研究更有针对性，在现有教学经验的基础上，根据课文中读写互动的契合点对人教版教材进行了初步梳理，形成了"延伸型""补白型""赏析型""借鉴型"四大类框架。但是在研究过程中，我们发现部分课文的读写确立的契合点缺乏价值，比如《羚羊木雕》一课，原本归入"延伸型"一类，但是这篇课文本身主题鲜明，且不存在理解难度，若再做主题的延伸理解就缺乏价值和意义了。于是我们抓住了课文中"月亮出来了，冷冷的，我不禁打了个寒颤"一句，引导学生学习通过环境描写衬托人物心理的写作方法，取得了较为理想的教学效果，所以本课就很自然地调整至"借鉴型"一类。通过实践研究，我们调整并最终确立了四大类教材读写契合点的框架（见表17）。

表17　四大教材读写类型（契合点）

类型（契合点）	编入课文
延伸型：对原文进行延伸理解或感悟，写出续文或新文	《孤独之旅》《谈生命》《我的叔叔于勒》《在山的那边》《走一步，再走一步》《爸爸的花儿落了》《金色花》《荷叶·母亲》《闻一多先生的说和做》《艰难的国运和雄健的国民》《信客》《泥人张》《我的母亲》《我的第一本书》《我的叔叔于勒》《孤独之旅》《范进中举》《智取生辰纲》《出师表》《隆中对》《谈生命》《那树》等
补白型：对原文略写或"留白"但按情理应有的情节进行补写	《皇帝的新装》《最后一课》《伟大的悲剧》《华南虎》《阿长与〈山海经〉》《台阶》《泥人张》《喂——出来》《范进中举》《孔乙己》《蒲柳人家》等
赏析型：将古诗文或现代诗歌写成赏析文	现代诗歌：《雨说》《静夜》《天上的街市》等 古代诗文：《钱塘湖春行》《天净沙秋思》《归园田居（其三）》《饮酒》《水调歌头（明月几时有）》《望江南（梳洗罢）》《渔家傲·秋思》《江城子·密州出猎》《武陵春风（住尘香花已尽）》《破阵子（醉里挑灯看剑）》《关雎》《蒹葭》《三峡》《小石潭记》等
借鉴型：借鉴学习原文的写作手法等写出新文	文学类作品：《紫藤萝瀑布》《蝉》《贝壳》《羚羊木雕》《荷叶·母亲》《春》《济南的冬天》《从百草园到三味书屋》《福楼拜家的星期天》《金色花》《背影》《海燕》等 非文学类作品：《中国石拱桥》《核舟记》《故宫博物院》《敬业与乐业》等

二、"读写互动式课文作文"的"四型"框架与模式

在不断地研究、实践、反思、调整的过程中，课题组根据课文重组的框架，大致构建了以"延伸型""补白型""赏析型""借鉴型"为框架的"读写互动式课文作文"教学模式。

（一）延伸型教学

延伸型教学模式，指对原文进行延伸理解或感悟，或通过类文、作者相关

作品的延伸阅读，写出阅读随想。适用范围包括内蕴深厚的文学类作品。教学模式是细读文本，确立"延伸点"，引导学生完成阅读随想。

新课程理念告诉我们，语文课堂应该是开放而有活力的，我们不应培养学生被动接收他人思想的习惯，而应该培养个体对文本鲜活的个性化的理解与感悟。因此，延伸型的课文作文教学模式无疑有助于唤醒每一位学生深入文本的意识与潜能。

此处以"《谈生命》——对生命过程的形象解读"为例，予以详细说明。

第一课时指导学生理解冰心以"一江春水东流入海"和"一棵小树长大叶落归根"来比喻一个人生命的全过程，体现了人生的快乐和痛苦。初三的学生虽然多半还未经历人生的跌宕起伏，但是在经历了儿时对父母的依赖，长大后渴望摆脱父母束缚的叛逆，面临中考的人生转折，对人生、生命应有自己的感悟和理解。于是，在第二课时，教师安排学生依据自身对"生命"的领悟，创作《谈生命》，从而引导学生完成对课文《谈生命》所蕴含的生命价值及意义的延伸和拓展。

我们发现学生对生命的理解也有独特的感悟，有的认为生命像一杯茶，有的认为生命像一只风筝，有的认为生命像枫叶，有的认为生命像太阳。有一位学生认为生命像河蚌，她是这么写的："我不敢说生命是什么，我只能说生命像什么，生命像一只河蚌。他住在河水的一个角落里，刮风，下雨，浪涌，无数的细沙流入他的身体，这是一种怎样钻心的痛啊。他必须咬紧牙关！这颗石子越来越向他的身体靠近，多靠近一点，痛就增加三分。他疼痛难忍，他想闭上眼睛永远不再醒来。但，终究，他坚持住了……终于有一天，有人打开了他，'这是一颗多么耀眼的珍珠啊！'来人惊喜地大叫。他在这夺目的光芒中，欣慰地笑了。请记住：并不是每一只河蚌都能孕育出珍珠，有的成了人们饭桌上的盘中餐！生命不是永远成功，也不是永远失败，但是在成功之前，我们必定要经历许多磨难，付出许多痛苦。"我们觉得这样的教学实践是有意义的，因为如果不安排这样一个"写"的环节，那么学生对于生命意义的理解也许就在课文结束后就止步不前了，也就不会有这样的一个深入理解、深发思维的过程，也就达不到举一反三的效果。

除了对教材本身的延伸，我们还应注重将课外的学习资源纳入课堂，让学生跳出教材，超越课堂，这对于学生拓宽语文学习的视野有着非常重要的意义。比如，"《金色花》——感悟泰戈尔的精神境界"这一课。

《金色花》是一篇文质兼美的经典，泰戈尔用他质朴的语言，营造了一种温馨恬淡的氛围，字里行间浸润着母性的光辉与稚子的童趣。除了这些文本已然传递出的意蕴，我们能否让学生深入发现更多、视线拓展更广呢？对于《金色花》文本本身而言，教师不能脱离文本做无谓地拔高，但可以选择"感悟泰戈尔的精神境界"作为延伸理解的突破口。

首先向学生介绍泰戈尔的人生经历："泰戈尔一直以平和老人的形象出现在我们的脑海里，但是在20世纪的最初几年，这位用心灵歌颂自然、赞美童真的诗人却经历着人生最不幸的时期。1902年，他的妻子去世；1903年，在他潜心研究儿童教育的时候，一双儿女又相继夭亡。正是在这样悲痛的日子里，他怀着对孩子深厚的慈爱、对自己童年的回忆，写下了充满童真、童趣，洋溢着温馨，浸润着温情的诗集《新月集》，我们所学的《金色花》正是出自这本诗集。他的诗正如天真烂漫的天使的脸，让我们深深体验到面对哀痛时平和的力量。现在大家对泰戈尔又有什么新的认识呢？"随后将《新月集》中的《告别》印发给学生，让学生写一写心目中的"泰戈尔"，完成一篇延伸阅读的随感。

迟宇恒同学写道："《告别》写得特别深情，我在其中感受到了泰戈尔面对悲痛时的平和。这是以一个孩子的口吻写成的，通过一段段简单朴素的文字，却描绘了一幅幅感人肺腑的画面。孩子走了，但是孩子还活着，只不过是换了一种存在的方式而已。他在水中，在风中，在雨水中，在床边，无时无刻不在'妈妈'的身边。这让我真正懂得了泰戈尔的那句'世界上最遥远的距离，不是生和死'。没错，世界上最远的距离不是生与死，只要我们用心去聆听，用心去感验……"

顾元凯写得也很精彩："印度诗人泰戈尔在遭遇妻子和儿女相继离他而去时，并没有抱怨人世的悲凉，控诉命运的不幸。读他的《告别》，我看到他对待死亡是如此平静，也许在他看来，死亡只不过是让肉体消失，但精神却永远存在。生之灿烂，死之静美。人生的道路，就像一场不知道终点在哪的旅程，如果我们已收获了沿途的风景，那么终点就不再重要。"

值得注意的是，正如于漪所说："离开文本去过度发挥，语文课就会打水漂。"所以教师在对课文进行拓展延伸时，必须立足文本，否则"延伸"就是"无源之水，无本之木"。尊重学生的个性解读及想象，但是学生的个性化不能以牺牲文本的价值取向为代价。

（二）补白型教学

补白型教学模式是指对原文略写或"留白"但按情理应有的情节进行补写。适用范围包括作家采用了"留白"创作的作品。如《阿长与〈山海经〉》中长妈妈买《山海经》的场景，再如《喂——出来》结尾"石子"从天上掉下来之后会发生什么，作者也给我们留下一个空白。教学模式是细读文本，找准"留白处"，指导学生完成"补白"。

好的作品往往不会把主旨和盘托出，会留有余地，留下一个永远的"空白点"，让读者去想象。有的"空白点"，结局可能是唯一的；有点"空白点"，其理解是千人千面。在教学中，让学生开动脑筋，填补和续写文本的"空白点"，实际就是探究文本的过程。在教学中，把寻找、发掘和填补这些"空白点"作为探究切入点，引导学生捕捉这些启人深思的"空白点"，尽情发挥想象，从不同的思维方式挖掘文本，提升学生独立解读课文和创造性思辨的能力。例如，以"《孔乙己》中人物的悲剧"为主题予以评论。

《孔乙己》一文结尾说"我到现在终于没有见——大约孔乙己的确死了"，给我们留下了人物结局的空白。在教学实践中我们发现，由于没有考虑到"个性解读"和"本文价值取向"之间的处理问题，以至于部分班级的学生产生了"误读"，有学生甚至将孔乙己的结局设置为被好心人收留，又重新开始读书。于是我们在其他班级教学时，对教学策略进行了调整：先让学生共同探究孔乙己悲剧形成的原因，再让学生通过阅读、讨论，进一步体会孔乙己最后一次在酒店的情景以及文章耐人寻味的结尾，然后抓住时机，引导学生自由联想和想象，让学生讨论以至争论，充分说出自己的见解和观点。最后，布置题为《孔乙己离开酒店之后》的续写练习，只要求想象合理，不强求一律。许多学生自由发挥，写出具有独创性的文章。

有一位学生是这样续写的："在人们的笑声中，孔乙己用那双沾满泥土的手艰难地爬进了酒店，好久没有喝上一口热酒了。耳旁依然是人们好奇而又戏谑的询问，可他的脸上开始浮上了一层满足的笑意。身上终于暖和多了，最后一滴酒也倒进了口中，孔乙己依依不舍地往回"走"去，身后"孔乙己别忘了还钱"的声音不绝于耳。一路上孔乙己心里一直愤愤不平，他想：他们这些短衣帮也配笑我这个读书人吗？钱，钱，钱，真是铜臭至极。难不成我满腹的诗书还抵不上这几个酒钱吗？唉，愚昧啊，唯女子与小人难养也！爬了很长一段路后，起风了，他觉得又累又冷，于是找了一个破庙歇歇脚。他蜷缩在一个角落里，那件破棉袄一点也不遮风，他的脸已经冻得发紫，浑身颤抖着，不知不觉他竟睡着了。他做了一个美丽的梦：他考上了举人，披红挂彩，骑着高头大马，从大街上走过，身后是短衣帮的贺喜声，丁举人也在人群中，他开心地笑了，他带着笑永远地去了……"

必须注意的是，教师在补白型课文作文教学过程中，首先要深挖教材、紧扣文本，既要尊重学生对文本的个性解读，又要尊重文本自身的价值取向。

（三）赏析型教学

赏析型教学模式是指将古诗文或现代诗写成赏析文等。适用范围包括浅显易懂的古诗文，如诗《钱塘湖春行》、词《望江南》、曲《天净沙·秋思》、文《三峡》等，还有现代诗《静夜》等。

古诗文是我们中华民族文化的精髓，是中华民族文化永远的根。学生进行常规的古诗文鉴赏时缺少个性赏析、深入解读，充斥着标签式的"他人话语"。因此，我尝试以课文作文形式开展古诗文特别是古诗词教学，让学生通过"写"诗（文）景、诗（文）情、诗（文）意、诗（文）品，来外化"读"的整体感受和心灵收获，从而让学生在领略古诗文丰厚的人文魅力的同时，逐渐将其内化为学生个人的信仰与追求。

此处以《关雎》解读"男子对美好爱情的追求和向往"，详述赏析型教学模式的益处。

首先，《关雎》是一首广为流传的情诗，很多学生都能背上几句，"书读百遍，其义自见"，诗词教学更应该建立在学生充分诵读的基础之上。其次，本诗的注解很多，学生完全能够通过这些注解大致了解诗的内容，所以教师没有必要越俎代庖。最后，本诗的教学重点即让学生通过阅读领略男子对女子真挚的感情。对于"爱情"这一主题，初三学生会感兴趣，但绝大部分学生缺乏感情体验，所以教师可以激发兴趣，让学生展开想象，完成个性化改写。另外，教师对于学生的赏读、改写应该有一定的指导建议，这样才能使有限的课堂时间发挥出最大的成效。

我们发现没有教师长篇累牍地带领赏析，学生通过自主赏读照样读懂了，还读透了、读深了，他们的改写作品有自己的思想和见解，他们的想象能力和语言能力也让我很惊讶："雎鸠鸟在不停地鸣叫，仿佛我对你的呼唤。你如天仙般的美貌和你文静的性格，使我深深迷恋于你。看那河边，空气很甜，思念很黏。参差不齐的荇菜，互相缠绵。你在小舟上，左右摘采荇菜，婉动的身影，格外迷人。我对你日日夜夜的思念，已无法停歇。每个夜晚，思念从身体中逃窜出来，将我折磨得辗转反侧，而我知道，这是一种甜蜜的煎熬。朦胧中，又梦到你的倩影，依然乘坐着小船在采着荇菜，依然那么美丽。我弹着琴，那每一个音符，是我为你存在的心跳，是我心灵的步伐想靠近你。在柔软的荇菜中，你纤细的手指，细心挑选着。我希望我就是其中一株荇菜，能被你握在手中，感受你没有距离的温度。我敲击这钟鼓，它深沉厚重的声音，带着我深沉的爱，告诉你，我想让你成为我美丽的新娘。我浅笑着，梦醒了，而你，宛如一杯醇厚的酒，我已深醉不醒……"

其中的一个要点是，诵读过程，教师的点拨要适度，否则会束缚学生想象的空间。写读前对赏析的内容和方向应做适当提示与引导，写读过程中要及时组织学生进行习作交流并给予指导。

（四）借鉴型教学

借鉴型教学模式指借鉴学习原文的写作手法等写出新文。适用范围包括名家名篇。如文学类作品《背影》中人物描写、《爸爸的花儿落了》中托物喻人、《荷叶·母亲》借景抒情的方法等。教学模式是以文本为例，类文比照，借鉴创作。

叶圣陶先生说："语文教材无非是个例子，凭借这个例子要使学生能够举一反三，练习阅读和作文的熟练技巧。"教材是教育者为了体现国家教育目的而编制出来的供学生学习的媒介，是学科知识的一种载体。因此，教学中我们就是要以教材这个"例子"作为辐射点，举一反三，尽可能教孩子学会更多的东西。

此处以《背影》中通过细腻、感人的细节描写表现亲情的方式为鉴，进行同类写作教学。

朱自清的《背影》描写父亲攀爬月台的"背影"历来为人称道，虽然选取的场景平凡，但因其笔法细腻，不知感动了多少读者的心，而这往往也是学生作文中缺失的。同一单元中《台阶》一课，父亲造好台阶后"放鞭炮"场景中那种尴尬的深情、手足无措的动作，展现了父亲作为农民所特有的淳朴。因此，教师引导学生将这些课文中的场景进行比较阅读，学习细节描写的方法，通过再现平凡、具体的生活场景表达亲情、友情。

如肖芮同学描写妈妈给自己缝裙子花边的场景："母亲坐靠在床头，手中拿着一条掉了花边的裙子，正耐心地为它缝合。只见母亲将线头放在唇边濡湿，再用右手的食指和拇指把它捻得又尖又细，然后，一刹那，线头便顺利穿过针孔。接着，我便看着母亲灵巧的双手来来回回地在裙上舞动，如同花丛中轻盈的蝴蝶，为那份甜蜜而辛勤劳动。不一会，脱线了的花边便完美地镶缀在裙子上，我穿上它，快乐地旋转，那道光芒如同母亲脸上灿烂的微笑……"

需要注意的是，不是单一、刻意地进行技巧训练，而应引导学生多从实例中领悟，将"技巧"转化成内在的文学素养。

三、"读写互动式课文作文"的实践意义和推广价值

"读写互动式课文作文"教学模式的研究，倡导教师以课文为范文，摒弃资料杂而多的现状，以读代写、以写促读，用足、用好教材，促进语文学习的有效性，有利于减轻学生的负担，是提高语文学习实效性、实现"轻负高质"的得力举措。

（一）推广价值

首先，架通了读与写、课内与课外，突破了教材编排与课程设置上阅读与写作割裂的现状。从课文里学写作文，一方面学生在与作者对话、文本对话、师生对话、生生对话以及与自己对话中，提高了自身解读文本的能力，培养了思维习惯，提高了思维能力；另一方面，在深入剖析理解课文的基础上，课文的内容、写法、语言风格、作者谋篇布局的方法等在很大程度上会内化到学生的认识中去。课文作文的写作促进了阅读的深入，深入的阅读引导学生思想变得深刻。

其次，有助于实现真正意义上的"轻负高质"。传统语文教学中，为了提高教学质量，教师往往采用题海战术，以机械的考题训练代替深入的思维碰撞，学生成为麻木的惯性运转的解题"机器"，周末或节假日还有各种形式的作文训练。学生疲于应付，教师疲于批改，效果可想而知。我们的"读写互动式课文作文"教学模式，真正做到了"一本多用"，课文既可以作为阅读训练的范文，又能为学生提供写作训练的素材，既提高了教学质量，又减轻了学生负担，一举多得。

最后，以"读写互动"为立足点，教师挖掘与学生自行寻找课文中读写训练的契合点，以此构建一套读写互动教学的新模式。随着学生阅读理解能力与认知水平的提高，随着他们对课文作文越来越敏感，教师可鼓励学生根据自己对课文的解读和写作背景以及自身的生活经历，自行寻找阅读与写作的契合点。这种自由选择写作点的新形式，是学生主体性地位的充分体现，"课文作文"也成了阅读教学不可或缺的一个重要环节。

（二）实践意义

1. 以读代写，以写促读，提高阅读与写作能力

以读代写。"课文作文"作为一种新型的写作教学方法，一定程度上解决了中学生写作中"三无"现象——无话可说、无文可言、无意可表，为学生打开了一个内容丰富的语言材料库和作文素材库，拓宽了作文教学的领域。课文又从多个角度为学生提供了写作方法上的范例，如谋篇布局的技巧、人物塑造方法、情节铺垫的方法等，大大降低了学生写作的难度，一定程度上培养了学生的作文兴趣，激发了他们的写作热情。

以写促读。课文作文是以课文内容作为写作素材的，不能脱离原文。人物的性格、事物的发展在文中有一定的逻辑性，学生要想写好课文作文，必须深入地解读文本，要把对课文内容的理解与言语形式的应用有机地结合起来，彼此交融，才能相互促进。

2. 通过"读""写"互动，实现深度阅读

"读写互动式课文作文"教学模式引导学生通过"写"促进与文本作者的"对话"，深入触摸作者的思想和情感世界。唯有如此，教师才能撑着"写"之"长篙"引领学生向文本的思想深处"漫溯"，完成对文本的深度挖掘和二度开发，借"课文作文"形式挖掘文本内涵、探究作品理趣。

中国是一个诗的国度，人教版的六册教材中也收录了历代诗人的不少经典作品，然而古诗词教学一直被边缘化，学生对古诗词的赏读往往缺乏深入的理解和品味。例如陶渊明的《归园田居（其三）》。田园诗派第一人陶渊明，少年时期就有"大济苍生"的愿望，也有十三年的仕官生涯，但这十三年也恰恰是他为实现理想抱负而不断尝试、不断失望，终至绝望的十三年。他的绝望是悠闲高雅的本性无法与倾轧杀伐的宦海相符，更是高洁淡泊的志趣无法与黑暗污浊之流合污等多方面矛盾无法调和的必然，可见归隐有悲怆，有愤恨，也有无奈。如果对陶渊明田园诗的解读只停留在展现诗人的悠闲自得、安逸惬意的隐居生活，那么必然肤浅，只有引导学生走进诗人的精神世界，才能真正体会归隐背后的人生志趣。

　　人教版八年级教材中除了《归园田居（其三）》外，还收录了陶渊明的《桃花源记》《五柳先生传》《饮酒》，这四篇诗文都是诗人弃官农耕后所作，内在思想脉络是前后关联的，所以在教学时教师可将这些诗文进行关联阅读，也就是"以诗解诗""以文解诗"。通过对教材进行"二度开发"，学生很快就发现陶渊明的《桃花源记》是假托一个虚幻的故事隐晦地交代了自己弃官的原因：东晋末年现实的腐败和黑暗，"大济苍生"的理想无法施展。而《五柳先生传》中"环堵萧然，不蔽风日；短褐穿结，箪瓢屡空，晏如也。常著文章自娱，颇示己志。忘怀得失，以此自终"，"不戚戚于贫贱，不汲汲于富贵"，正是陶渊明安贫乐道、高洁傲岸品格的写照，因此他不可能与之同流合污，只能如"桃花源人"一般退居田园，过起了躬耕陇亩、植花种草、读书饮酒的生活。有了这些关联赏读，学生对于《归园田居》的理解不会只停留于"陶渊明喜爱悠闲自得、安逸惬意的田园生活"，而有了更为深入、丰厚的理解。

　　他生于贵族，然家道衰微，虽少年时便有"大济苍生"的抱负，可是官场的经历，已经让他深深地懂得：要施展抱负，必须费尽心机去钻营、去争夺，装腔作势，吹牛拍马，在这里没有什么尊严可说。但是书香教诲，性格使然，命运注定他玩不来官场中钻营取巧的一套，难不成壮志未酬还要赔上一辈子的孤傲与高洁？既然偌大的东晋官场，已无他立锥之地，那么离开虽有无奈也是必然。他回归田园，在南山脚下种了一片豆子，地荒草盛，豆苗稀疏。他每天一大早就下地，晚上月亮出来了才扛着锄头回家。狭窄的小路被齐腰深的蒿草封盖着，晚上挂的露水打湿了他的衣裳。自耕自食固然辛苦，但"不为五斗米折腰"，是他愿意的。农闲之余，他还在自己的庭院种下了酷爱的菊，采摘间无意抬头，目光恰与南山相会，目注心摇。所见的南山，飘绕着一层若有若无的岚气，在夕阳的照耀下，显出不可名状的美，而成群的鸟儿，正结伴向山中飞回。这种自然的平静与完美，让他超脱了世俗，生命在那一刻达到了完美的境界。此刻，在他眼中，所谓官场，只是虚假的、敷衍的、可笑的客套，只是荒谬的、傻气的、冷漠的假笑，只是疏远的、苍白的、枯燥的恭维，人心之间，隔着千山万水，远望不达。如果当初离开多是无奈之举，那么退守田园的生活，让他终于明白田园的惬意安宁，是世间那些趋炎附势、同流合污的人所无法体验到的。"少无适俗韵，性本爱丘山。误入尘网中，一去三十年"，原来真正的生活才刚刚开始。

　　"阅读"与"写作"本来就是语文教学的"两条腿"，努力实践"阅读"与"写作"的互动与融通，我们会发现：首先教学变得轻松了，因为课堂上的大部分时间留给学生进行自由阅读与写作；其次，教学变得简单了，因为学生经过了充分的阅读、评点，能够更深入文本思想的内核；再次，教学变得灵动了，因为学生的阅读体验和感悟能够通过"写"外化成文字，教师更容易捕捉教学灵感从而及时调整教学策略；最后，教学变得愉快了，因为学生在他们的思维创作中常常能给我们带来惊喜，而这种愉悦往往让的课堂不再枯燥而漫长。

做一片独一无二的树叶

✐ 写作经

　　在浩渺的宇宙中，在这颗蓝色的星球上，栖息着无数的生命。我，隐藏在茫茫人海中。沧海中，"我"只是一粒沙，一粒无可替代的沙。你、我，还有他，都是一个独特的存在。因为独具个性的你、我、他，世界才精彩纷呈，生活才绚烂多姿。

　　世界上没有两片完全相同的树叶，也没有完全一样的两个人，我们每个人都是一片独一无二的树叶！生命是一条流动的河，人生就应该追求与生命之河相激荡、相澎湃的同步发展。生活翻开了崭新的一页，令人憧憬的中学校园接纳了你，许多陌生的同学将与你同窗三年。你一定想尽快地让同学和老师认识你、了解你吧。那么，就用你的描绘、你的幽默、你的智慧，真诚地把自己介绍给大家。

　　"这就是我"，是在向公众介绍自我，像自传；又以正确认识自我，展现自我风采，反思成长过程，发现、体悟生命的价值为目的。因此，它不宜像自传那样从自己的姓名、年龄、籍贯、家庭说起，成长体验、生命体悟应该是其表达的重点。我们每个人都在成长，但成长的足迹各不一样；我们都在体悟生命，但感受会因人而异。生活造就了每一个"真我"，需要我们有一双发现的慧眼。"真我"在哪里呢？它就在你自己的成长经历中，在自己的独立思考中。

作文本

她，让我喜欢

湖州市第四中学教育集团九（5）班　吴雨欣

一头蓬乱的黑抹布，度数深似海的眼镜，永远挂着眼袋的眼睛，这就是她的形象。无可非议，在我们的世界里把她定位为一个好学善思的好同学，可是——

你有看过她的睡姿吗？

有"苦海无边"式的自由解脱——"大"字形，有"倒着的沉思者"——跷着二郎腿睡着，有不分长宽，横着睡的，还有……把枕头枕在腰上睡的……这也正常，她就是一个嗜睡如命的人。

你有见过她的疯癫吗？

她笑起来犹如公交上的人们由于急刹车而前后剧烈抖动。她也会为了自己的目标拼上大半夜，还会在学校的操场上狂奔一个下午，也会为了看喜欢的书静静地坐上一天，也会为了几天的假日开心得要命……因为她是一个真实的人，她的笑就是笑。

你有觉察过她的感性吗？

虽然她不完全是文艺女青年，也没有黛玉葬花的高雅却哀伤的情感，但她仍会细腻地观察他人的情感，在朋友需要时及时送温暖一下，身边亦不乏心有灵犀的朋友。"你微微笑着，不同我说什么话，而我觉得，为了这个，我已等待得久了。"她享受这份感性，也从中了解了身边的人，了解了自己。

你有感受过她的安静吗？

当安静的她读着"只要用你纯洁的简朴的沉默"时，银河一下子向她的心坎倾泻了下来。她尤爱在静静的夜捧一本精彩的书，独自徜徉在另一个世界，不被打扰。有时游历到日本小镇，看艺妓小心的感情；有时漫游到法国，看复仇人懂得爱比恨高；有时穿越到魔法世界，看精彩的魁地奇比赛……这样的她静静地享受着美好。美哉，美哉。

她在我眼中是贪睡的、真性情的、疯癫的、自由自然的，又是相信自己，相信爱的、细腻的，是喜静好学的。她总能发现自己的想法，这使我很喜欢她。她很不错，她相信自己和未来有缘。

对啊，她就是我，我就是她，这就是我了。

教师评

认识自我是完善自我的前提和途径。人生就是一个不断认识、不断完善自己的过程，追问自我、审视自我、完善自我是人类一个永恒的话题。常作这样的自我追问和审视，我们就会清楚地知道自己的个性，正确地认识自己。本文作者变换角度，使用第三人称把"我"置于客体的位置，拉开距离观照自我，比起一般单纯地进行自我介绍的文章，视角独特，结构新颖，将别人的视角和自我的意识结合起来，有一种"含而不露"、尽量展现光芒而不点破的美。作者独守着自由和清风，快乐地生长，用最简单而又极具韵味的笔调，描绘出一份属于自己的精彩，写出了一个真正的我，一个独树一帜的我。

值得一提的是，本文在字里行间处处散发着浓浓的书卷味和文化气息，语言隽永而极具张力。结构上采用总—分—总的方式，主体部分采用片段组合的方式，片段之间是横向展开的，用"你有看过她的睡姿吗""你有见过她的疯癫吗""你有觉察过她的感性吗""你有感受过她的安静吗"等句子领起各个分段的内容，使文章另具一种和谐的美感。

📖 **作文本**

小角色的执着

湖州市第四中学教育集团九（5）班　洪平儿

初时，只见镜中一女子翩若惊鸿，宛若游龙，手如柔荑，肤如凝脂，领如蝤蛴，齿如瓠犀，螓首蛾眉，巧笑倩兮，美目盼兮，活脱脱一绝代佳人。好吧，我坦承，这不是我，小女子只是一无名小卒，丢在人堆里一抓一大把的小角色。

可那又如何？我还是我，我就是我，我照样可以无所顾忌地大声呐喊："这就是我。"我有我的自信，我的骄傲，我的执着，我的倔强……

白驹过隙，韶华倾负，突想起记忆中那个总喜欢扎着马尾辫，一蹦一跳，跑到爸妈面前甜甜地撒娇，把笑容挂在嘴角，左脸颊的小酒窝若隐若现，圆嘟嘟、胖乎乎的小女孩。该是从那时起吧，对，从那还少不更事的年龄开始，有些东西便已深入了骨髓，不可更改了。

"妈妈，妈妈！"我一声一声地唤着眼前这个忙碌的背影，可始终未见妈妈转过身来问我："宝贝，怎么了？"小小的我不高兴了，小嘴一扁："哼，我不理你了。"看，我又在使小性子了。

默默地回到房间，笨拙地爬上自己软乎乎的小床，抱着和自己一般大小的洋娃娃，不说话，一个人耍小脾气。这是一天的伊始。躺在小床上，听着外面的拖鞋声，才知道，妈妈回房间了。越想越不开心，干脆就不想了，我睡觉！小心翼翼地给洋娃娃披好被子，轻轻地说："贝贝，我们睡觉了，不理妈妈。"

"平儿，你给我起来。"每次爸爸直呼我名字的时候，都意味着有什么事情要发生，这是他发火的前兆。我揉揉眼睛，不明所以地起床。"我问你，放在床头柜上的水晶灯去哪里了？"

水晶灯？哦，想起来了。"是那个闪闪的东西吗？"

"嗯，你把它放到哪里去了？"爸爸一脸严肃，"我把它借给慧慧了。"我不以为然地应道。

"什么？你知不知道那个东西有多贵啊？你居然借人了？"老爸满脸不可思议，"去，给我要回来。"

"为什么？我答应慧慧，让她明天再还的。你们不是说，做人要讲信用吗？"糯糯的声音中多了几分理直气壮，还夹杂了几分气愤。

"不要狡辩，现在，立马，给我要回来！"爸爸的强势一下子就彰显了出来。可是骨子里的东西又不容我低头。我咬唇不语，躺下睡觉，不再去看爸爸此时怒目圆睁的神情。"好，很好。你今天要是不要回来，你不要吃晚饭了。"说罢，便甩门而出，只留下那一声"乓"的闷响在房中回荡。

小小的我，不明白为什么爸爸一定要把那个水晶灯要回来；可是小小的我知道，慧慧是我的好朋友，我不可以出尔反尔的。默默地将膝盖往上挪，蜷缩在被窝里，整个房间只剩下闹钟走过的滴嗒声。

我用尽了全部的倔强，第一次与爸妈对峙。很显然，我赢了。

虽然，至今还不明白家长的想法，但是我却知道一点，我要把我骨子里的那份倔强与执着演绎得淋漓尽致，只有这样，我才不再是平凡的小角色。

我才可以面朝旭日，默念："这就是我。"

教师评

本文作者开篇语句凝练有意蕴，文采斐然。"初时，只见镜中一女子翩若惊鸿，宛若游龙，手如柔荑，肤如凝脂，领如蝤蛴，齿如瓠犀，蟓首蛾眉，巧笑倩兮，美目盼兮，活脱脱一绝代佳人。"接着虚晃一招，引出"丢在人堆里一抓一大把的小角色"——我。在写"我"独特个性的时候，既突出了自己的平凡，又给大家呈现出人性中的闪光点，"骨子里的倔强与执着""珍视友情""率性纯真"等个性的东西，这样一个乐观、真诚、有丰富内涵的女孩形象跃然纸上。

"登山则情满于山，观海则意溢于海。"本文的可贵之处还在于真实的情意灌注于字里行间。在"我"与母亲的较量、与父亲的对峙中，调和出一种永恒而实际的美，沉淀出作者独特的思想情感。加之叙事语言时而亲切灵动，时而真挚热诚，有一种拂去繁华才显现的真性情、真情感。

让我们荡起科学的双桨

✒ 写作经

在科学已经渗透到我们生活的方方面面并与生活融为一体的今天，我们已不再对身边的科学表现出惊奇与激情，甚至已经对科学无动于衷了。殊不知，许多科学发明、科学创造正是从身边的小事开始的。

相信大家准听过有关科学家的传奇故事。阿基米德在浴盆里发现了浮力；牛顿在一个炎热的夏天躺在一棵苹果树下思考行星运动的规律，突然一只熟透了的苹果掉下来正好打中了他，使他茅塞顿开，发现了万有引力定律；瓦特在外祖母家度假，有一天他偶然发现水壶的盖被正在沸腾的开水掀开，后来他发明了蒸汽机⋯⋯

不知大家可否记得曾经的你眼中装满了好奇，于是打开了探求知识的窗户，发现这个世界真奇妙；曾经的你思维无拘无束，于是打破了万花筒，拆开了闹钟，总想发现其中的奥妙⋯⋯爱因斯坦四五岁时就对指南针的指向感到惊奇，爱迪生小时候竟然用自己的身体孵小鸡，这些都激发了他们对科学的浓厚兴趣。聪颖活泼的你是在什么时候与科学结下了不解情缘？还记得你第一次与科学结缘的情景吗？是什么唤醒了你对科学的兴趣？在哪次活动中你萌发了对科学入迷的感情幼芽？

科学是奇妙的，它充满神秘；科学又是调皮的，它悄悄地躲在我们的身边。同学们，去寻找身边的科学吧，学会用科学的方法解决生活中的问题，撑语文之长篙向科海深处漫溯，让我们的生活充满科学的乐趣！

作文本

藏在泡泡里的秘密

湖州市第四中学教育集团九（5）班　史昕宁

吹泡泡可是我儿时特钟情的游戏。泡泡光怪陆离的色彩，大小不一的形态，可以随意伸展且瞬间消失得无影无踪，如魔术一般神秘莫测，深深地吸引着幼小稚嫩的我。向往成为泡泡一直是我童年时最真最美的梦……

如今已长大的我仍对泡泡偏爱有加，不仅限于单纯的幻想，更有着一种想揭开蕴藏于泡泡中的奥秘的冲动。

轻轻地一吹，泡泡似乎被即刻赋予了生命一般在天空中随兴飞舞，泡泡儿连在一起了，活像一大串水晶葡萄。这串亮莹莹的"葡萄"，太喜人了，真是赤、橙、黄、绿、青、蓝、紫，一应俱全。我得意地想，任何地方也买不到这样可爱的葡萄吧！再吹了一个大泡泡儿连着一个小泡泡儿，这不正像一个小葫芦娃吗？他穿着五彩缤纷的霓衣羽裳，样子较动画片里的小葫芦娃多了几份调皮与可爱。我情不自禁地伸出手去触摸，它便很快就躲起来了，和我玩起了捉迷藏。

阳光下望着泡泡变幻着迷人的色彩，摇曳着动人的身姿，我不禁痴痴地想，如果泡泡失去了阳光的映衬，会变得怎样呢？于是我跑到楼道里小心翼翼地吹出来一个大泡泡儿，仔细地观察着，发现那个大泡泡儿，中间是金黄色的，还掺杂一些深蓝色，两边是淡紫色的。不一会儿，那个大泡泡好像不耐烦了，倏地一下消失了。我又吹了一个小泡泡，它两侧是红色的，底部是橙色的。没有了阳光的眷顾，泡泡便立马暗淡了，不再光鲜，丝毫没有了阳光下的可人模样。

我有一种莫名的失落。

我便去翻阅资料，原来在阳光下肥皂泡会变得五彩缤纷。这是因为看似无色的阳光实际是由赤、橙、黄、绿、青、蓝、紫等七种单色光组成的复光，若在肥皂膜的某处正好使两股反射回来的红光相抵消，在这个地方就看不到红光而显蓝绿色；同样的道理，在其另一部分，某种色光得到加强，呈现出的就是另一种颜色。泡泡是由一层像透明的玻璃纸一样薄的肥皂膜形成的，当阳光射到肥皂膜上时，它的里面和外面都会产生反射。

我终于揭开了泡泡神秘的面纱，这让我不禁赞叹起科学的魅力来。其实生活中处处有科学，只要我们善于发现，敢于思考，勇于探究，科学的大门将永远向我们敞开。

夏天，雷阵雨过后，天空出现了一道五光十色的彩虹。人们不禁赞叹："真绚丽啊！"但你在欣赏之余，有没有想一想它美的背后是什么？

教师评

科学是抽象的，也是具体的；科学是宏大的，也是可感可及的。这篇文章的小作者从对"泡泡"的已有感性认识出发，扬起了探求科学的激情，通过查阅资料理性地认识到"泡泡"美丽面纱下的真面目，这就是一种成功架起科学与生活桥梁的思维方式。

科学以生活化的面目出现在大家面前，如此可亲可近。虽然这只是一次小小的"泡泡"探秘，可作者依然写得生动精彩、情趣盎然。"泡泡"在作者的笔下俨然是一个变幻多姿的小精灵，梦幻而又真切，为后面作者撩起"泡泡"神秘面纱蓄足了势，"科学"的美便呈现了出来。结尾颇有余韵，让读者带着对科学的浓浓情愫走向生活。

作文本

那一次科海泛舟

湖州市第四中学教育集团九（5）班　刘育乐

又到了怡人的春天。柔柳吐绿，鸟鸣声声让人倍感轻松，没有急于上学的焦虑，没有面对考试的紧张，这是一个星期六的早晨，是个自由的早晨。

吃好营养早餐，我正在休息。见爸爸拿了一个盘子和一枚硬币，笑嘻嘻地走了过来。硬币？盘子？要干什么？我疑惑地看着爸爸。爸爸不动声色地将盘子放在桌子上，把硬币放了进去，接着，便开始往里面倒水。倒好水后，爸爸开口了："整天学习不休息可不行啊，儿子啊，来，好好放松一下，锻炼一下你的思维。""行啊！"我很爽快地应道。

"好！现在你把硬币从盘子里拿出来。"

我简直不敢相信自己的耳朵，这么简单！我立刻伸出手去，准备拿硬币。

"别急，可不能把手弄湿哦，也不能借助工具。"爸爸在一旁慢悠悠地补充。

我的手顿时停住了，乖乖地缩了回来。两眼紧盯着那个普通的盘子。

"给你两个小时。仔细考虑一下，不要初三了连这么简单的操作都不会。"爸爸扔下这句话便径自走开了。

我盯着那个盘子看了又看，想了又想："盘子里明明装满了水，拿硬币手怎么会不弄湿呢？还不准用工具，这不是故意为难我吗？这该如何是好？"十分钟过去了，我依旧毫无头绪。二十分钟，三十分钟，一个小时，直到两个小时过去了，我依然一头雾水。这会儿硬币依然一动不动地冷冷地瞅着我。吹出来？不太现实。硬币啊硬币，你怎么就不自己跳出来呢？这不是让我难堪吗？

我承认我是无计可施了，垂头丧气之际，爸爸走过来了，看了我一眼，拍了拍我的肩膀："看来你对生活的了解还是太少了，看着。"只见爸爸拿出一支蜡烛和一个玻璃杯，把蜡烛放在盘子上点燃，把玻璃杯扣在蜡烛上面。不一会儿，蜡烛熄灭，水被压入玻璃杯中。"可以取硬币了。"爸爸胸有成竹地说。这么简单？我将信将疑地伸出手去取硬币，一滴水都没沾到。"老爸，你太厉害了，怎么做到的？"我满眼敬佩地望着老爸。

"看来你只会死读书，连基本的大气压原理都不知道。"爸爸不无遗憾地摇摇头走了，留下我一个人。

我看着那枚滴水未沾的硬币，哎，小小的硬币也会让人束手无策。那枚硬币好像也在嘲笑我，我心里有一种说不出的感觉。

爸爸给我上了很好的一课，这次科海泛舟的经历，让我明白了科学知识与实践的关系。如果说科学知识是通往奇妙世界的大门，那么实践就是那把开启大门的钥匙；如果说科学知识是运筹帷幄的将军，那么实践就是冲锋陷阵的士兵。让我们荡起科学的双桨通向那个奇妙世界吧！

教师评

事实上，学生对科学产生兴趣的机缘有很多，或是在上学路上，或是在玩耍之中，或因花开花落，或因鸟鸣虫唱……这篇文章以"一次取硬币的实验"为切入点，引出自己的一次科海泛舟的经历，既有鲜明的生活气息，又切合题意，显得别具匠心。小作者有着一定科学自觉意识，积极投入日常的科学运用，积极用科学的方法解决生活中的问题，使生活充满了科学的乐趣。可见中学时代确实是培养科学兴趣和创新能力的黄金时期。

　　文章出彩之处在于小作者抓住了实验过程中出现的问题，并将解决问题的心路历程清晰地展露在读者面前，细致入微，富有个性的受挫心理是如此的真切，而正是这激发了作者对科学入迷的感情幼芽。这种经历很容易引起他人共鸣，对其的反思会让自己和他人都受到启迪：时刻保持科学意识，寻找身边的科学，积极用科学的方法解决生活中的问题，你定会放射出与众不同的异彩。

站在资料的肩膀上

📝 写作经

　　美国的比尔·盖茨在其所著的《未来之路》（*The Road Ahead*）一书中有这样一段颇为耐人寻味的话："宣称信息将界定未来，这使我想起了1967年的电影《毕业生》中的著名舞会场面。一个商人硬拉住本杰明，并主动赠送他只有一个词的职业忠告：塑料。我不知道几十年后，如果重写这场戏，这个商人的建议是否会变成这样：就一个词儿，本杰明——信息。"21世纪是信息世纪，是信息宣布了一个更为辉煌的时代的到来。对现代人而言，不是缺乏信息，而是缺乏获取知识信息的科学的方法和现代化的技术手段。因此，掌握搜集资料的方法势必成为21世纪中学生的一项必不可少的技能，如到图书馆如何搜集资料，上互联网怎样查询下载等，都对学生现阶段语文学习乃至其人生有着非凡的意义。

　　未来的文盲不是不识字的人，而是不会学习的人。会学习的人，必定具备应用发达的现代信息技术搜查资料的基本技能。学生通过搜集资料可获得前人、他人的间接经验或已有成果，丰富知识，开阔视野，加深体验，从而拥有自己的思考，形成自己的见解。

　　伟大的数学家和物理学家牛顿有一句名言："如果我比一般人看得远，那是因为我站在巨人的肩膀上。"牛顿的这句话，是否也在告诉我们，只有站在资料的肩膀上，即充分地占有并善于运用资料，才能创作一篇真正有价值的专题性小论文。

站在资料肩膀上，包含三层意思：一是辨别什么是有价值的资料；二是能消化资料，对庞杂的资料进行归纳整理；三是能对详细占有的资料进行由此及彼、由表及里、去粗取精、去伪存真的科学加工，有所发现，从而在资料的肩膀上站起来，看得更远、更深、更真切。

同学们，确定一个你感兴趣的研究主题，围绕这个主题，或到图书馆，或上网，或实地调查采访搜索你所需要的材料，并将材料进行整理，然后完成一篇专题性的小论文。题目自拟，要求资料尽量真实，论证过程条理清晰。

作文本

聆听来自社会底层的呼唤
——关于城市乞丐的社会调查报告

210班　沈怡君　指导教师　沈提花

不管行乞者还是街头流浪者，都是人，一个个活生生的生命，有心跳，有感情。不管是作为学生，还是一个路人，我们都应该学会尊重生命，关爱每个弱势的群体。

——调查者的感言

所谓乞丐是以乞讨为生的人。乞丐，对于我们而言，可能是再熟悉不过的了，因为他们时不时地出现在我们的视野里；乞丐，对于我们而言，可能是再陌生不过的了，因为我们很少真正关注过他们的生存现状。在大力构建和谐社会的今天，乞丐的问题越来越受到人们的关注，因此我们决定对乞丐这一社会弱势群体进行调查。聆听那来自社会底层的呼唤，能使我们更真切地了解社会，从而提高自身的社会责任意识。

一、调查印象

调查地点：人民路

调查时间：2012 年 12 月 1 日 1：00—2：30

在肯德基的门前，看到了一个 70 多岁的男性乞丐。身穿破烂的衣服，蓬着头，瑟缩在肯德基门口左角落里，看起来有些可怜。他的面前摆着一个装奶粉的罐子，罐子有些地方已经生锈。自 1 点 10 分得到第一个一块钱之后，近一小时的时间内，一直无人问津。直到近 2 点时，一个男子经过，扔到他碗里 5 毛钱。到了 2 点多的时候，乞丐从身上掏出一条毛巾，每当看到行人走近的时候，他就用毛巾抹眼睛装哭。恰巧一对情侣经过，乞丐迅速把毛巾放到了自己的眼睛上，果然，那个男子就从衣兜里掏出一个硬币，丢到了乞丐的碗里。此时正好有一群中学生路过，乞丐用"眼泪"换来了学生们的同情，也换来了"丰硕的战果"，1 毛、5 毛、1 块……陆续进了乞丐的碗中。一个女学生从乞丐的旁边经过，还专门回来了一趟，将 5 毛钱递给乞丐……

调查地点：老汽车站（公交车站）

调查时间：2012 年 12 月 1 日 3：00—3：30

我们遇见一个小儿麻痹患者，他正拿着一张展开的烟盒纸向旅客乞讨，纸上写有他的"身世"："尊敬的叔叔阿姨爷爷奶奶哥哥姐姐，你们好！我是一个孤儿，妈妈去年生病死了，爸爸被讨债的人活活气死了，姐姐也因意外离开了我。求求好心人帮帮我，给我点钱或吃的吧。"开始时，他挪到我们这里，让我们看这张纸。我们给了他一块钱，问他需不需要帮忙，他拿了钱便走开了，根本没有理我们。后来，我们看见他又缠上了另一位女学生……

调查地点：中心广场附近

调查时间：2012 年 12 月 1 日 4：00—4：30

在一条很热闹的街上，一个大学生模样的人胸前挂着一块牌子，跪在人行道上。牌子上写着什么家境贫寒，没钱读书，望路人施以援手，看起来好像真的很伤心。多数行人没有多看他几眼，就若无其事地走开。一会儿，一群差不多20岁的女青年，在他的周围围了一圈，认真地看那块牌子。这样，越来越多的人来凑热闹。过了许久，终于有一个戴眼镜的老奶奶给了他5块钱，那人连忙点头致谢。越来越多的人给钱，那人的头就点个不停。

二、调查显示

调查显示，乞讨地点多集中在繁华地段，尤其是各公交车站、中心广场、人民路这三大地段；乞讨者可分为5大类：学生求学、老人乞讨、残疾求助、儿童求助、卖艺求生（各数据见下表）。

地点 数据 类别	公交车站 （旧车站）		中心广场		人民路		合　计	
	人数	百分比	人数	百分比	人数	百分比	人数	百分比
学生求学	/	/	2	15.4	1	25	3	13
老人乞讨	3	50	4	30.8	2	50	9	39.2
残疾求助	2	33	3	23	1	25	6	26.1
儿童求助	1	17	2	15.4	/	/	3	13
卖艺求生	/	/	2	15.4	/	/	2	8.7
总　计	6	100	13	100	4	100	23	100

注：2012年12月1日所见的情况。

在乞讨方式上，行乞者们各有各的"招式"，多为以下几种：卖艺行乞、暴露残疾乞讨、死缠烂打乞讨、"悲惨家史"乞讨、怀抱遗像头扎白布为亲人乞讨、强行乞讨、怀抱婴儿乞讨、隐蔽性乞讨（指行乞者在保安或警察视线范围内装作捡拾垃圾，一旦保安或警察离开，就向路人伸手要钱）。卖艺乞讨者多为在街头拉二胡、唱歌、吹竖笛等，这种乞讨方式市民比较容易接受；在地上或者在胸前挂牌子写上自己悲惨经历的方式，受访市民大多认为不可信；而死缠烂打乞讨、强行乞讨则遭市民反感。

乞讨群体从年龄上看老人和未成年人占多数，身体状况残疾、有病的较多。从城市管理处、汽车站派出所、救助管理站等部门获取的信息及我们的调查显示，绝大多数乞丐来自外地，乞讨者大多数为边远、穷困山区，极少为城市人，并且呈现出低龄化、老龄化倾向，具备职业化和经营化的特征，部分乞丐群体还初步具有犯罪化倾向。我们在调查时常听市民感叹："以前很少见到小孩乞讨，怎么突然间多了那么多。"可见，乞讨者中儿童和未成年人的数量在增多，市救助站的信息也确认了这一说法。

三、调查感想

现在的乞丐都是真假难分。假的，使人们受骗，让人们白白送钱；真的，又可怜，没人援助。更可恨的是现在社会上有一些"职业乞丐"，专门以乞讨为生，专门以假象骗人，利用人们的同情心来赚钱，致使有些人常常被骗还浑然不知。有社会学家表示："面对越来越多的乞讨者，加上部分乞丐具有欺骗性，大部分市民的同情心开始减弱，这会削弱社会大众对弱势群体的关注与救助。"

行乞虽然说也是一种生存方式，但对于城市来说，其影响是负面的。调查发现，多数市民对流浪乞讨现象产生的影响感到不安，近一半的人认为关心乞讨影响市容市貌，三成受访者表示流浪乞讨影响社会治安，给自己带来不安全感，还有市民表示死缠烂打乞讨和沿街乞讨容易影响交通秩序。乞丐无疑是当今社会的一大隐患，妥善解决城市乞丐这一特殊的群体已到了刻不容缓的时刻，对此，我们的心情无疑是沉重的。

我们认为，乞丐给城市人带来了尴尬，还影响市容。也有些乞丐用欺骗手段骗取善良人的施舍，不但让人心寒，还会影响城市孩子的心灵和身体。走在这繁华的城市里，不时会遇到一两个穿得破破烂烂的流浪人，他们的脸上总是挂着一丝忧愁。看到苦苦哀求的乞丐在街头讨钱，无家可归的可怜儿童向路人求助，有一定精神病的人在街头徘徊，心里都不好受。真心希望我们的社会能够拯救这些被遗弃的生命。不过，要救助这些乞丐和精神病患者，确实如摸玫瑰枝，是一件很棘手麻烦的事。但不管是乞丐还是精神病人，还是街头捡垃圾的人，他们都是人，一个个活生生的生命，有心跳，有感情。不管是学生，还是一个路人，我们都应该学会尊重生命，关爱每个弱势群体。

四、调查建议

无疑，乞丐会给城市形象和市民生活带来很多消极影响，他们的存在在一定程度上影响到和谐社会的构建。那么如何妥善解决流浪乞讨问题呢？我们认为解决流浪乞讨要依靠政府完善社会保障制度，并且调动各级社会力量。面对向你伸出手希望得到帮助的乞讨者，不施舍良心上过不去，而施舍后又怕被骗，我们不妨建议借鉴国外经验，通过政府部门如民政部门统一颁发执照性质的乞讨证明，上面载明乞讨者乞讨的原因和时间，使人们能够有效地确认各类乞讨者身份。

古时乞丐只为吃饭，当代乞丐却为致富。如今，政府加强力度，建立了一批收容所、救济站和特殊工作岗位，可乞丐仍然存在，这其中也许有现代乞丐的思想问题。他们也许觉得与其天天拼命做苦力，不如抱着乞丐这个坐享其成的事干。因此要加强对乞讨人员的思想教育，让他们树立自尊、自立意识。

综合上述，我们对城市乞丐问题提出以下建议：①加强教育和宣传力度，消除人们的惰性思想；②大力发展经济，提高社会生产力，当达到一定发达的经济水平，乞丐也就会自然消失了；③有关部门加强对乞丐的管理力度，规范一些法律制度，严厉打击那些有组织、有规模的职业乞丐群体；④加强对贫困学生的调查及救学金的发放，对孤寡、依靠乞讨生活的老人给予必要的关怀和管理；⑤向乞讨者颁发"执照"。

教师评

　　该习作着眼于大家司空见惯的城市行乞现象，通过实地调查、向有关部门查询等方法搜集需要的材料，以"调查印象"的形式直观呈现有价值的资料，极具冲击力。更为可贵的是，小作者直面现状时所表现出来的那份悲天悯人的情怀，以及多维度的深入思考，甚至触及问题的根本。在"调查建议"中有针对性地开出"妥善解决城市乞丐这一特殊的群体"的药方，更是体现了一份社会责任感。我想这样的资料搜集与写作的过程本身已成为最好的自我教育过程、学生心灵的成长过程。在成功交出一份"社会调查报告"的同时，也交出了一份对生命的尊重，一份聆听来自社会底层的呼唤的责任，这不正是我们语文教学所期望的吗？

走进新闻时代

——学习写消息

✒ 写作经

　　日常生活中有一样东西以各种形式出现在我们身边，成为我们生活中不可缺少的一部分：在家里，边吃饭边从电视中看着声、色、形兼备的它；在学校，宣传橱窗、黑板报上有它的身影；在路上，广播里传来它的声波……它就是消息。因为它，"家事国事天下事"充盈于耳，我们的生活变得丰富立体。今天我们就来学习写消息，用事实说话，进行应用写作小练笔。

　　消息无时无刻不在发生，教师节班委会给老师送爱心礼物，学校刚召开的秋季校运会，学校组织的国庆庆祝活动，社区的垃圾分类活动……都可以成为你的笔下之物，但要选取你比较感兴趣、积极参与且深有体会的活动来写，当然还得是最近的，因为及时准确是消息的特性。要写好一则消息，温馨提醒大家要注意以下几点：

　　首先，应把握消息这一文体在内容方面的特定要求：真实与及时是消息这类文章的生命，是它区别于一般记叙文的关键所在。消息报道的事实必须是完全真实的，即不但要求主要事件是真实的，而且报道中的人名、地名、数据以及引语都应该是真实的，不能虚构、想象、夸大其词。这就要求你对所报道的事实有全面、清晰、深入地了解。初学写消息，可根据新闻写作的基本要求，列出要了解、采访的几个要点，如人物、事件、时间、地点、前因后果，也即西方新闻写作学中归纳的"五 W"："when"（时间）、"where"（地点）、"who"（人物）、"what"（事件）、"why"（为什么），做到心中有数，方可以动笔写作。

其次，应明白消息这一文体在结构方面的特定要求：消息有自己独特的结构，由标题、导语、主体、背景、结语五部分构成。消息的标题是全文的眼睛，要求准确、凝练、新颖、醒目。它主要包括主题、副题和肩题，主题不可无，副题和肩题则根据情况可有可无。导语是消息的头一句或第一段话，是消息中最有价值、最核心事实的提要。主体是消息的躯干，是对导语内容的进一步扩展和阐释，它要求材料具体充实，用事实说话，有一定典型性。背景是指消息发生的社会背景和自然环境，结语指消息的最后一句话或者一段话，消息的背景和结语是一篇消息中可有可无的内容。消息的写作通常采用"倒金字塔式"，即先交代事件的结果，再说出相关的内容。

最后，写好消息最忌讳走别人的路，更不能抄袭，不要眉毛胡子一起抓，要紧扣主题，做到脉络分明，条理清晰，剪裁得当。要是能有自己的个性和观点，有自己的文风，那就更好了。

好了，如果同学们做到了以上几点，再加上你们持之以恒的练笔，我相信在不远的将来，你就能成为班里、学校一名很了不起的小记者！

作文本

就本次活动写一则短消息。（100 字以内）

一次别开生面的"好消息"推选活动

9 月 15 日上午，第二节语文课，803 班的同学们在班里开展了一次别开生面的"好消息"推选活动。同学们带来了从近期报刊、网络上收集来的最感兴趣的消息，与大家共享，综合评议后，评出一、二、三等奖若干。

教师评

以上是一则94个字的短消息，对消息中的主要事实作了高浓缩的叙述，句无虚发，字无浪费，时间、地点、人物，事情的起因、经过、结果等要素无一遗漏，让读者一下子就把握住这次活动的核心。真可谓"麻雀虽小五脏俱全"，标题、导语、主体无一不到位。可见文章虽短小至不足百字，却是报道者用心推敲之作。

作文本

就本次活动写一则长消息。（不少于500字）

活动精彩纷呈 "好消息"层出不穷

9月15日，第二节语文课，803班的同学们在班里开展了一次别开生面的"好消息"推选活动。同学们从近期报刊、网络上收集自己最感兴趣的消息，带到班上与大家交换阅读。在大家综合评议后，评选出一、二、三等奖若干。

本次活动在语文老师周老师的一则消息中拉开序幕，生活化的内容，加上老师那幽默的语调以及诙谐的动作引得我们捧腹大笑。接着同学们的一则一则"好消息"纷纷登场，简直是一场"好消息"的盛宴。马德轩的《美丽的湖州，我的家》唤起了我们心中的那份对家乡的热爱和自豪；陆品昂的《五水共治，你我他》让大家摩拳擦掌情绪高昂；陈可萱的《时间都去哪儿了》引得大家连连赞赏……尤其是本次活动主持人班长宁淳同学关于"优化食物品质的添加剂"的一则消息，引起了大家的共鸣，再加上她对食品添加剂的种类、作用及使用时的注意事项等透彻到位的讲述，赢得了全体同学的阵阵掌声，把活动推向了高潮，获一等奖当之无愧。

本次活动，充分体现了同学对消息学习的浓厚兴趣，展现了同学们收集资料和占有信息的能力，进一步启发、引导了同学们今后对生活与社会问题的关注。大家纷纷表示，希望这样的活动坚持每周一次，架起课内写作训练与课外生活和社会活动的桥梁。

教师评

同样的活动内容，短可压缩为不足百字，长则可洋洋洒洒数百字。作为本次活动的参与者，整个事件亲身经历者，可写的东西甚多。这时，写作其实就是一个收集信息、捕捉信息、处理信息的过程，要量体裁衣，主体部分要呈现活动过程中那些最有新闻价值、最具看点的场景。本则消息很好地处理了这一点，把活动的经过浓缩为几个亮点：教师开场、学生的精彩表现、活动的高潮，丰腴得恰到好处。另外，这则消息也体现了写作者的一定语文素养，标题醒目靓丽，主体部分脉络分明，条理清晰，语言简练又不失韵味，文中随处可见报道者不错的写作功力。

作文本

写一则消息。（不少于 500 字）

班级图书角　书香溢校园

为了发挥班级图书角的作用，营造浓郁的读书氛围，进一步激发学生的阅读兴趣，让学生养成"好读书、读好书"的良好习惯，湖州四中教育集团白鱼潭校区开展了"班级图书角 书香溢校园"活动。

没有规矩不成方圆，为了有效推进这项活动，学校制定了包括班级图书管理制度、藏书总量、阅读数量、阅读氛围、活动成果等"书香班级"评估细则和评估标准，并严格按照此要求每学期开展"书香班级"评选活动，以此促进和规范班级图书角的建设。近日，德育处、团委联合对各班图书角建设进行了评比。

活动前，制定了详细的评比标准，内容包括班级图书角的名称、图书数量和内容、制度建设、读书活动、特色布置等五方面。尽管教室里没有专用的书柜，空间又有限制，但各班都能对照标准因班制宜别出心裁地布置和完善班级图书角：有的班级购买的新书柜古色古香，班级顿时平添了几分书卷气；有的班级给图书角取的名字让人耳目一新又别具韵味，"心灵氧吧""智慧加油站""风景这边'读'好"等；有的班级制定了固定读书时间，编制了图书借阅登记本，建立起了读书俱乐部……评委组老师们边实地检查边口头提问，认真、公平地给各班图书角打分，最终评出 15 个"最佳班级图书角"，23 个"优秀班级图书角"。

班级图书角就像是一个个班级的窗口，用学生的话说"这是我们自己的图书馆"。

就书香校园建设整体投入来说，它不是最多的，却是最有分量的。

班级图书角的建设和完善，进一步推进了书香班级建设，使更多的优秀课外读物走进了教室，丰富了学生的知识，拓宽了学生的视野，在书香浸润校园、经典滋润童年的同时，也提升了学校的办学品位。

教师评

这则消息报道者"火眼金睛"，善于从生活中吸取鲜活的写作素材，以一个学生的视角真实客观地报道了学校里新近发生的这一事件，让我们在第一时间分享了"班级图书角 书香溢校园"活动给学生带来的喜悦、激动与自豪，并成功地将有关消息的知识运用到写作过程中。标题精简，直指事件核心；导语提炼到位，主体部分舒展自如；前有活动背景的铺设，后有对活动意义点到为止的阐述，使报道更加具体和深入，从而让这则消息有血有肉，加深了读者的印象。另外值得一提的是，报道者个性鲜明的行文风格给这则消息打上鲜明的个人印记。

掀起"美景"的盖头来

——多角度描写景物

✒ 写作经

　　生活中不是没有美，而是缺少发现美的眼睛。只要我们细心观察，认真思考，就会发现美无处不在。春的灿烂、夏的热烈、秋的萧瑟、冬的凛冽。春夏秋冬各有其美，泰山的雄伟、黄山的秀奇、大海的汹涌澎湃、沙漠的浩渺广阔……皆可入文。大自然美丽的风景时刻吸引着我们的目光，也常常牵动着我们的情思，那么我们怎样运用生花妙笔将美景展现在文章中呢，这就要求我们掌握一种描写方法——景物描写。

　　景物描写一般有两种形式，一种是全篇以描写景物为主，一种是在写人、记事中插入景物描写。不管哪种形式的景物描写，成功的景物描写都要通过具体可感的形象给读者以身临其境的感觉，如见其形，如嗅其味，情景交融。

　　景物描写要出彩，须遵循三大要素。

　　一是言之有章。写景要有一定的章法。首先要抓住景物的特征。景物有远景和近景之分，也有静态和动态之别，正是这些特点决定了事物之间的区别。然后调动自己的感官，努力捕捉景物的色、形、声、味等方面独特而又细微的特点。最后按一定的顺序，多角度、多侧面写景，实写和虚写、详写和略写相结合，要有层次感。这是写景状物成功的前提。最忌单薄平板。

　　二是言之有情。景色描写和情感描述是写景文章的两大支柱。描写景物要注入感情色彩，要把主观感情投射到景物上，要写出特定心境下看到的景色，任何好的景物描写都是心灵的感悟，思绪的升华。景为情设，情由景生，景物描写必然带上作者的主观感情色彩，运用主观色彩浓的词语，运用抒发感情或主观感受的句子，写景时融入作者的感受，努力达到情景交融的艺术境界。最忌为写景而写景。

三是言之有文采。孔子曰："言之无文，行而不远。"语言缺乏文采，就不会传播很远。写景时恰当地运用比喻、拟人、排比等修辞方法和富有表现力的动词、形容词就能够把常见的景物写得生动、逼真、栩栩如生，才能使文章形象生动，让人身临其境，才能吸引读者。最忌语言平淡无味。

作文本

（一）观察作文

迎客松

莫枫佳　浙江省湖州市第四中学教育集团 2015 级 10 班

这几年来，曾游历过不少名山丽水，也见过不少各具情态的古树，却不知为何，我却只钟情于黄山峭壁上的迎客松。

撑起岁月的竹篙，划过年华的长河，时间停靠在三年前的彼岸。

紧张着，期待着，盼望着，人群的声音近了。

春日的阳光下，陡峭的崖壁上，是谁在肆意微笑？远远望去，那是扎根在岩石缝里的古树，沉默着撑开苍劲的枝干，淡看世间，人流不息。

迎客松，在黄山已矗立了八百多年了罢。与普通的树不同，它粗壮的根深深地扎在岩石缝里，绵延数十步。光滑的树干被岁月的苍穹刻出道道粗糙丑陋的疤痕。平顶的树冠下，断枝截面的年轮密密匝匝。针形的树叶呈墨绿色，深沉而又优雅。它一侧的枝丫向外伸出，整棵树，就如同黄山的主人，热情地伸出手臂，欢迎远道而来的客人。另一只手则插在口袋中，雍容大度，体态优美。它如同一位饱经沧桑的老者，额头上的条条皱纹，见证了一路风雨，多少春夏秋冬的轮回。

轻轻闭上眼眸，阳光暖暖的气息，树叶的清香，还有那崖壁上不知名花儿的芬芳，都在湿润的空气里酝酿，扑面而来，叫人陶醉其中，久久不能回过神来。

若说春日的迎客松是一位饱经沧桑的老者，那么到了冬季，它就成了隽秀飘逸的俊美公子。

雪花飘飞，寒风呼啸，连绵的黄山，成了一幅水墨画。当冬日的第一缕暖阳洒向大地，洒向迎客松的时候——

它的针叶越发显得青黑了，伸出的枝丫上，撒了一层薄薄的雪，纯白而又洁净，仿佛是给迎客松镶上了一道银边，在高峻的山峰上，显得尤为亮眼。若此刻恰好吹来一股风，你可以看到，朵朵雪花被风携走，叫你希望看见一点更美的墨绿肌肤。这墨绿与纯白交相掩映，成为寒冷的冬日里，最美的一道风景线。

你可以想象到，这样一位俊美缥缈的公子，生活在这样一个纯洁美好的冬季。早上，他享受着无比温和的阳光，粲然一笑，染得山水皆羞涩。傍晚，他静静看着日落西山，恬静入梦……

数百年的守望，数百年的春花秋月，迎客松，他就这样矗立在黄山之巅，不急不躁，笑迎着自己的如诗年华。

世间纵有百树，吾独爱迎客松。

（指导老师　陈珠慧）

教师评

小作者把迎客松置于春、冬两个特定时令下进行了描写。写春天迎客松不同于他树，突出其"饱经沧桑"的形象；写冬天的迎客松时又体现出了晨昏的变化，突出其"隽秀飘逸"的形象。其形象的鲜明突出，离不开作者对迎客松的多角度观察，由远及近，由下往上写树根、树干、树冠，又由树冠写到树冠下的断枝截面以及松针（整体到局部），全镜头加细节特写立体地向我们展示了迎客松的外形特征，并调动了视觉、嗅觉、触觉等多种感官，来帮助读者感知迎客松的神韵。此外，还恰如其分地运用了比喻、拟人等修辞手法，使迎客松的风骨神韵得到淋漓尽致地展现。这是一篇比较成功的观察作文。

（二）写景作文

蒲公英，飞翔！

周子涵　浙江省湖州市第四中学教育集团 2015 级 13 班

眼前这株植物，球状的花朵，白色的绒毛，轻轻摇晃着脑袋。笑容在嘴角绽开，轻走上前，轻轻地吹一口气，白色的种子争先恐后地向天空飞去。记忆的风车扯着这飞翔的种子，在蔚蓝的天空中打着旋，慢慢飘入我心里……

总记得小时候，我家门后田野中的那片蒲公英，它是我童年的乐园。至今还清晰地记得当时发现这片蒲公英时，内心是多么欢喜。自从第一眼见到蒲公英起，球状的花朵，白色的绒毛，这种可爱的小花便深深地扎进我心里。此后，每次在路边看到蒲公英便莫名地兴奋，于是稍俯下身子，仔细地端详这株可爱的植物，轻轻吹上一口气，看着它那白色的种子漫天飞舞，心中便有说不出的喜悦。以至于当我发现了那片蒲公英，便天天去那儿报到。难怪妈妈常说："就是上学也没见你这么勤快！"

每天放学后，回到家放下书包，就以百米冲刺的速度奔向田野。远远地就看见那一片蒲公英，仿佛白云降落在地面，在微风下轻轻浮动。又如一群白天鹅栖息着，纯洁而高雅。笑意依然浮现在嘴角，便又加快了速度迫不及待地跃入蒲公英的怀抱。

伴着一阵欢呼声，我冲进花丛，双臂微张，手指掠过白色的花朵，柔柔的，软软的，心便也舒展到说不出的大。衣角微扬，蒲公英在上面留下浅浅的吻痕，这是一天中最快乐的时光。在花丛中穿梭着，指尖划过的地方扬起白色的种子。

玩累了，便无所顾忌的呈"大"字形躺下，望着蔚蓝的天空，望着浮动的白云，也望着飞舞的蒲公英。这场景像大雪纷飞，又像是天女散花，如童话般美丽。那一个个小伞兵乘着雪白的翅膀，飞翔着。闭上眼，仿佛自己也成了其中一员，朝着梦的方向飞翔。柔软的种子亲吻着我的脸颊，我用心感受着这些白色种子的触摸，仿佛是妈妈睡觉前轻轻地拍打，给了我安定的感觉。

一抹浅笑飞扬在唇边，睁开眼，我还站在路边。看着眼前这株蒲公英，突然觉得这是否就是童年的那些白色种子，飘飞到这座城市，生根发芽，重新带给我童年的记忆。它在风中摇晃着，白色的种子在空中飞翔着，仿佛在提醒着我要记得往前飞，向着梦的方向飞翔。

如梦的回忆，谁在追寻往日的痕迹？

埋葬于风中，那不曾远去的日子里，

岁月抹不去，心中蒲公英的浅笑。

时间带不走，那盘留心尖的飞扬。

留一份浅笑，肆意渲染似水流年……

（指导老师　沈提花）

教师评

作者笔下的蒲公英穿越时间，镌刻记忆，一身洁白，轻盈柔情，调皮如精灵，牵出的悠悠情思中泛着童年的光泽，成长的飞翔，这是一场童年与成长的牵手。那份淡淡的情、轻轻的绪，都因对蒲公英的细致刻画而静静地在字里行间晕染开来："球状的花朵，白色的绒毛，轻轻摇晃着脑袋。""仿佛白云降落在地面，在微风下轻轻浮动。又如一群白天鹅栖息着，纯洁而高雅。""手指掠过白色的花朵，柔柔的，软软的，心便也舒展到说不出的大。""指尖划过的地方扬起白色的种子……那一个个小伞兵乘着雪白的翅膀，飞翔着。"作者观察视角多变：有近观，有远望，更有物我相容的零距离体验。情思也随之摇曳：充分调动人的视觉、触觉，来放大自己一种独特体验，蒲公英在作者是温柔的所在，童年的记忆，更是对成长的希冀，那份呼之欲出的"飞翔"感，撩拨着每一个正读着文字的心。文章浓墨重彩显主旨易为，轻描淡写出神韵难办，本文可贵之处就在于她的那份"轻"：起笔轻柔，文思轻瘦，心情轻扬，这一切与蒲公英的特质浑然相融。让人不得不感叹作者的用力之巧妙。

（三）家乡的秋天

秋意，许我一叶思念

李佳玫　浙江省湖州市第四中学教育集团初二（9）班

几场突如其来的大雨把家乡的每一片树叶都洗得干干净净，一眨眼，夏天过去，秋天来了。绵绵的秋雨冲刷了夏日的浮躁，大地慢慢安静下来，心情也随之安静下来……

漫步于山间小路，两旁的银杏树都染上了秋的气息。一眼望去，金黄色的波浪在将要消散去的薄雾下显得迷离而又神秘。清脆的鸟鸣声从遥远的山谷里传来，悠扬而又婉转地飘进了我心里。微凉的秋风拂过脸颊，许多金黄还留些浅绿的银杏落叶，打着旋儿从空中落下，宛如无数金蝴蝶在空中漫天飞舞，最后在地上众多的落叶上激起了一晕涟漪，那落叶声，我分明听到了一声长吁，却演绎出了一种坦然、一种洒脱……它摇曳的舞姿似乎惊醒了满地曾经一起傲立枝头，一起接受过大自然的洗礼的落叶们，它们正在迎接它的到来，吟唱着属于他们的"胜利之歌"。可它依旧有着昔日的骄傲，这是它的倔强还是对树的不舍？也许，它只是在用它最后的力量为树送去阳光的余温吧。这满地落叶，总令我想起小时候和哥哥在落叶里玩耍打滚。落叶和我的怀念都厚厚积了一层……

我俯身捡起一片银杏叶细细地看。这片银杏叶呈倒三角状，极像一把小巧玲珑的折扇，它嵌着土黄色的边，金黄带些浅绿的叶面上有一条条清晰的纹路。手指尖轻轻拂过银杏叶，柔软光滑，还夹杂着淡淡清香。我将银杏叶夹在书页中，想给书也添增一缕秋的气息，像当年一样把思念封存在银杏叶中。

空气弥漫着金桂的香气，在这略冷的秋天里多了一丝甜味。顺着香气去寻找，在小路的尽头有一片桂花林。小小的桂花藏匿在绿叶中，像树上挂满了小星星般。它们很小很小，小得不敢去碰它，生怕伸出手指一碰，它便会掉落。轻摇几下桂花树，便下起了桂花雨，金色的桂花飘飘洒洒，落在头上，手上，地上，心上……枯黄的草地上因为桂花有了一丝生气。这小小的桂花发散出一股馥郁的香，对秋的无尽遐想纷飞穿梭在时光的隧道里。

停下脚步，看秋雨落下，淅淅沥沥，冷冷清清，宛如跌落凡尘的精灵，曼舞轻歌，却又缥缈无着。家乡在秋雨下朦朦胧胧，但依旧遮不住它的清丽。听秋风袭过，凉意顿起，不由沏一壶热茶，静静看茶中桂花在袅袅的烟雾里慢慢伸展身姿，嗅着淡淡的茶香，轻轻抿一口，热流驱散了丝丝凉意，思绪却随着雨声，越来越密。外面鸟雀啼叫，好似在诉说着前世今生的缘……

流年在时光中就如秋天的落叶，深深浅浅，斑斑驳驳。月在时光

的心中留下刻骨的痕，浅浅相遇静静收藏。家乡的秋天，思念在这个
季节泛滥……

（指导老师　沈提花）

教师评

　　这是一篇泛着浓浓秋意而又不乏优美清新的抒情散文。文笔细腻，语言颇
有感染力，读着读着仿佛身临其境一般，嗅到秋的气息，一股秋意袭人。都说
一叶而知秋，而文中的落叶绝无伤感气息，你看，落叶"打着旋儿从空中落下，
宛如无数金蝴蝶在空中漫天飞舞，最后在地上众多的落叶上激起了一晕涟漪"，
她们是秋天的金蝴蝶，家乡的金蝴蝶，就算是那落叶声分明是"一声长吁"，演
绎出的却是"一种坦然，一种洒脱……"还有"空气中弥漫着金桂的香气"，作
者的思绪是明媚的；用一株银杏树，一片小小的银杏叶，让我们领略了家乡秋
天别样的美，思绪的厚重。难能可贵的是落叶的轻、桂花的香与思绪的重厚，
多么巧妙的在作者的文字间交融。这种思绪上的张力，使整篇文章流溢一种的
秋意秋绪，却不悲秋四起，这该是家乡的秋独有的一份暖意，只因为有太
多思念。

第三章

相约中考：我的中考 "心动"走起

　　再是烂漫的春天，也无敌一年中考临近的心神不宁。一年一度的中考，对教师学生来说，其重要性不言自明。中考"硝烟味"充斥于课堂的各个角落，语文味无以插足。而语文课永远是"心动"比"行动"更为重要，其心动指数直指中考分数。那么如何使语文具有"心动"的魅力呢？教师的撒手锏往往是诱之以利，却不知动之以美（文美、情美）才能真正打动学生的心，"心动"才是中考无敌的真正撒手锏。

中考在路上……

复习不是体力劳动，而是一场高、精、深的智力较量（劳动），一项生命工程。复习应在应试与素质（情感）之间，找到应试与素质（情感）的契合点、平衡点。

一、语文学习的现状

一直以来，语文学科处于很尴尬的位置（弱势学科、被边缘化）。不少人（包括家长和学生，甚至还有教师）都认同这句话——"学会数理化，走遍天下都不怕"，数理化才是"拉分学科"（大户）。语文是说起来重要，做起来次要，大家忙起来不要。因为语文学习是个软指标，成绩不是立竿见影的，或者说同样的施肥上力却要慢得多，由量变到质变的飞跃绝不是做题做到一定程度必然会出现的结果（内化）。语文这门学科恰恰是主人精神的"软件"：关乎人的思想情感、道德情操、人格魅力，关乎人的后续发展。从现实层面来讲，语文担当着"定基调、树信心"之重任，开中考首考之门，旗开得胜便可直捣黄龙。再说，语文是母语教学，每个人都有学好、考好的潜能。

语文的现状决定了语文复习的三个走向：①复习不是体力劳动，而是一场高、精、深的智力较量（劳动）。②复习行走在应试与素质之间，应找到应试与素质的契合点（交集点）；行走在应试与情感之间，应找到应试与情感的平衡点。③对中考而言，分数是硬道理，也就是说，让分数来当家。

二、智慧地应对语文中考

（一）坚持语文复习的情感路线

1. 坚守语文复习主阵地

语文复习的主阵地在课堂，在学生的心里。大小练习、大小考试都放在课堂上完成。课外回家只做记忆性的东西、整理性的东西，抑或纠错本。来不及做的题目也别赶着，可连同答案、解析下发给学生，提醒学生在做累了理科题之余，权当调节看看。实践证明：只要教法得当，你所教的学科定然差不了。学会放学生一马，学会别跟自己太较劲，以平和的心态行走在中考的路上。

2. 多角度提升学生的成功心理指数，出奇制胜

（1）建立读、讲、写三位一体机制。"读"要"读"出深度，"讲"要"讲"出高度，"写"要"找"出路子。精选文字优美且人文内涵丰富的现代文阅读材料来给学生练习，使阅读这些作品、完成阅读训练的过程，同时成为一种接受人文熏陶的过程。让学生在课堂上读一读阅读训练的语段，品一品其中优美而警策的句子，想一想自己的困惑，理一理自己的收获，不要被资料上的题目局限，被其蒙住了自主阅读的双眼。其实，初三的语文课堂，仍然应当书声琅琅。带着欣赏的心态去做题，为语文复习课锦上添花，可缓解冲淡中考复习课的紧张氛围，让学生的思绪跳出语文复习课，走向生活，走进社会，又可以让学生在思考、分析中得到一种教育或人生的启示，得到美的熏陶，同时为学生的写作提供源源不断的素材之源。例如，《孔乙己》《庄子的草帽》不仅可以熏陶心灵，而且能拓展情感和趣味的领域。发现日常的、平淡的生活中的趣味。写作是不能一味纠缠在真与假上，让情感的审美价值具有某种超越性。构思是必要的，这样内蕴才深刻；言的变形达意，才能丰富文章的语言。

（2）诱发学生的考试"饥渴"。平时的考试应该让学生获得成功的喜悦，而不是把学生考得灰头土脸的。随着复习的推进，试卷的选择由难到易，从而不断提升学生的语文考试成绩使考试成为学生获取信心的不竭动力，这样学生就会由成功产生兴趣，由兴趣又产生新的成功，如此可形成一种良性复习循环。

平时的作文训练，也可以把作文题提前一天告知学生，让他们有意识地去准备，而准备的过程本身就是一个提升写作水平的过程。杜绝让学生在低水准上重复操练，这是有百害而无一利的。

（二）提"点"把"度"，提升复习性价比

中考复习，时间短暂，精力有限，但任务繁重，内容庞杂，真可谓任重而道不远。因此，复习之前老师要吃透《考试说明》与《语文课程标准》的精神，以这两者为依据与指导，将初中三年语文教学内容分专题分层次分课时进行统筹安排，每节复习课教学目标的确定、教学内容的选择都要紧扣考纲与标准，做到精选精讲，使有限的45分钟尽量得到有效利用，不做无用功。这就要教师去做一项大浪淘沙的工作，那就是复习专题"点"的提炼，"度"的把握。"点"太大太笼统，太细太纠结，"度"太高太深，太低太浅，都是有害的。

首先，选好中考题目，用好、用足参考答案，提"点"把"度"。

其次，中考题目毕竟是几位专家一个来月坐下来苦思冥想、深思熟虑的结果，而一般的模拟试题，鱼龙混杂，标准不一，很不规范，反而可能误导学生。

在例题讲析时，建议先让学生动手动笔，然后教师在学生回答的基础上给出答案要点即可，让学生自己组织语句，然后出示标准答案，让学生进行对照，比较优劣，明确答题的思路方法。还可以让学生试着点评给分，让学生也学会采点给分，这样他们思考就更全面，答题就更完整。而听到的复习课往往是"动口不动手"，学生齐答散答居多，很少强调让学生在草稿纸上写写的，这样学生的理解浮在表面，蜻蜓点水，转眼就成"神马浮云"。

"点"和"度"都有赖于此，充分利用中考题的答案（富矿），深挖掘，细揣摩，"点"和"度"自在其中，惊喜也自在其中。例如，我的古诗专题复习课："度"——写景的古诗，我将考点归纳为三点：一是把握诗词中所描写的景、物、人的主要特点（赏内容）；二是品味诗词句中语言的形象性和凝练性，理解它们的表达效果和作用（赏语言）；三是体会作者的思想感情（赏情感）。

再次，穷学校备课组的力量上好专题复习课。

上好古诗专题复习课、现代文专题复习课、作文专题复习课，其他像名著阅读、综合性学习、课外古文等，则不必要。这里就牵涉一个性价比的问题了，比如名著阅读复习犹如大海捞针，效果甚微，浪费时间，不如教师在课外搜集整理，学生在课外识记积累。但要注意内容的选择，不仅是简单地关注篇名及作者、人物及品质等，更应关注作品中重要人物及其相关的重要情节或精彩片段，特别要拎出一些人物动作、语言、神态描写的细节，让学生判断。教师可以整理名著阅读一览表，从作家作品、主要内容、主题思想、主要人物及其精彩片段以及表现的性格品质等方面进行梳理。还可以抓有代表性的语段或标志性内容，比如《格列佛游记》中的小人国、大人国、慧骃国等，《鲁宾逊漂流记》中的孤岛、星期五等都是标志性内容。

最后，团队作战，捆绑考评，智慧共享

团队精神是一个群体的灵魂，一个群体不能形成团队就是一盘散沙，当然也就不会有战斗力。在中考复习阶段，时间紧任务重，教研组一定要加强经验与资料的共享，发扬团队精神，争取共同进步。通过集体研讨碰撞智慧的火花。

理论往往是灰色的，生活之树常青。方法本身并无高低之分，只要适合你的学生的就是好方法。中考在路上……

我的中考，我做主

一年一度的中考，是一场没有硝烟的战争。应战方当然是我们的学生还有与之并肩作战的初三老师。每到五月份，全体初三学生可以说正处于攻坚战的关键阶段。且不论前面几轮疾风暴雨式的做题、地毯式狂轰的辉煌复习效果，关键是最后的攻坚战役怎么打更有效，这也是这一时期广大考生、老师以及家长正在思考的问题。我认为，想取得中考一战的胜利，制定一套行之有效的作战策略乃当务之急。

一、要有一套"丢分"策略

既然是考试，丢分是难免的。因此，我们首先得有一套丢分策略：基础知识尽量不丢分，现代文阅读丢些分，文言文阅读丢点分，作文丢几分，最后得高分。

基础知识尽量不丢分，要丢分最多丢 2 分，即丢掉难于十拿九稳、变化多端的综合性学习题；在湖州市的很多次大考中，现代文阅读的市平均得分率基本上在 75% 左右，如果你拿到 22 分（满 26 分），即得分率到 85%，便算高分了；文言文阅读并不难，要丢分也只能丢 2 分，即丢在课外题和评析题上；作文最多丢 12 分（湖州市近几年的市平均分在 35 分 ~37 分），拿下 38 分比较容易。这样算下来，考生的语文成绩该不会低于 100 分。

二、要有一套反丢分策略

丢分策略的制定是为了更有效地制定一套反丢分策略。认真透彻地比较分析近几年来湖州市中考语文试卷，便可发觉中考语文并非高深莫测，而是有规律可循的。我认为，中考语文的四个部分可以这样归纳：基础知识考"仔细"，现代文阅读考"原文"，文言文阅读考"课本"，作文考"视觉冲击力"。只要我们吃透中考考纲，立足课本，学会延伸，那么语文的中考将变得可爱起来。

📋 **反丢分策略卡** ·····················

一、仔细，莫让基础分数人间蒸发

中考在即，所有的老师学生都使出浑身解数，投入紧张的复习迎考之中，以期取得优秀成绩。然而，每次考试之后，总是"几家欢乐几家愁"。欢乐者无须多说，这"愁家"嘛，可谓五花八门、千奇百怪，叹息、懊悔、怅惘……不一而足。值得注意的是，不少学生在课堂反应挺积极，平时作业都会做，可考试成绩却不理想，尤其是语文学科，这似乎不可思议、令人费解。然而，追究起来，又恍然大悟、众口一词——都是"粗心"惹的祸。殊不知，这"粗心"里头包含着多少潜台词，这"粗心"的背后暗藏着种种杀机。

基础部分考的是语言的积累和运用，但在实际考试中这一部分的得分却不尽如人意。究其主要原因不是学生基础知识掌握不牢固，而在于学生在做题目时不够仔细，审题不仔细，回忆不够仔细，做题心手不一，"大意失荆州"，所以这一块的得分不高。我们知道，中考语文的基础知识点主要有语音、汉字、词语的运用（近义词、成语、关联词、语境意）、语病、标点、句子的连贯得体、修辞、文学常识和默写名言。除了近义词的选用、句子的选用有一定难度，其他各个知识点应该说是比较简单的，在课内均出现过，且在复习中学生早已烂熟于心。如语音、汉字的考查，主要是课本中注音的词语，而且是有明显错误的。因此，学生只要对课本内的注音词语进行整理归类，是完全可以拿下这一题的。其他如文学常识、默写名言等都是同样的情况。所以对基础知识这一块的考查内容，只要学生掌握了课内的知识并进行整理，在做题目的时候仔细细心，是完全有可能不丢分的。学生在考前备一整理本，利用边角余料的时间，把自己易错的字词和古诗句以及在平时考试和做题中反复出现错误的知识点及时进行整理记录，以便临考前翻阅。

二、锁定原文，让阅读分颗粒归仓

现代文阅读是中考的一个重点，也是一个难点。从近几年的中考现代文阅读来看，文学作品、科技说明文和议论文呈三足鼎立之势，课外两篇中的一篇必为文学作品，另一篇为科技说明文或议论文。如何才能使我们的学生由"心中无底"转变到"心中有底"呢？在分析了今年中考考纲和近几年中考试卷后，我认为要做好中考现代文阅读，应当遵循"三定"原理，同时在答题时必须渗透"抓住主题，答案不在你脑子中，答案就在原文中"这样一个"三定"原理是指定向、定法、定点。

定向，即文体风向、答题方向，要闻风而动。审题时，应确定题目问的是哪方面的知识，是文章内容方面还是文章形式方面的，答案是要在全文找还是只在本段落中，等等。之后，调动相关知识准备解题，以免答非所问。

定法，即注重整体阅读，做到"五不离"，即词不离句、句不离段、段不离篇、篇不离中心、中心不离关键词这样一种"轮回阅读法"。比如，对《百草园》中雪地捕鸟那些动词作用的理解，可以从以下三方面入手：从词不离句来讲，它们的作用应是准确生动地写出捕鸟的过程与方法；从词不离段来说，它们的作用是表现了冬天雪后的百草园充满乐趣（该段大意）；从词不离中心来看，它们的作用是突出了"百草园是乐园"这一中心。

定点，即在实际考试中，学生在做语段阅读时往往是直接看题目，然后就"脚踏西瓜皮，滑到哪里算哪里"，要答到什么程度，心中不甚了了，这就严重影响了得分。这个时候你就得看菜吃饭，看分答题了。

如果遵循"三定"原理，同时在答题时渗透"抓住主题，答案不在你脑子中，答案就在原文中"这样一个观念，便可有效避免上述情况，甚至连考纲明确规定的对现代作品的评价也变得简单起来。说穿了，那无非是将文章中的语句转化为我们自己的语言；再说得白一点，就是在原文的基础上增减几个字并与自己的实际挂上钩。

作品评价这种题目往往就是限定不能直接用原文语句来回答。从另一个层面上来说，也就是暗示你原文中有相关语句，但首先应该找出原文中的相关语句，然后考虑如何将原文中的语句变成自己的话，可以采用下列方法：①概括大意法，适用于原文相关句子较长的情况；②翻译句子法，适用于文言文语段；③解释重点词法，适用于原文语句中有生僻词；④变换句式法，适用于原文使用的是疑问、设问、反问的、语意未能完全明确的句子，而题目又要求做出明确表达的情况。

语句赏析这类题目应从两个方面入手，先评写作特色、语言特色，如用了什么修辞手法、表现手法，语言或生动或优美或讲求对称或准确严密或用了动词、形容词……再评思想内涵，即阐明这一句表达了什么观点，给你什么感受、启迪、教育……

人物赏析这类题目一定要赏析到人物的心理、性格、品质等精神层面的东西为止。

三、熟记课内文言，举一反三迁移

历年中考文言文阅读的材料一篇来自课内，一篇来自课外，那篇课外文言文着实会给学生带来了不小的心理压力。分析近几年的中考试卷，我发现这样一个现象，文言文的材料虽然来自课外，但它考查的知识点却是课内的。如考查的文言实词、虚词均在课本中出现过，且都是以选择题的形式出现，难度有所降低。所以可以这么说，要做好中考课外文言文阅读并不难，只要学生能对课内的文言文有很好的掌握，并且具备举一反三的迁移能力，那么中考文言文阅读无非是对课本内文言文的考查，只不过是以新面孔考旧知识而已。

鉴于这样的认识，在最后阶段的文言文复习中，可以采取"一读二看三迁移"的复习方法，把复习的重点锁定在课内文言文，尤其是九上、九下两册的文言文。相信这既可以为考生省下大量宝贵的时间，又可以收到把自己从漫无边际的课外文言文做题中解脱出来之功效。

四、借鉴化用、嫁接变脸，提升作文得分指数

中考语文满分 120 分，作文所占分值几乎占了"半壁江山"，可以毫不夸张地说它决定着中考语文的命脉，正所谓"得大作文者得天下"，万不可等闲视之。感悟生活，展开想象，抒发真情，展示个性，是当前作文考查的主旋律。距离中考仅剩二十几天，再想通过层层训练来提高写作能力似乎已不太现实，看来只能靠走捷径了。

三、得大作文者得"天下"

怎样在考场中写出有足够视觉冲击力、能吸引阅卷老师眼球从而赢取高分的作文呢？我们不妨试试以下速成法：坚持一条原则，寻找一条捷径，掌握一些急救小常识。

（一）在地面步行，不在云端跳舞

1．"我"字当头，以"我"为主

大量全命题和半命题作文的文题中都出现了"我"这个字眼。比如，"我的行囊"（湖州题，2009）"我的世界_____"（厦门题，2015）、"_____征服我"（金华题，2014）、"我正十六岁"（巴中题，2014）、"我们一起走过"（南通题，2015）、"我毕竟走过"（重庆题，2018）、"我在_____看太阳"（常州题，2019）、"我的阅读故事"（攀枝花题，2021），等等。其中有的要求考生站在"我"的角度写"我"，有的要求站在"我"的角度写"他（它）"、写社会，"再小的力量也是支持"（湖州题，2008）、"幸福的约束总去找到前进的方向"（宁波题，2018）、"欣赏"（湖州题，2016）"生活，因变化而精彩"（湖州题，2021），总的特点是聚焦同学们的日常生活，说真话，抒真情。以"我"为命题着眼点的试题，肯定还会存在于今后的中考作文试题中。人物热点是以"我"为主角，切忌用"我听到……""我看到……"一类无"我"之文。

2. 聚焦经历，折射时代

与 2008 年考前出现的抗击雪灾、抗震救灾、喜迎奥运等重大事件不同，2009 年中考前出现的抗击国际金融危机、纪念五四运动九十周年等大多不直接进入同学们的生活。或许正是这样的原因，像 2008 年中考出现的"当地震发生后……""战胜自己，坚强起来"等直面时代热点的试题，2009 年相应地少了很多。2009 年各地的中考作文题要么是把时代热点安排在导语中，比如江苏泰州试题就用抗击甲型 H1N1 流感中的一个故事引出了全命题作文"懂得责任"；要么是暗含时代热点，比如"取暖"（台州题）、"伸出自己的手"（潍坊题）、"传递"（常州题）、"不走寻常路"（嘉兴题）、"春风吹又生"（长沙题二）等，这类题既可以写考生自己的生活经历，也可以从一个或大或小的角度折射时代热点。大量试题指向的是考生的人生经历，比如，"生日快乐"（淄博题）、"难忘的经历"（济宁题）、"放假了"（漳州题一）、"我们初中生的故事"（三明题）、"师生之间"（安徽题）等，考生一看就能联想到自己的诸多经历，找到大量素材。总之，命题者努力做到最大限度地调动考生的生活积累，便于他们找到得心应手的写作素材，鼓励他们"说真话、实话、心里话，不说假话、空话、套话"。

事件热点有"我经历，故我在"，切忌瞎编乱造，靠编故事骗取老师的眼泪从而获得高分的时代已经一去不复返了。

3. 凸显我的思想

要显现自己的高境界、大抱负、多知识、同情心，要显现自己以天下为己任的豪情，让评卷老师认可你的人进而认可你的文章，千万别把文章写得低幼化。

（二）"戴着镣铐"跳出最美的舞（考前）

1. 局部借鉴化用—点亮你的文章

中考作文是一种有别于一般文章或作文的特殊写作形式。它的功利性非常强，目的就是中考；"读者"有限，常常只有两位；时效性短，也就是它的"存在"时间或者"寿命"极短，常常短到只有两三分钟。当然，这短短的几分钟，也许就会直接影响到考生人生轨迹的走向。不言而喻，对于考生来说，这是一个机会，一旦把握住了，就会为自己的中考增加一个有分量的"砝码"，高奏凯歌而还；若是一个不小心，没抓住这个机会，那么考前、考时为它所做的种种努力或许就会"归零"，折桨断楫，抱憾而归。一份中考试卷总分为 120 分，作文占了 50 分，谁若轻视了它，它就会加倍偿还你对它的轻视。难怪有人说：语文考试，作文比输赢。既然中考作文是有别于一般文章或作文的写作形式，但它也有自身的规律可循。就它的"生命短暂"这一点来说，如何让它在这有限的"生命"里放出灿烂的光芒？如何使阅卷者眼前为之一亮，挥笔给一个可观的分数？

其实，对任何事物的认识、了解、掌握、运用的过程，都离不开模仿、借鉴的成分，考场作文的写作也不例外。在考场上那么短的时间内要想写出文质兼美、声情并茂、摇曳多姿、令阅卷者赏心悦目的文章，谈何容易！如果我们教会考生学会借鉴，问题就容易得多了。古人云："他山之石，可以攻玉。"无数事实证明，善于学习借鉴别人的成功经验并非投机取巧，而是聪明之举，是走向成功的一条有效途径。

何谓"借鉴化用"？借鉴，就是指在写作中有意识地将自己平时看到的一些优秀作品的立意、选材、结构形式、语言等方面的技巧，用心揣摩并稍加变通和更换，使之与作文的命题与要求相符合的写作方式。借鉴的内容很多，小到一个或几个词语的运用，大到整篇文章的结构形式。

（1）"意"的借鉴翻新——思想的高度决定文章的高度。鉴于考场作文快速运作的特点，想要整篇作文都出自个人的临场创造而又有很高的水准，是非常困难的，尤其是想让文章立意的句子有点深度、带点哲理，这种模仿借鉴化用创造的写作之路当然是一种机智的选择。

有一篇优秀写景散文的结尾，作者是这样写的："那个春天的黄昏，当满树的繁花无意间闯入我的眼帘，我的心不禁为之震颤。我惊诧：三年的时间，树天天在，花年年开，可对于这近在咫尺的美，我竟然从未留意过。一连好几天，我带着一种愧疚的心情站在阳台上望着它们，望它们于无声处悄然散发着生命的芬芳。美丽的花树，寂寞的花树，使我顿悟了一句话：美丽如河流，越深越无声。"

这个文段的结尾话语很有意蕴，其实，它是对西方一位哲人哈利·法克斯的话语"真正的美德如河流，越深越无声"的改造。对于"美丽如河流，越深越无声"这一哲理，作者不是生硬地阐释，而是从自然景物中自然引申领悟而来，来得自然、真切、朴实。

（2）"材"的化用变通——生活是没有国界的。要在考场上那么短的时间内现编材料几乎是不可能的，这就要求我们快速地在素材库中搜索，搜寻来的材料不宜照搬照抄到考场作文中，而应该创造性地"化用"。当然，"材料"的"变通"不等同于抄袭。例如以"情怀"为话题的作文《深厚的情怀》。

深厚的情怀

情怀是火，点明我人生的灯；情怀是灯，照亮我人生的路；情怀是路，引领我走好每一步。

——题记

母亲的情怀，像枕头里的世界，护着我。曾记得，从小就有落枕毛病的我，每天早上就会痛苦地喊着"脖子疼"。为此妈妈为我做了一个特别的枕头。每天晚上躺在上边，都会听见枕头里面"沙沙"作响，深吸一口气，还会唤到绿豆清香。我闭上眼睛体会枕头里的世界是那么舒服与温馨。我知道，那是母亲的爱在呵护我，那是母亲关爱的情怀。

母亲的情怀，像伞下的世界，让着我。曾记得，那一场大雨，我没有带伞，焦急地在学校门口站着，希望雨能下得小一点。突然有一个熟悉的身影映入眼帘，我进入伞下的世界。伞不大护不住两个人。我对妈妈说："妈，把伞向你那边挪挪吧，你的身上淋湿了。"妈妈笑着说："孩子，没事，别淋到你了，明天还要上学。"一把蓝色的雨伞透着温馨，我知道，那是母亲的爱在让着我，那是母亲深厚的情怀。

母亲的情怀，像自行车上的世界，想着我。曾记得，以前上学总是妈妈骑自行车送我。我又胖，又不老实。摇过来，晃过去。妈妈就尽量向前倾着身子，为了让我舒服一点。望着空了一大半的车位，看着妈妈额头上的汗珠，我过意不去地说："妈妈，你往后坐坐吧……"妈妈喘着气说："没事，挤不着你就好了，就是不要晃来晃去，不安全。"我的眼泪禁不住流下来，我知道，那是妈妈在全心全意地为我着想，那是母亲博大的情怀。

岁月流逝，我正在这些世界里不断地成长。大海容百川，是一种浩大的情怀；雄鹰翔长空，是一种搏击的情怀；父母爱子女，是一种深厚的情怀。就是这种深厚的情怀，让我有信心坐在考场上。

这是一篇借鉴中考满分作文《我发现枕头里有个世界》《我的视线———把蓝色的雨伞》《自行车上的空间》的选材，而将其融为表现"情怀"话题的作文，文章的开头与结尾我们都可以找到满分作文的影子。但是要注意，"材料"的"化用"不是抄袭；要打上自己的印记。

（3）"形"的化用变身——我"形"我"秀"。结构形式好比文章骨架，必须把文章撑起来。在考场作文中，可以变通一些大家公认的好的写作形式，如日记体、书信体、镜头组合式、题记式、片段式等。如《沉默的父爱》就成功摄取了他6岁、16岁和昨天三个镜头，来刻画父亲形象，传递父爱沉默和厚重。

沉默的父爱

6岁。

操场上，一个小男孩学着骑车，旁边站着他的父亲。没有一句指导，没有一丝安慰，小男孩自然是摔了又摔，双腿早已是鲜血淋漓。终于，孩子坐在地上，哭了，哇哇大哭。父亲依旧是那么笔挺地站着，眼中满是不屑与冷漠。孩子多么渴望爸爸的鼓励，没有；孩子多么渴望爸爸的拥抱，还是没有。只是那双空洞的眼睛，让孩子感到冷酷与无情。终于，孩子不哭了，倔强地站起来，跨上车，开始又一次的尝试。父亲早已是兴趣索然，转过身，迈着大步，走了。身后又是一阵金属与地面的摩擦声，父亲只是不经意地回了下头，手却在颤抖。孩子站起来，想着刚才父亲冷漠依旧的眼神，两行热泪莫名其妙地滑过他的脸颊。一步、两步、三步……父亲的脚步声依旧坚定。

16 岁。

礼堂里，当年的小男孩被人群簇拥着走上了领奖台。又一次高举奖杯，又一次欢呼如潮。紧拥着荣誉，在闪光灯不停地闪耀下，孩子艰难地寻找着他的父亲。人群中，唯独没有他，台下座位上，只有一个他。瞬间，礼堂仿佛空荡荡的，只有孩子与他的父亲在对视着，还是那么冷漠，依旧是如此不屑。父亲那空洞的眼神让光芒万丈的奖杯褪色。他站起身，走向自己的儿子，一把夺过紧拥着的奖杯，毫不犹豫地把它交给后台的老师。两行热泪又一次不由自主地流淌下来，一步、两步、三步……父亲的脚步声依旧坚定。

昨天。

校门口，一位青年与他的父亲作别。没有寒暄，没有宽慰，没有拥抱，没有一句话。直视着父亲，他的皱纹又深了，他的黑发中又添了些灰白。眼睛里滚着泪水，压抑着。在模糊中，父亲那冷漠的眼神里也有些光亮。颤抖的手伸向自己的儿子，在半空中停住了，又缩了回来。他向门口指了指，又转过身，没有动。青年远望着父亲远去的背影。及近拐角，父亲定住了，回过头，瞥了一眼，看到儿子。青年人也注视着他的父亲，压抑不住的泪水终于流淌下来。沉默中，心中是那么温暖，一步、两步、三步……

今天。

考场上。有一个孩子在写着沉默的父爱，心中充满感激与骄傲。

我的父亲，他的感情如绵细的秋雨、柔和的春风，没有大起大落，只是淡泊沉默罢了。

（4）"言"的变形达意——流淌自己的思想，说着别人的话。考试作文要抓住阅卷人的眼球，优美生动、意蕴深长的句子当然是不可少的。在平时的学习中，很多同学也确实花了不少的时间和精力，记住了不少名言佳句，可是在具体的行文中，使用这些诗词名句的方式比较单一，基本上是不做任何改动的直接引用，会巧妙化用名言佳句进行写作的同学其实并不多。事实上，除了直接引用，我们可以浓缩概括名言佳句的大意或提炼其中的有关词语来指代整句话。如"观沧海，望星空，时而明月清风，杏花春雨；时而金戈铁马，大江东去；时而疏影横斜，暗香浮动；时而残荷冷雨，幽雅淡远"这几句话就是运用这种方法而成的，巧借人言达己意，勾起了读者的联想，大大丰富了语言的意蕴。我们甚至可以对名言名句进行分化拆用，使之形散而神不改。

新颖的词语搭配，增加了文章的表现力。如："把潮湿的心情在太阳底下晒干，把生活的忧伤锁在抽屉里，把学习的烦恼关在日记本里，虔诚地等着你的来信。""我立志用你给我的力量书写人生，把它美丽成一种永恒。""低头是春，仰首是秋。"有考生既写时间推移，又写推移中的景致："春天扫花瓣，秋天扫落叶。"还有考生这样写激励自己或激励别人的话："什么是沟，什么是坎，跨过了头上依然是蓝天。"

还可以引用诗词典故，如："生命就是龚自珍'落红不是无情物，化作春泥更护花'的献身精神，生命就是文天祥'人生自古谁无死，留取丹心照汗青'的浩然正气，生命就是苏东坡'谁道人生无再少，门前流水尚能西'的超脱与豁达，生命就是杜甫'感时花溅泪，恨别鸟惊心'的无奈与感伤。"这样就能使文章饱满厚重、韵味十足。

还可以借鉴名人名言或化用名人名言。如："阿基米德说：'给我一个支点，我能把地球撬起来！'我说：'给我一个支点，我能把灵魂支撑起来。'"某同学化用余光中的《乡愁》诗写母爱：小时候，母爱是一根棒棒糖，含在嘴里，甜滋滋；上学后，母爱是一个新书包，背在身上，喜洋洋；而现在，母爱是电话那端的一句叮咛，听在心里，泪汪汪。

其实，中国文学史上就有很多这样"借鉴化用"的例子，甚至改造者之句胜过被改造者。"初唐四杰"的王勃就是此中高手，他的名句"落霞与孤鹜齐飞，秋水共长天一色"就是从庾信的"落花与芝盖齐飞，杨柳共春齐一色"化用而来的；他的"海内存知己，天涯若比邻"之句就是"移"曹植"丈夫志四海，万里犹比邻"之花，但前者的知名度远远超过了后者。

当然还可借鉴一些优秀作品中个性化的用词方式，比如贬词褒用、褒词贬用、大词小用、小词大用等；还可以借鉴各种修辞方法，这样就能使文章饱满厚重、韵味十足。

2. 整体嫁接变脸——让文章脱胎换骨

"变脸"，是川剧表演中一种绝技，"变脸"时下已成为一个时髦的字眼，被影视作品运用又展现出独有的艺术魅力。嫁接，就是把要繁殖的植物的枝或芽接到另一种植物体上，使它们结合在一起，成为一个独立生长的植株。"嫁接"本是生物学中改良物种的方法，这里借用来谈话题作文写作中材料的处理。话题具有兼容性，写作的材料具有互通性。一材多用，不是投机取巧地套用别人现成的文章，而是训练迁移能力，与我们通常所说的"宿构""抄袭"不是一回事。我们在写作中不能重复别人的故事，但是可以重复自己的故事。著名高考问题专家何永康教授反复强调："优秀的考场作文绝不是在考场上临时发挥出来的，而是在充分回忆平时的作文和随笔的基础上，进行有机地变通和组装写成的。"中考前的作文训练，我们要追寻生活中的动情点，精心选择感动过自己的生活片断并把它们写入文章，这是一种训练，更是一种生活和情感的积累。有了这些积累加上"嫁接"意识，我们就可以用自己昨天的"旧船票"，登上明天的"客船"。

那么中考作文的"变脸"是指什么呢？中考作文属于应试作文，是"戴着镣铐跳舞"。作文要得高分，除了做到"吃透题意，敢于出新"之外，更要调动平时对生活的体验积累，唤醒记忆，学会快速构思，嫁接变脸，学会把自己的作品包装成一部"精品"。在审题、立意、构思、选材的定位上根据作文题意作一番"随机应变"，从而契合文题要求，让作文得到评卷人的青睐。

如何学会"变脸"呢？在作文写作中，根据作文的要求在自己的记忆库中提取结构和形式相近的文章，然后通过改头换面，实施"嫁接变脸"之术，从而写出符合文题要求的文章。其中的关键在于"移"得巧，"接"得妙。

文章的形式和结构多种多样，大到文体，小到一句话，它的形式、结构可谓千变万化。无论是文学体裁，还是文章结构，甚至修辞，都有可以借鉴之处；但是，适合别人文章的形式不一定就适合自己文章的立意，"嫁接"形式和结构切忌生搬硬套。文章的形式和结构，与中心的关系就如同衣服与人一样，合体的衣服就能衬托人，让人光彩熠熠；反之，不合体的衣服尽管勉强套在身上，也会让人觉得别扭。"人是衣服，马是鞍"，我们力求文章的完美，应该在写作的过程中用恰当的形式和结构把文章的中心表达出来。

下面仅以"成长"这一话题作文为例来看"嫁接变脸"的方法是如何巧妙，存于一心的。

给自己的一封信　话题：成长

张艳同学：

你好！第一次给你写信，还有点怪怪的。首先祝你学业有成，笑口常开！

那下面我们就言归正传吧。

还记得小时候立下的雄心壮志吗？应该没有忘记吧。现在已经是200X年了，再过半年你就要去实现它了。可以吗？相信你没有勇气回答吧。

其实，通往它的途径只有一条，那就是靠"艰苦的劳动＋正确的方法＋少说空话"（爱因斯坦语）。只有这样，机会才会随之而来，你说是吗？

你已经进入了一生中第十六个春天，而机会也一直伴着你走完了十五年。只是有许多次，你都未能发现它，甚至你发现了，也不敢去面对它。

小小的你，懂得了追星。追星固然有它积极的一面：靠勤奋，靠锲而不舍，从而成为耀眼的新星。

"机不可失，时不再来"就是教育人们要把握好机会。当代歌星林依轮，当年出道时只是音乐队的一个无名小卒。就在一次演唱会上，其他队员都因拉肚子而不能参加演出，他只好一人包揽，算是开了个"个人演唱会"。这固然是机会，但单凭这一次偶然的机会也是没有用的。他能够成功，主要还是靠艰苦的劳动，靠不懈的努力，靠少说空话。

另外，机会也是要有基础的。"小燕子"赵薇可谓无人不知、无人不晓。人们都说她是一夜走红，完全靠机会。而在记者采访过她的老师之后，人们才知道，她进班时也是女生专业组第一名。

所以，在这里，我还是想告诉你，不要盲目追星，更不要想着"一夜成名""一夜成星"。

靠你的努力，你也有自己独特的机会。机会是一定属于你的！

祝你交上好运！

某 某

年 月 日

写给昨天的"我"的一封信

昨天的"我"：

你好！

看到你迟缓的身影，看到你紧锁的愁眉，看到你默默的泪水，我的心绪变得格外沉重。我知道，你在为初三酸甜苦辣的生活而惆怅万分，你在为成长中的种种烦恼而再三埋怨；你还在为前进中的点点滴滴的挫折而心灰意冷。

生活不可能一帆风顺，生命不可能只有幸福，这种生活经历谁都会遇到。我在书上看到这样故事,一个年仅19岁的姑娘,因考后一点信心也没有,虽考分超过高校录取线7分,却在成绩单发下的前一夜服安眠药自尽。她是船长的女儿,父母的心肝宝贝,从小泡在蜜罐里长大,可没想到蜜喝多了,竟会如此般脆弱。

有句名言说得好:"痛苦能够孕育灵魂和精神力量。"在我看来,灾难也许是傲骨的乳娘,祸患也许是豪杰的乳汁,"痛苦""灾难"与"祸患"是需要吃苦才能克服得了的。孟子写下了"生于忧患,死于安乐",《史记》所述"良药苦口利于病,忠言逆耳利于行",还有那"宝剑锋从磨砺出,梅花香自苦寒来",多少先贤圣向我们阐述了这一深邃的道理,只有在风吹雨打中守望自我的理想与信念,我们才会拥有强悍的生存能力。

古往今来,多少风流人物在逆境中坚守自我,终成大器。"文王拘而演《周易》;仲尼厄而作《春秋》;屈原放逐,乃赋《离骚》;左丘失明,厥有《国语》;孙子膑脚,兵法修列;不韦迁蜀,世传《吕览》;韩非囚秦,《说难》《孤愤》;《诗》三百篇,大抵贤圣发愤之所为作也。"如此愁苦而悲愤的遭遇成就的是他们熠熠生辉的选择。

"正入万山圈子里,一山放过一山拦。"有了这种认识,你还会害怕前面的苦难和失败吗?朋友,希望你正视苦难,坚守自我,坚信自我,甩掉忧郁怨恨,用信心扬起理想的风帆,我相信,美好的明天一定会属于你。

十年后的你

年　月　日

一般同学常用的思路是给别人写信,《给自己的一封信》题目就很有新意,是一篇为自己励志的作文,抓住自己缺乏自信的缺点,劝慰自己要靠勤奋实现个人的理想。《写给昨天的我的一封信》明显借鉴了第一篇作文的立意,并且有所发展创造,同样是一篇出彩的佳作。

（三）考场作文是急就章（考中）

中考作文中也许会出现下面的情况：作文来不及做、作文中间卡住、作文无法结尾等，这大大降低了应试作文的得分率。但如果掌握了一些应急处理的小常识，不仅能挽回败局，帮你顺利完成你的应试作文，相对提高应试作文的成绩；如果运用得好，甚至可能出奇制胜，守得云开见日出，反败为胜，为你的作文增色，造就一篇高分作文。

1. 移花接木法

移花接木法是将原来写过的习作，在文章的结构上，或者有关的人物上，或者表达的主题上，或者列举的论据上，诸如此类，加以巧妙"嫁接"，使之与考试的命题与要求相符合。这不但可以节省写作时间，还可以提高作文质量。这种方法不仅可以用于写作时间不足时，而且适用于写作时间有余时。

2. 将错就错法

有时慌张与紧张之下，一不留神审题不慎，写到一半才发现文章偏题或者离题，若重新构思又没有充裕的时间。在这种情况下，与其改弦更张写上半篇几段，倒不如将错就错完成通篇全章。当然要尽可能力挽残局，在扣题点题、分析总结上下功夫，在议论抒情、结论收尾上下文章，这样说不定会使文章宕开一笔、绝处逢生。好文章常表现为"凤头、猪肚、豹尾"，没有豹尾，老鼠尾巴也要有一个，绝不能写半头文。写半篇文章，怎么会得高分？

3. 亮点提升法

文章要有一至两个亮点。如果是记叙文，应该用抓人的情节和生动的描写表现你的真情，记叙文不能没有描写。如果是议论文，就一定要有1~2个典型的论据，应该纵横捭阖，有深刻的见解。如果是微型小说，一定要有巧妙的构思。这个亮点还可以是一句富有哲理的警句，也可以是一个精彩的比喻。总之，要能使评卷老师的精神为之一振。

4. 多点开花法

行文中要多次扣题，要一路扣题一路歌。材料、引语和话题中的相关文字至少在文中出现三次以上。开头三句话内应点题一次，结尾应回扣标题，"回眸一笑百媚生"，中间至少扣题一次。几次扣题也是在不断地提醒自己不要跑题，有球场上叫暂停的效果，可以调整思路和写法。

5. 确保底线法

"思想健康"不是说要你只说冠冕堂皇的话，不是要你刻意拔高。"健康"是针对"病态""庸俗"而言的，它的底线是不能做违背法律法规和偏离社会道德的事。恋爱题材是考场作文的禁区，无论考生写得如何缠绵悱恻、真挚动人，因其行为是中学生日常行为规范所不允许的，这类作文自然得不了高分。

字数以 800 字左右为宜，不能给人凑字数的感觉，但也不能拖得太长。喜欢写长文的同学，开篇要注意不能放得太开，开口不要太大，能跳过去的就跳过去，要相信读者的理解能力。要注意节省篇幅，要防止高潮来了没地方写了。切忌三段文。要突出的句子（扣题的、表现主旨的、文眼、点睛之笔、抒情议论、议论文的分论点等）最好单独成段。

由此看来，考场作文要向阅卷老师掀起一轮又一轮的精神冲击波，关键是精美的语言、丰厚的文学积淀、深刻的立意、独到的见解，而这一切靠漫无目的地做题是做不出来的。在这里，我有必要给那些热衷于大搞题海战术、深信"量的积累会引起质的飞跃"甚至寄希望于猜中中考题，对铺天盖地的复习资料统统采取"拿来主义"的学生提个醒：这样囫囵吞枣、昏天黑地地做下去对提高语文能力没有什么大作用。唯有保证读书时间，广泛阅读，读字词、读课文、读作文、读课外书，才能增强自己的语感能力，积累丰富的知识。"操千曲而后晓声，观万剑而后识器"，刘勰这一著名的论断阐明的也是通过大量阅读才能获得真正语文能力的道理。同学们，花时间去读书吧，而不是整天拿题目来做啊做啊！长期以来，我们习惯于把初三渲染得过于恐怖，把自己禁锢得过于严密。一进入初三，便不看电视，不看报刊，不走出校门。其实，语文的外延等于生活的外延，生活中处处可以学语文，复习阶段也是如此。看看近几年中考语文试题（尤其是作文），我们不难发现，中考试题简直可以说是社会生活变迁的晴雨表；它要考查的不仅仅是学生的语文能力，更是对生活的评判能力。不用多说，知识面狭窄、能力匮乏、时代感不强是根本做不好的。所以，我们应当倡导学生多读读《语文报》《青年文摘》《意林》《读者》等，多看看《焦点访谈》《实话实说》等，多写写观察日记，多议议社会热点。如此这般，一定能够拓宽视野，启迪心智。因为就中考作文而言，同学们缺少的应该不是生活而是对生活的认识。法国著名雕塑家罗丹有句名言："美是到处都有的，对于我们的眼睛，不是缺少美，而是缺少发现。"我想模仿罗丹的话说：生活是无处不在的，对于我们的作文，学生不是缺少生活，而是缺少感悟，缺少认识，缺少积累。

最后我建议学生每天做做作文"健美操"（共三节）：第一，每天背一句名言名句，并仿写，提高化用名言翻陈出新的能力；第二，每天读一两篇精美的时文，并摘录其精彩生活片段，化他人的生活为自己的生活；第三，每天阅读一篇中考（或高考）满分作文，用"满分"来擦亮眼睛，抬高眼见，然后模仿写一两篇形神兼备的精彩作文，保鲜嫁接变脸术。

凭栏且听涛声起

——话说中考作文命题走向

　　每到中考季，在中考语文中素有"半壁江山"之称的作文，便在一片呐喊声中隆重登场。尤其是在"一文定试"之说不再是空穴来风的今天，及早梳理和分析近几年各地中考作文试题，从中寻找某种规律，窥探命题走势，便成为广大师生一桩挥之不去的心事。在这里，我愿为每个学生心中的那份渴望——"任凭中考涛声如天震，我自怡然凭栏听"，略尽绵薄之力。

一、话题作文

📋**考情分析卡**

　　从近几年的中考命题看，"材料作文"蓬勃兴起，命题作文不再走红，话题作文阵地缩小，半命题作文崭露头角。话题作文的命题立意与中考指导意见"作文要减少审题障碍，淡化文体要求，鼓励学生写真情实感"高度契合，这就决定了这种命题形式仍有可能成为中考作文的宠儿。

　　"春去花还在，人来鸟不惊"，这是一幅人与自然和谐相处的绝妙图画。其实世界处处都需要"和谐"，和谐是关爱体贴，是宽容礼让，是科学利用，是协调发展……请以"和谐"为话题，写一篇文章。

　　要求：①除诗歌外，文体不限。②不少于600字。③文中不得出现真实的地名、校名、人名。

【分析依据】

★对于"和谐"这个话题，学生并不陌生，在一片"和谐"声中走进中考的学生，看到这个话题甚至会产生一种亲切感，审题障碍自然是不存在的了，符合中考作文命题的基本原则。

★"和谐"问题与学生的生活联系密切，取材范围宽泛，学生有实事可叙写，有真情可抒发。

★"和谐"与时政联系紧密，与社会的热点联系紧密，能引导学生走出"两耳不闻窗外事，一心只读圣贤书"的樊篱，考查学生对政治的关注，对社会问题的思考，这也代表了培养人才的倾向。

【精彩构思】

近年来，"和谐"一词在报刊、电台频频亮相，成了点击率较高的词汇，"构建和谐社会""打造和谐教育"成为社会热点。因而，学生很容易从"如何构建和谐社会""我为和谐社会做贡献"等角度来组织材料。这样选材，其结果必然是角度大而空，政治味太重，文学味较淡。以学生现有阅历看，他们距离政治生活较远，因此，大题小化，化大为小，化抽象为具体，从小角度切入，从具体的事物入手去构思，才能言之有物、具体生动。

关注自然界之间的"和谐"现象

写自然界的动物之间、植物之间、动植物之间的"和谐"，如动物世界中小熊、小猫、小狗之间的友好交往，植物园中树木、小草、花儿之间的相互映衬，动植物之间牛羊与草原、小鸟与森林、游鱼与河流等的相互依存等。可以"世外桃源""你让我的生命更精彩""风吹草低见我家"等为题，运用拟人化的写作手法，生动地展现大自然的和谐美景，表现自然界需要和谐，和谐让万物变得美好这样一个主题。

抒写人与人之间的"和谐"篇章

★"和谐"在家庭。如妈妈与奶奶之间，爸爸与外公、外婆之间，爸爸、妈妈和我之间在平淡的家庭生活中体现的融融亲情、和谐情愫。可以"生命的港湾""爱淡如水　情深似海"等为题，通过生活中真实、具体的典型事例，表现"和谐"的家庭是构建和谐社会的基础这样一个深刻的主题。

★"和谐"在学校。老师与学生之间民主平等、相互尊重，同学之间的矛盾化解、友好交往等，可以"将相和""0距离"等为题，在课堂上、课堂下上演一出出"将相和""零距离"，以体现和谐教育乃当代教育的最终走向这样一个主题。

★"和谐"在社会。如社会上和谐的人际关系，宽容、体谅、谦和、礼让；还可以把目光投向和平、统一等较深沉的话题，可以"在和谐的天平上""远亲不如近邻"等为题，采用对比衬托、虚实结合的表现手法，艺术地表现和谐社会的特质。

审视人与自然的"和谐"

可以从人与自然的"和谐"与不和谐两方面来立意。在这对关系中，人是和谐与不和谐的决定因素，艺术地处理人类形象是文章创作的关键。可以"呼唤""回归"等为题，形象地写出和谐对于人类发展的意义。

二、半命题作文

📒 **考情分析卡**

半命题作文既有所限制，又给考生比较大的选择余地；既能让考生张扬个性、尽展特长，又有所限制，还便于教师客观公正地评分。因此，半命题作文中考备选可能就成了顺理成章之事。

材料 1　鲜花张开小喇叭感谢细雨："是你把我滋润得这般俊俏，这般美丽。"细雨闪着眸子说道："说感谢还得先感谢春风妈妈，是她让我这么做的。"

材料 2　稻田里，一派丰收景象，一个个稻穗长得非常饱实，但它们的头却垂得很低，眼睛总是望着根底。

要求：①发挥合理想象，以"如果没有_____"为题，写一篇文章。②题目自拟，文体不限。③字数不少于 600 字。

【分析依据】

★《语文新课程标准》指出：为学生的自主写作提供有利条件和广阔空间，减少对学生写作的束缚，鼓励自由表达和有创意的表达。提倡学生自主拟题，少写命题作文。两则材料给学生以广阔的写作空间，有利于学生抒写真情实感；而大胆的想象又给学生的自主创作插上创新的翅膀。

★纵观近几年各地的中考题，关注学生自我的成长已成为考试的热门话题。这类话题要求学生在作文中表现出自己的成长体验，这也是认识自我的过程，是自我特长、个性展示的过程，是对考生内心情感、思想品质、审美情趣等的综合考查，能反映考生的人生观、价值观，表现出思维质量。这正好是两则材料的寓意指向所在。

【精彩构思】

本题属寓意型材料文章，材料的寓意就是文章的中心。两则材料寓意一致：细雨让鲜花去感谢春风妈妈，因为春风是春的使者；稻穗低头望根，是因为她忘不了这片供给她养料的沃土。由此扩展开去，子女不应忘记哺育我们成长的父母，中华儿女更不应忘记培养我们的祖国。一句话，不能忘本，要懂得感恩，一如绿叶对根的情意，蜜蜂作别花儿时的频频回首，清风绕过柳梢时的阵阵依恋。

三、材料作文

📖 **考情分析卡**

　　材料作文除了能考查考生的写作能力之外，还可以考查考生阅读理解能力、逻辑思辨能力、思想认识水准等。总之，较一般命题作文而言考查更趋综合，更趋全方位。这就决定了这种命题形式仍将成为中考作文的宠儿。

　　　　儿子初三了，今天放学回到家中，发现妈妈很疲倦。

　　　　儿子："妈妈，我看你今天很累了，晚饭后的碗都让我来洗吧。"

　　　　妈妈："儿子，不用了，不用了，你快去写作业。只要你做好自己的事，妈妈就不累了、开心了。"

　　　　面对妈妈的反应，儿子有很多话想说，还没等他开口，妈妈就把他推进了书房。

　　以上材料，引发了你怎样的思考？可以叙述经历，可以抒发感想，可以发表观点……

　　要求：①题目自拟，题材不限（诗歌除外）。②不少于600字。③文中不得出现真实的个人信息。

【分析依据】

　　★材料贴近学生的生活，紧紧围绕着学生与家长关于"想要帮做家务"和"只要写好作业"的对话，很生活化，极具代入感，易引发学生的理性思考。

　　★细读人物的语言，可一窥人物的内心情感和价值观，引发"感恩之心没有得到理解和成全"这样的成长烦恼，继而激发起关于亲子沟通、爱的双向对话这样的最易触动学生内心的主题，这是一个出到学生生活里去、出到学生心里去的作文题。

【精彩构思】

材料的立意就是我们写作的生发点。这里特别要注意的是，不要停留在情景表面，一定要看到事情的内在肌理，也就是我们要看到儿子和妈妈外在言行（写了什么）所透露出来的真实内心（写出了什么），我们要透过材料看本质，这一步最为要紧。

儿子的角度："妈妈，我看你今天很累了，晚饭后的碗都让我来洗吧。"儿子的话写出了儿子对妈妈的爱，儿子以自己的方式表达对妈妈的爱。这是长大了的儿子的担当，我做我力所能及的事，跳动着的是一颗感恩的心，这是对父母的一种回馈。儿子有很多话想对妈妈说，但没有说成。其实是儿子有倾诉与倾听的渴求。希望得到大人的理解，希望和大人沟通，希望大人能够听听自己的心声。

渴求父母理解而不得，这切中很多孩子成长的烦恼。

妈妈的角度："儿子，不用了，不用了，你快去写作业。只要你做好自己的事，妈妈就不累了、开心了。"这是妈妈表达自己爱儿子的方式。"还没等他开口，妈妈就把他推进书房。"这些都是爱，从妈妈的角度看，这是一个母亲的担当，母亲的爱。但孩子渴望这样的爱吗？作为父母，是不是也应该听听孩子的心声，给孩子"开口"的尊重。

我们发现，从儿子的角度与妈妈的角度，双方共通的立意才是精准的好立意。如理解、倾听、责任、沟通、亲情等，母爱、感恩等立意缺少与材料整体对应的解读，父母辈生活不易，求学艰难，我辈要努力求学；不要被他人意见所左右，勇敢做自己等立意偏离材料内核，不可取。

"年年芳草绿，岁岁柳色新"，追寻中考"不变"的追求与"求变"的智慧的足迹，中考作文命题动态似乎显得真切起来了。不过，拥有扎实的写作功底才可以不变应万变。

中考作文之 "合时" 而作

文题呈现

请以 "再小的力量也是抗疫" 为题目, 写一篇文章。

要求: ①文体不限。②字数不少于 600 字 (如写成诗歌的, 则要求不少于 16 行)。③文中不得出现真实的地名、校名、人名。

考题解析

这一题目很好地印证了 "文章合为时而作" 的这个命题观点, 体现了命题 "时代性" 的原则, 有利于培养学生关注国家、关注时代、思考人生的良好品质。当代中学生不应只做一心只读圣贤书的书虫, 而应该 "风声、雨声、读书声, 声声入耳; 家事、国事、天下事, 事事关心"。这切合中学生的特点, 他们感觉敏锐、思维敏捷, 尤其是新近发生的一些重大事情往往会激发他们的思考与讨论。

这是一个命题作文, 取于电视公益广告的广告词 "再小的力量也是支持", 题目表述清晰明了, 充分体现了 "无审题障碍" 的命题思路。极具亲和力的题目一下子拉近了考生与试题之间的心理距离, 无形中消除了学生的紧张情绪, 让考生在似曾相识的亲切感中, 怀着一份想说、想写的冲动, 愉快地完成写作。题目本身也是一个很好的教育素材。于无形中培养学生的社会公德和责任意识, 相当于让他们接受了一次思想教育。写作本身就是一次思想的净化和洗礼。

其实，"再小的力量也是抗疫"这个题目"下手容易出彩难"，"合时容易出新难"。抗疫应景时事，因此跑题的并不多。不过，要出彩、出新则不容易。审题的关键是"再小"两字，也就是说文章要出彩、出新，考生必须处理好大视角与小切入的关系、大主题与小素材的关系。学生只有把握好了这个"度"，找准了以小见大、于细微处显真章的着力点，从自身入手，从身边的人、事入手，从能打动人细节入手，着力从身边的小事演绎重大主题，"有创意地表达自己对自然、社会、人生的独特感受和真切体验"，就不难挥就精彩篇章。学生很容易在扣紧奥运和"抗疫"热点时事时，套用时事材料，"写报道、喊口号"。

他山之石

再小的力量也是"抗疫"

湖州市第四中学　周沈轶

许多时候，人的命运就像飘零的落叶，何去何从，总是身不由己。

己亥末，庚子初！新冠病毒，肆虐于荆楚大地。武汉告急！湖北告急！中华民族告急！

一声令下，封城！举国上下，共同战"疫"！

她，他们！

我的武汉姐妹们，别哭！再寒冷的冬天也会过去！

因为没有一个春天不会到来！

院士们来了，湖北的春天也来了！

李兰娟，这个名字可谓家喻户晓。她出身于一个农村家庭，曾因贫困而一度辍学。然而，倔强的她没有选择放弃，一边打工养家，一边自学高中课程。在重型肝炎肆虐的岁月里，身为赤脚医生的她，看着一个个鲜活的生命逝去，心如刀割！

经过十余年的不停歇的探索、实验，李兰娟及其团队终于取得了巨大成果，创建了"李氏人工肝支持系统"。如今国难当前，70多岁的李院士又毅然奔赴武汉，用她的独创技术与病魔赛跑，刷新着一个又一个奇迹……

武汉的兄弟们，别怕！我们身后是一个伟大的祖国！

最美逆行者创造的感动每天都在上演着！从大年初一至今，来自全国三十个省份，数万名医护人员，自带物资从凌晨，从深夜，陆续奔赴湖北各地。他们中有正筹备婚礼的90后，有上有老下有小的家庭顶梁柱……

泪水模糊了视线，我却清晰地看见：一条条幼卵将自己包裹起来，不再进食，等待气温升高……

它，它们！

恐惧面前，医学专家们纷纷出来科普：人体的免疫系统是很强大的。白细胞就是人体与疾病斗争的"卫士"。当病菌侵入人体体内时，白细胞能通过变形而穿过毛细血管壁，集中到病菌入侵部位，将病菌包围、吞噬。

原来，我们人类要战胜病毒和细菌，靠的是强大的免疫系统。

日有所思，夜有所梦。

朦胧中，我来到了一个陌生的地方。这里硝烟弥漫，喊声震天！我躲在墙角，不敢出声，只看见两大军团即将展开厮杀：黑色军团个个凶神恶煞，让人不寒而栗。为首的一个，面目狰狞，浑身漆黑，高有九尺，背后竖着一面旗帜，上书"鬼见愁"。在他们对面，居然是一群白衣战士，他们英姿飒爽，目光坚定，左手持盾，右手握矛，每跨三步，大喊一声"杀"，气势如排山倒海。

"邪不胜正，快加入我们吧！"

我看得入神，突然一位白衣战士拉住了我的手说，"我们都姓白，是人体内免疫细胞，相信病毒不会猖獗太久的。"

"我能拥有你们这样的装备吗？"

……

"哥哥！该起床啦！"

揉了揉惺忪的睡眼，我从梦中醒来。

这一刻，我无比清醒：疫情虽然放慢了我们的生活节奏，但也留给了我们重新思考生命价值的时间。

所谓的"天灾""人祸"，有时都是人类的贪婪和无休止的欲望招惹而至。一方面，我们要保护自然、敬畏生命；另一方面，我们也要像勇敢的"白衣战士"那样，面对任何病毒瘟魔，毫不畏惧！

我，我们！

我的奶奶是一个"一级厨师"。每次，当她把冒着缕缕白烟的香气四溢的饺子端上桌时，我和弟弟的眼珠子都会不约而同地射出万丈光芒。奶奶见状，总会把手往围裙上一擦，然后一手一个饺子，同时塞进我和弟弟嘴里。

"奶奶，这样不卫生，病毒会进入体内的。"尽管我抗议着，但心里还是美滋滋的。

"男孩子，不要太讲究嘛！"奶奶看着我，显出不屑置辩的神气，接着又开始唠叨"不干不净，吃了没病……"，全是六十年代日子如何艰苦之类的话，没有一句我能听懂的。

说时迟，那时快！弟弟突然站了起来，以迅雷不及掩耳之势抓起一个往嘴里扔，一口一个，还不时用火红的舌头吮吸着残留在手上的汤汁。30秒之内饺子被弟弟消灭殆尽。为这事，妈妈还跟奶奶拌过嘴，甚至还出手揍过弟弟。

奇怪的是，这段时间奶奶变了！

以前，奶奶只要从菜场回来，她总是先唠叨一阵，内容无非是买菜要出示身份证了，进出小区要健康绿码之类的。她自言自语，有时能耗上一个上午。

可就在前天，奶奶问了我一问题，说咱们织里镇本地人大概有多少人。我在忙功课，随口答了一句，就八九万人吧。

没想到，她嘀咕了一句，"我的妈，全国感染肺炎的人超过织里镇了！真可怕！"

这两天里，她整个人好像都变了。买菜回家，第一要务居然是问我要酒精，然后把菜洗了五六遍。只要一开饭，她就会拖着弟弟去洗手。而我的弟弟，居然也对我调侃道，"洗刷刷，洗刷刷！"

晚上，我躺在床上想：受疫情影响，奶奶变了，弟弟变了。或许，咱们中国人都要反思一下，跟不良生活方式说声"不"。

清晨，我伸了个懒腰，向窗外望去：东方的天有了点红光，旁边的云也被染上了微微的粉红，慢慢地，太阳探出了头，光和亮一点点露出来……

不同的故事却演绎着同一个主题：一个人不足以承担一切，但只要我们每个人都从自身做起，就会有更多小小的爱，小小的力量，小小的信念填满伤痛，笑对未来。正是这小小的力量却足于支持着无与伦比的荣耀与安抚沉郁伤痛的心灵。

原来，再小的力量也是一种支持。每一天，这小小的力量都在诉说一个关于"抗疫"的故事。

原来，力量就在每个人的身上，"抗疫"就在我们身边，离我们很近很近，近的触手可及。

教师评点

该生对"再小"的演绎决定这篇考场作文的高度。对"抗疫"这样的大话题的把握最难的就在这"再小"身上。该考生在一篇文章中同时写入举国上下，共同战"疫"这件大事，巧妙地选取身边普通人的小举动，于细微处演绎出小举动中的大支持，朴素而不乏温情。读来有一种清风拂面的感觉，一扫疫情之沉郁，又恰到好处地表现了全民抗疫的深入人心，真可谓是匠心独运。

文章最是有情物，文以真情为贵。"情真意切"是这篇作文的又一亮点。文中的我始终处于情感的漩涡中心，他面对"最美逆行者创造的感动"时"泪水模糊了视线，我却清晰地看见：一条条幼卵将自己包裹起来，不再进食，等待气温升高……"，日有所思，夜有所梦中，面对"疫情"思考，是如此真切，无半点无病呻吟之感。这样的真情到文章结尾自然升华为"原来，再小的力量也是一种支持。每一天，这小小的力量都在诉说一个关于'抗疫'的故事。原来，力量就在每个人的身上，'抗疫'就在我们身边，离我们很近很近，近的触手可及。"读来有水到渠成之感，无半点牵强之处。

中考作文之"情"当家

——关注学生的个体精神构建

文题呈现

我们行走在成长路上，行囊里有父母的叮咛，有师长的教导，有朋友的关爱，还有一路上储备起来的勇气、乐观、坚强……

请以"我的行囊"为题目，写一篇文章。

要求：①文体不限。②字数不少于600字（如写成诗歌，则要求不少于16行）。③文中不得出现真实的地名、校名、人名（湖州题，2009）

考题解析

"行囊"的意思为"出门所带的袋子或包儿"，结合提示语"我们行走在成长路上，行囊里有父母的叮咛，有师长的教导，有朋友的关爱，还有一路上储备起来的勇气、乐观、坚强……"，题目"我的行囊"之"行囊"明显指向抽象的"人生行囊"。因此，"行囊"里的东西不应该是外出时所带的生活必需品，而更应该指向精神上的东西。除了提示语中提到"父母的叮咛，师长的教导，朋友的关爱，一路上储备起来的勇气、乐观、坚强"等，"人生的行囊"里还可装上智慧和知识、快乐和痛苦、失败和成功、希望和绝望等，这样，混沌、懈怠、慵懒、萎靡、无聊、冷漠自然会远离我们，随之而来的将是清新、鲜艳、亮泽和激情的人生。

"我的行囊"这个作文题目其实关注的是学生的个体精神的构建。"我"背上空空的行囊，在人生的道路上出发了，一边走，一边停下来，把从种种经历中收获的新经验教训放入行囊。就这样边走边停，边走边停，突然有一天，蓦然回首，才发现原本空空的行囊已很沉，那里面有面对世间百态的金科玉律。在前进的道路上，有了它，"我"才感到生活的真实；有了它，"我"才学会攀登生命；有了它，"我"才拥有了生存的质量和生命的黄金。

整个作文命题形式简明，题意清晰，情韵丰富，意蕴深刻，既能引导学生关注生活，发现生活的意义与情味，又能引领学生关注成长，放眼未来，让其在写作过程中得到心灵的启迪和自我提升。就这样，学生的心灵与生活共振，写出真正属于初中生的真挚之作，构建丰富多彩的青春世界。

写作导引

《我的行囊》是一篇感悟式的命题作文。从命题内容上来看，贴近考生生活，关注个体成长；从形式上来看，通过提示语，为考生在审题和选材上做出了一定的引导，同样有较大的开放性和自由度。

一篇文章的质量，要从"形而下"与"形而上"两个方面去衡量，即看形式（文字、句法、结构、体式等）与内容（意蕴、情趣、境界等）的有机整合的程度，文贵意在言外。

1．明限制，抓题眼，把握表意重心

《我的行囊》题目限制了对象——"我"，其表意的重心在"行囊"两个字上，审题时紧扣"行囊"两个字思考就可以了。考生需要思考的是，怎样通过具体的经历来诠释一个中学生对"行囊"的理解与界定。

2．展联想，拓题眼，深入挖掘主旨

《我的行囊》这个文题，其关键在于对"行囊里装的东西"的把握与理解。如果认为"行囊里装的东西"只是外出时所带的生活必需品，那么这种理解就比较肤浅；如果能够指向精神层面的东西，除了提示语中提到"父母的叮咛，师长的教导，朋友的关爱，一路上储备起来的勇气、乐观、坚强"等，还能有自己独特的理解，如智慧和知识、快乐和痛苦、失败和成功、希望和绝望等，那么这样的思考就较深刻而有新意地把握了文题的含义。这样，写出来的作文就有深度了。

3．巧构思，重细节，化抽象为具体

对于《我的行囊》这样比较抽象的题目，选材若太宽太泛，会给人"空"或"浮"的感觉。要解决这一问题，不妨采取"化大为小""化虚为实""一粒沙里见世界，一瓣花上说人情"，从细微处具体生动地展现对生活的感悟。可以构思成"通过一段这样的经历，我的行囊里有了什么，背着它我走在人生的道路上"。"那一段经历"要具体，有厚度，要展开联想和想象的翅膀，通过视、听、触、嗅、味等五觉的生动形象描绘，或通过意识流、蒙太奇的手法，写人、记事、绘景、状物，或插叙，或补叙，或引经据典，或通过语言、心理、动作、神态等细节描写，把"那一段经历"写得具体、细腻、丰腴、深刻，有起伏，有梯度，有广度，有长度，有强度，有高度，有深度，且把其中的"理"深深地蕴藏在人、事、物等之中，形成人、事、物、理、情、意的高度有机融合，为文章结尾理性的飞跃蓄势、铺垫，这样的文章方显得有血有肉、合情合理、言之有物。

他山之石

我的行囊

湖州一学生

初夏的天气有些许闷热，教室里的电风扇无力地转动着，嗡嗡的声音和着老师在讲台上的宣讲声，直压得我们喘不过气来。渐进中考，心已被挤压得变形，不知它是否还能经受感动的洗礼。

那天，老师发下志愿表让我们做最后修改。我们拿着各自的"前途"，心中都有着不舍。幸好，几个好友都报了同一所中学，我们欢

呼着拥在一起，以后的岁月似乎有了着落，唯独芳坐在位子上沉默着。我走过去："芳，你真的不再改志愿表了吗？"她用力点点头，而后绽开一个笑容，故作轻松道："咱就这么点实力了，只能报这个了。"我有些伤感："那我们以后不就见不到面了吗？"她给了我一个灿烂的笑容，露出整齐的牙齿，拍着我的肩："放心，我会来找你的。""可是……那样……我们离很远……"我有些哽咽，眼睛也有些酸涩，她一把拢住我："没关系，我穿越大半个城市也会来找你的。"听着她那夸张的话语，我的心里暖暖的，只为那份情。

这暖暖的友情在我成长的行囊中，沉甸甸的。

体育测试终于告一段落了，看着令人满意的成绩，感叹着自己的辛苦没有白费。不过想起那魔鬼式的训练仍让我们不寒而栗，现在总算解放了，我们一个个脸上都掩不住深深的笑意。放学铃声一响，众人欢呼，准备回家，体育委员却宣读了老班的旨意："排队下去跑步！"瞬间，我们一个个脸上浮现出不可思议的表情，一时之间竟半晌说不出话来。终于有同学回过神来，怯怯地问了一句："老师，体育不是考好了吗，还要练呀？"此话一出，我们一个个都频频点头以示声援，瞪大眼睛盯着老师的脸，迫切地想从老师的神情中寻找答案。可老师竟什么都没说，只是带领着我们来到操场上。我们则哭丧着一张脸，小声埋怨着，发着牢骚。本想着苦尽甘来，没想到还要接受这魔鬼训练，我们像泄了气的皮球。老班终于开了口："谁说体育考完了就不用锻炼了？难道你们锻炼只冲着分数？你们的分数难道比你们的健康更重要？"一连串的问句，让我们哑口无言，低头不语。初三了，本以为老师心中只装着我们的分数，不曾想老师如此用心良苦。说实在的，在这一刻，我们被深深打动了。收拾好自己的心情，我们一个个挺胸抬头，整装待发。体育委员一声令下，我们便排着队整齐地跑了起来。这次，我们没有一个人偷懒，没有一个人掉队，没有一个人吵闹。转过头，看到老师欣慰的笑容，在阳光下格外耀眼。

时间将老师的笑容定格，连同这份感动一起收藏。

在这作别初三的日子里，我收藏着点点滴滴的暖意，去温暖以后每一个失意的日子。我的行囊中这段青春岁月，散溢着醇清、馨香，背起满囊感动，怀抱着温暖、和煦的春风，迈着轻盈、欢快的脚步，面向朝阳，一齐进行心灵漫漫的旅行。

教师评点

我们说来自生活的往往是最为真实的，这篇作文向生活的腹地出发，俯拾优质的素材，"有感而发"，感情真挚，语言生动。文章开头的环境描写为全文渲染了气氛，为后文张本；中间部分材料典型，人物刻画细腻，生活气息浓厚；结尾的抒情议论语言隽永，意蕴深刻，既点明了中心，又深化了文章的主题。综观全文，的确为一篇理想的考场作文。

他山之石

我的行囊

湖州八中　曹绫绮

微笑是一朵花，盛开在人生的道路上，四季芬芳。

好不容易等来了一辆公交车，人们都纷纷往上挤，车上早已人满为患，连立足之地都很难找到了。我在人群里像面包馅一样被挤来挤去。为争取一点站立的空间，我撑起两只胳膊，阻挡着前冲后推的人群，捍卫着那点仅存的空间。我长长地舒了一口气，为了这点小小的胜利，暗自窃喜。不料，身边的一个中年男子正微笑着看着我，我本能的反应有什么不对劲。我的搜寻有了结果，他的一个裤管是空荡荡的，原来他是一个残疾人！想起刚才的行为，我不禁羞愧得红了脸。

他却毫不在意:"没关系的。"脸上挂着善意的微笑,我眼前分明是一朵开在春风中的花朵,芬芳四溢中,空气变得如此温馨和谐。

"唉,又发烧了。"一想到那根又细又长的针,我就害怕得闭上了眼睛。手臂僵硬地横在那里,手心已冒冷汗。一个甜美轻柔的声音在耳畔想起:"放轻松点。"接着一股暖暖柔柔的感觉从手臂传递到全身。我不禁睁开了眼睛,一张微笑亲切的脸正看着我,微笑像花一样开在她的脸上,我的紧张情绪立马减了大半,静静地等待,不再可怕。

"9号进去,10号准备。"怎么这么快就轮到我了。想到这次 B 级考试可能是最后一次了,能否拿到 10 分就看今天了。手心早已潮潮的了,我再也坐不住了,拿着琴谱不停地来回走动。妈妈看出了我的紧张,拍了拍我的肩膀,微笑着对我说:"妈妈相信你,我的女儿肯定行。"我点了点头。"10号进去,11好准备。"我忐忑不安地向前走,在踏进考场的那一刻,禁不住回头望了望妈妈,阳光中妈妈正微笑着看着我,如花一般盛开在阳光下,金灿灿的,那么耀眼,那么圣洁。

于是我把微笑采撷下来,放入我的行囊,它四季盛开,永不凋零,它芬芳了我的生命,让我的生命也如花般盛开。

我背着我的行囊,芬芳地行走在人生的道路上,洒下一路微笑……

教师评点

这篇文章的小作者撷取了生活中三个充满温情的细节,一抹微笑便成了她个人的生活体验,精神顿悟的触发点。

文章以清新淡雅的笔调描绘每一张微笑的脸,让温情如花香环绕身旁,把行囊装满,心,便像荷花一样轻轻绽放。每一张平凡的脸因微笑而包含着心灵的跳动,每一个普通的人物因微笑而蕴含浓浓的爱意,让人读来分外亲切。

作者选取的是"微笑"这个特殊角度，故意淡化人物动作、外貌、心理活动，集中笔力写好不同人物在不同场合那抹微笑留给她的感觉。这样的设计，使得本文具有深厚的蕴藉，让人回味无穷，可谓独具匠心。

小我视角是考场作文的最佳视角

文题呈现

请以"多想告诉你"为题目，写一篇文章。

要求：①文体不限。②字数不少于600字（如写成诗歌，不少于16行）。③文中不得出现真实的地名、校名和人名。（湖州题，2010）

考题解析

此考题，题面亲切，其鲜明的情感性，让考生一下子从考场作文受时间和空间限制中摆脱出来，还其倾情一写的从容心态。题目"多想告诉你"中的"告诉"内容何其多，"告诉"的对象"你"又何其广，很能拨动考生情感的触发点，考生容易将真实的自己融入叙事，真正做到"以我手写我心"。作文心理学认为，情感的触发点往往与作者在特定时间内的特定环境中的特定情绪息息相关。只有把这种"睡着的情绪唤醒起来了"，才能真正激起人物的内心情感波动，从而减少由于题目过于开放而带来的宿构等现象。总之，命题者通过"多想告诉你"这一题目实现了最大限度地调动考生的生活积累，便于他们快速找到得心应手的写作素材，鼓励他们"说真话、实话、心里话，不说假话、空话、套话"。面对这样的作文题，考生要把视角内收，审视自我，解读自己的生活，流淌自己的感情，不矫揉，不造作。因此，小我视角是考场作文的最佳视角，撷取身边小生活，挖掘蕴含其中的大智慧，乃是优化选材与构思的捷径。

因此，优秀作文大多聚焦于自己的亲身经历，让那些生命的泉水自然流淌，感动自己，感动他人的真情实感类的文章往往容易赢得批卷老师的青睐。

他山之石

多想告诉你
湖州一学生

"把爱全给了我把世界给了我，从此不知你心中苦与乐。多想，告诉你，告诉你我心里，一直都懂你。

——题记

爸，你总说我不懂你的心。

可我又何尝不想懂呢？

你曾说如果我是个男孩子多好，就可以陪你一起洗澡、喝酒、打赤膊。

你随口说这句话在我心中生根萌芽了：我穿男孩子的衣服，理着男孩子的小平头，刻意把自己往大大咧咧的方向发展。可是多年后的今天，你对着哈哈大笑的我皱着眉头说："女孩子家说话声音小一点，要温柔矜持一点。你看你，哪里像个女孩子。"我的笑容就这样僵在了脸上，收也收不回来。我以为你会喜欢一个像男孩子的我，这样的一个我会让你愉悦。可是我努力向你靠近，却不被你肯定。

的确，我不懂。我不懂如何才能让你舒心。

可我多想告诉你，我只是想走近你。

你曾说我是个一无长处的小孩，于是你很吝啬你的赞扬、鼓励，哪怕一个认可的眼神。那一次我拿着演讲比赛一等奖的奖状兴高采烈地去找你，满以为可以得到你的一句夸奖，而你，只是淡淡瞥了

217

一眼，什么话也不说，继续看着手中的报纸。对你来说，难道这样一份索然无味的报纸会比我的市一等奖奖状更有吸引力吗？委屈的泪水早已溢满眼眶，我把所有希望落空的悲哀与满腹的不满，发泄到这张鲜红的奖状上，把它撕了个粉碎。我以为你会认可一个得到了荣誉的我，可我努力超越自我，仍得不到你的认可。

的确，我不懂。我不懂如何才能得到你的褒奖。

可我多想告诉你，我只是想成为你的骄傲。

爸，你就一直这样不动声色看着我成长，从不轻易夸我一句。

我又何尝不懂你冰冷面具下的良苦用心呢？

我曾无意间听见你向你的同事夸我为人大方豪爽，我看不见你的表情，但那一定是神采飞扬的吧；我曾听见你向我们的邻居炫耀我的市一等奖，我看不见你的表情，但那一定有些许得意吧。

也就那个时候，我真的懂了：你的"冷漠"，你的"吝啬"，只是为了成就一个谦虚坚韧、优秀的我；你在爱上种上玫瑰，我只有受尽疼痛才可以见到花开，而你这个园丁，不也曾被扎得鲜血淋漓吗？我真的懂了：爸，其实你很爱我，其实我，也很爱你。

爸，我想告诉你，我愿意分担你心中的苦与乐。

我多想告诉你，告诉你我心里，一直都懂你。

教师评点

从这几个片断中，可以看出该生有较好的语言修养。该生用散文式的笔调，描述了几个生活片段，并较好地融入了自己的主观情思，有一点诗的意境。它的成功之处在于考生流露了真情，写出了独特的情感体验。在事情发生发展的过程中，自己的内心情感的起伏，心理活动的微妙变化，被刻画得惟妙惟肖。这种情感是如此的真实可感，虽然语不惊人，但那个企盼的眼神、那一个小小的动作、那个小小的心愿，如潺潺流水在我们心中流淌，激起情感上的层层波澜。正是在这种看似平缓、波澜不惊的叙述中，你获得的恰恰是"亲情是人间至情"的美好情意。

文题呈现

请以"你最珍贵"为题目，写一篇文章。

要求：①文体不限。②字数不少于600字（如写成诗歌，则要求不少于16行）。③文中不得出现真实的地名、校名、人名。（湖州题，2012）

考题解析

考题"你最珍贵"裸题呈现，没有任何启发性、诱导性导言或提示语，给考生留下尽力驰骋思维的空间，显得开放而又有层次。零审题障碍，考生审题时，都觉得有话可说，有东西可写。"你最珍贵"在瞬间拨动考生的心弦，迅速从广远的时空去搜索那份"珍贵"。对"你"的理解与选择，则又见出了高下、境界。考生最容易想到的是身边的人，妈妈、爸爸、爷爷、奶奶、朋友、老师等这些伴随自己成长的个体；想得稍远的就有一面之缘的陌生人、一笑而过的路人等那些与自己的生命有过短暂交集的个体；最为高妙的要数第三层次的思维找寻，"你"开始突破个体的"人"的局限，向精神层面的"物象"延伸，一本书、一抹微笑、一个眼神、一座石桥、一条青石板路、一间老屋等进入"你"的范畴。考题"你最珍贵"中还隐含一个信息要考生自己读出来，那就是要站在"我"的角度审视"你"存在的意义。这种思维双向逆转很微妙，也很巧妙。"你最珍贵"这一作文题看似清浅，实则意蕴极深。

他山之石

你最珍贵

湖州市一学生

你，以柔美动感的曲线对峙着都市的圆滑；我，站在故乡的土地上眺望，怀念着我最珍贵的，永远的石桥。

记忆中，老家总是那样的迷人秀丽，波光粼粼的湖面上一叶小舟，住着朴实的人家。岸边的芦苇丛中有几只鸟儿欢快地嬉戏，嗅得到泥土的清香和芦花的芬芳。四处弥漫着江南水乡独有的气味。

我总爱蹦跳着来到湖边，踏上小船，拿几块平整的石头打着水漂，"哗啦啦"的水声伴着我稚嫩的笑声。这时，熟识、不熟识的人都会热情地往我口袋里塞糖，我开心地含着糖，竟忘了说谢谢。玩得兴起，溅起的水花洒在你的身上。而你，这座古老的石桥，静静地看着我，像一位慈爱的老人，没有言语，我却似乎听得到那亲切温和的叮咛。你旁边的大槐树上垂下的枝条，浓郁得像你久经岁月的洗礼后长出的胡须。

我总爱缠着父母来这儿游泳。我扶着游泳圈，不停地拍着水面，同小伙伴们打水仗，有时被水呛得难受，可一缓过来，又疯了似的钻进水中。记得那一回，本还是晴朗的天气，忽然就下起了瓢泼大雨，我和小伙伴们急忙上了岸，到石桥下避雨。我还是第一次如此近距离地端详你，近百年的风吹雨打已让你满脸沟壑，几块充当桥拱的巨石也布满了凹凸不平的裂纹。触摸是我分明能感知那份岁月的厚重。看着你，古老的石桥，真像与一位久别的老友重逢。

再后来，我远离家乡，来到崭新的环境上学。我住的小区风景宜人，有一泓碧水、一座石桥，可它们，没有故乡之水的澄澈透明，亦无故乡之桥的亲切与悠久。总想回家看看，却总没有机会，偶尔回到故乡，总也是来也匆匆，去也匆匆罢了。我最珍贵的石桥啊，好久不见，你可安好？

终于，在去年的寒假，我如愿回到了那一片久违的土地。可看到的，却已面目全非。那石桥已被拆毁，取而代之的是一条洁白的水泥路。那曾清静的湖水，独自静默着。看着眼前这一切，心中不觉有些索然。我最珍贵的石桥呢？童年时在石桥下嬉戏的快乐和天真却如此真切地阵阵袭来。你，我最珍贵的石桥，难道已随着我的童年，渐行渐远了吗？心中惆怅着，惆怅着……

只是仍很固执地在书桌前写下一段怀念你的文字：你，徜徉在山水里，像一幅清雅的水墨画；而我留恋在画中，仿佛在你的心里。

你最珍贵，我永远的石桥。

教师评点

具体到这篇佳作，其独特的视角、颇见功力的文字，淋漓尽致地展示了江南水乡独有的气息，那一段童年生活是如此真切，又那么刻骨铭心。童年的时光、江南的风光在作者笔下摇曳交叠出一份古朴悠远。更难能可贵的是，该考生的思维指向，"你，徜徉在山水里，像一幅清雅的水墨画，而我留恋在画中，仿佛在你的心里"。学生站在"我"的角度审视"石桥"的生命存在，"石桥"以古朴悠远的方式进入了"我"的生命，与"我"的生命交集成一段挥之不去的岁月，一片厚重而质朴生活，承载着"我"最初的感动。

中考作文丰满过程方有质感

文题呈现

你认真望过一朵云吗？认真地唱过一首歌吗？认真地品过一句话吗？认真地爱过一个人吗？认真地追过一个梦吗？……认真是一种态度，认真地去做每一件事吧！

请以"认真"为题目，写一篇文章。

要求：①文体不限。②字数不少于 600 字（如写成诗歌，则要求不少于 16 行）。③错别字满三个扣 1 分，不满三个不扣分，2 分扣完为止。④标点使用错三处扣 1 分，不满三处不扣分，2 分扣完为止。⑤文中不得出现真实的地名、校名、人名。（湖州题，2013）

考题解析

该作文题从命题思路和风格上看，题面洁净，导向性鲜明。只"认真"两字，没有任何修饰语，开放度大，瞬间给学生一种想写的冲动，觉得有话可说，有情可抒，有利于学生写作水平的正常发挥。

提示语"你认真望过一朵云吗？认真地唱过一首歌吗？认真地品过一句话吗？认真地爱过一个人吗？认真地追过一个梦吗？……认真是一种态度，认真地去做每一件事吧！"一方面活跃了学生的思维，打开了学生的思路，引领学生走进"认真"天地，便于考生从亲身经历的生活中搜寻和组织写作材料，有利于考生快速走出紧张心理，调整好自己的情绪，顺利进入理想的写作状态；

222

另一方面巧妙地设定了考生的写作方向。很明显，"认真"一词作形容词理解，是态度谨严不马虎的意思，这就设定了考生写作的内容应该是注重演绎"认真做某事"的过程，而非贴标签式的。因此，考生真要动笔成文，还得费点心思。

"认真"是很抽象的概念，必须借助"过程"才有丰满的质感。也就是说，无论考生写什么内容，都要把"认真"过程化，重点突出这次"认真"对自己的成长的影响，给了自己怎样的感悟和启示。考生在行文时，如果只注重故事本身的生动性、曲折性，忽略了"认真要义"在文中的形象体现，文章自然就只有故事而无"认真"之魂。如果只有"认真"过程的简单呈现，而缺乏对"认真"的细节化、浓墨重彩描摹，只是轻描淡写贴标签式行文，就容易亮点不突出而失分。可以说，"认真"这一作文题实在是命得很"巧妙"且有"区分度"，很见水准。

他山之石

认真

湖州市一学生

> 树在，山在，车在，岁月在，你认真地看着我，我认真地看着你。
>
> ——题记

母亲有一辆永久牌自行车，极旧，上面斑斑驳驳的，是岁月的印记，抑或是岁月的馈赠。我每每劝母亲扔掉这辆自行车，母亲这时总会变得很固执与认真。母亲小心地擦拭着这辆车的每一个角落，手指拂过生了红黑色铁锈的车把，触摸着车身上每一道斑痕，极认真。然后满足地看着它微笑，那眼神满是坚定而又柔和。于是我背对着母亲，皱着眉头与母亲冷战。有一天，母亲忽然转过头，认真地看着我，说："我们去骑自行车好吗？"看着母亲那温暖的笑颜，我极不情愿地坐上那辆令我与母亲多次吵架的自行车……

那是我与母亲的十年。

穿过大街小巷，我与母亲拐上去母亲与外婆从前的家的路。车子在凹凸不平的乡村小路上颠簸着向前滚动，看着脚下车印在泥土上缓缓轧出，画出一条条完美的弧线，闻着微风拂来的淡淡小麦香味，不由自主地张开双臂……忽然，母亲的车把一歪，我一把抓住母亲的衣角，母亲急忙稳住了自行车，忙回头："没事吧……"我微笑地看着母亲，母亲温柔的声音在我耳边响起："喏，小时候我和你外婆，也是这辆车，也是这条路。"

那是母亲与外婆的十年。

我突然明白母亲为什么舍不得丢掉这辆自行车了，那时的母亲也一定和我一样，穿着白衬衫，露出健康的小麦色皮肤，认真看着外婆别着普通珠花的黝黑的长发飘起，认真看着地上车印的连绵，认真看着那美好的一家人，温暖如昨天……

那是我们一家人的十年。

母亲笑着说："你和你的孩子以后也一定会骑着这辆自行车，走过我们走过一遍又一遍的这条路。"我闭上眼睛，听车轮转动的声音，认真地回味着那份亲人之间的温暖延伸至未来。那个下午，车轮辗在我心灵的余音回旋于暖阳下，使我不能自已。

如果认真是一瓮酒，我们爱的定然不是那百分之几的酒精成分，而是那若有若无的芬芳；如果认真是花，我们爱的定然不是那娇红艳紫，而是那风和日丽下的深情舒放；如果认真是玉，我们爱的定然不是它的估价表，而是那暖暖柔光中所透露的信息。

母亲，我终于看懂了你那认真的眼神，我不会再吵着要扔掉这辆自行车。我会把那份认真收藏在心底。因为这份认真，镌刻着亲情的温度。

教师评点

这篇考场佳作，其细腻的视角、颇见功力的文字，淋漓尽致地展示了"认真"所酿就的美好情愫，如何在她的生命历程中还原为一个具体可感的过程。让"认真"有血有肉地串起了"我与母亲的十年""母亲与外婆的十年""我们一家人的十年"，亲情在"你认真地看着我，我认真地看着你"中延伸。考生站在"岁月"的角度审视"认真"，将"认真"成功地细节化为母亲的目光和动作："母亲小心地擦拭着这辆车的每一个角落"，"看着外婆别着普通珠花的黝黑的长发飘起，认真看着地上车印的连绵"；将"认真"巧妙地具体化为"我"回味时的场景再现："我闭上眼睛，听车轮转动的声音，认真地回味着那份亲人之间的温暖延伸至未来。"这样的描写传神而有韵味，岁月便这样慢了下来，生活便这样精致了起来，情感便这样真实了起来，文章便这样拥有足以感人的力量。该考生在静观静想周边的一切和自己的内心，和盘托出的是她行文中所流露出来的那份认真的人生态度，我想这恰恰是命题者的良苦用心吧。

参考文献

[1] 莫提默·J.艾德勒，查尔斯·范多伦.如何阅读一本书 [M].郝明义，朱衣，译.北京：商务印书馆，2004.

[2] 钱梦龙.文言文教学改革刍议 [J].中学语文教学，1997（4）.

[3] 郑国民.从文言文教学到白话文教学 [M].北京：北京师范大学出版社，2000.

[4] 于永正.个性化作业设计经验：语文卷 [M].北京：教育科学出版社，2007.

[5] 肖川.名师作业设计经验：语文卷 [M].北京：教育科学出版社，2007.

[6] 黄波.新课标下的初中语文作业设计 [J].中学课程辅导（教学研究），2011（4）.

[7] 钟东明.初中语文作业的设计应把握的几项原则 [J].新课程（教育学术版），2009（9）.

[8] 叶秋玉.作文教学，追求无痕 [J].素质教育论坛月刊，2011.

[9] 张玉香.作文无痕——我的作文教学观 [M].甘肃教育，2008（19）.

[10] 葛志建.作文教学"无痕"论 [J].语文教学之友，2009（3）.

[11] 教育部.义务教育语文新课程标准：2011 版 [M].北京：北京师范大学出版社，2011.

[12] 巢宗祺.语文课程标准（实验稿）解读 [M].武汉：湖北教育出版社，2002.

后 记

写在后面，不得不说的

关于书名，辛弃疾《青玉案》（一直很喜欢这首词），尤其是结尾那一句"众里寻他千百度，蓦然回首，那人却在灯火阑珊处"，不曾想与其首句"东风夜放花千树"一呼应，其意境很切合我的教学之路。

"花花"，较之于我的真名在大家唇舌间流转更亲切。"花"言"花"语，是我教学生涯中的发声方式，记载了我一路的从教心绪，留下了我一路的教学清欢，思维所及之处，希望那是一片"花千树"（那也是我第二期名师工作室的名字）。

关于成书缘起，教师不能仅做别人作品的"读者"，甘当"两脚书橱"，像沙漠一样，只能吸进水，却喷不出一丝清泉。我们输出的终端不是只有一个——学生，更应该有自我输出，争做创造作品的"作者"，成为一个精神产品的生产者。古代先贤有言：立德、立功、立言乃人生之"三不朽"。于我们而言，师德自然得立，"立功"要看有没有机会，至于"立言"，大可以一试身手的。我的成书展示了一个教师的个人成长，从她的青涩走向成熟中看我们语文教育的变迁与痕迹。总觉得季老的"爬格子不知老已至，名利于我如浮云"的精神境界，是我们每个教师该坚守的。

关于可读性，近几年，教育理念次第更新，人处其间，或观望逡巡，或裹挟而行，或与时俱进……形态不一，自然收获不一，成长各异。身处教学第一线的教师，以行动研究行走在各自的教学教研之路上，在新理念的引领下具体深入地开展相应的研究与实践，寻找理论与现实的契合点，思维触角可及

227

处皆有收获："灵活地写"与"系统地教"结合起来，把"相机而授"与"序列引导"相结合进行"无痕"作文教学；"和雅"语文，回归"真语文"，品味语文之"雅"；在整本书阅读过程中，实施双重视角下整本书阅读教学；变革学校教研行走方式，打破学科壁垒，开展"一科一研""学科互研"和"自主组合式教研"的多元、融合互动"大教研"活动……所有形成文字的，都植根于教学的情景性、真实性、可操作性，应该具有一定借鉴性。

在岁月纵深处，浅笑盈盈

步入教师行业，不是我的初衷，却是我几十年如一日坚守的美好。岁月的纵深处总闪回着一张张亲切的脸，唤起我教学生涯中每个值得回味的瞬间，抚平我黯淡了青春的道道皱纹，照亮了我必将老去的教学生涯。不曾留有遗憾的岁月，因为有了你们。感谢比我自己更了解我的老师们，是你们慧眼识我。

其实，我从未想过会和语文深深结缘，结下一辈子的缘。

记忆中混沌的小学时光，似已不太真切了。中学时代的我一直倾心于数学和英语，一直视语文为真正的"鸡肋"，偏偏机缘巧合，我担任了整整 6 年的语文课代表。我高中的语文老师王真亚老师，从未怀疑过我对语文的虔诚，只有我这个"不肖"的学生自己知道我对语文有多少不恭。但我确也真心地对待我读过的每一个文字，尤其是一直认可我的语文老师，也许我与语文的故事从一开始就是注定的吧。不曾想大学时班主任程民老师一语道破天机："看你的样子也挺语文的。"原来如此，如此……甚好，甚好。

刚从教时，横街中学的校长沈连荣老师是助推我向语文教学一路高歌的伟大旗手。他果断地把我一次又一次地推向风口浪尖历练，那段时光青涩中蓬勃着成长节点。我窃喜于自己的教学顺风顺水，沉迷于猛抓学生的分数，都快"一分障目"不见泰山了，是我的丈夫周凌让我顿悟语文教学艺术的正确打开方式，只有站在教学理论的高度，才能不断刷新自己的教学。我习惯性地阅读系统性的教育教学理论专著始于周先生的引导，可以说他是我的理论导师了。

一路走来，我该努力努力了，曾经挺着大肚子参加市教学能手笔试，失之交臂……然而该得的也都得了，"浙江省科研先进个人""湖州市教坛新秀""湖州市优秀班主任""区首批'享受教育特殊津贴学科教学人才'""区第一批名教师"……应该知足了吧，但是心中的遗憾总会隐隐作痛。于我而言，调离八中进入四中，也算是勇气可嘉了，徐来潮校长的热情、无私、包容，让我在教学"高原期"又激情燃烧了一把，终于在 2018 年我最后一次向市教学能手发起冲击并一举拿下。是啊，岁月何曾亏待了谁？

就这样，走在语文教学的路上，且行且暖，我一直不曾孤单过。我的两期工作室的成员，我的那些官方的和那些非官方的徒儿，她们一直是我不懈前进的温暖潜流，她们灼灼的目光、她们的倾心相求、她们的教学清流，让我的思绪一直活跃着，让我的文字一直流淌着。

一路有你们，真好！

东风夜放花千树，蓦然回首，那人却在岁月纵深处，浅笑盈盈……

牵着你的手，累并快乐着

很感谢有这样的一个机会，让我静下心来回首。可能我是史上担任主任最多的一位了，办公室主任兼教科室主任、教务处副主任，有人戏称我是"主任的立方"。所幸的是，兜兜转转，我始终未曾变的身份是教科室主任，这要感谢几任领导把我放在最适合的地方，我的科研热情就像一把火，所到之处总能点着什么，迎来我们常说的科研春天。

其实，我也没什么本领，只会带头自己写。清晰记得我的第一篇论文的诞生。那时我还在横街中学，周凌还在杭州大学脱产学习，我急急地要他帮我写，拿到手一看，尽是高深的理论，深感自己的差距。于是乎，一头扎进书里，扎扎实实地恶补了一下。回头再审视自己的教学，看到了许多以前不曾看到的写作契机。第一次的写作试水以成功和诱惑告终，从此我也就踏上写写写之路，而且在持久的写作中形成属于自己的个性化的见解与主张。

其实，我更没什么科研管理的天分，只会埋头一遍一遍地帮助教师修改，修改论文、修改课题，在修改中帮助他们体验科研。论文危机来了，课题危机来了，我从教师视角探寻这一现象背后的原因，有针对性地提出化解之道——服务在先，全程指导，考评激励，引领广大教师走向科研自觉，感受科研魅力，最终走向科研自觉的理想境界，实现教师的诗意栖居。在科研管理上，我始终坚持将科研与开展课堂改革和促进学校发展过程中的真问题结合起来，加强对教师理念上的引领和实践上的指导，帮助广大教师突破研究中各种瓶颈因素的制约，在"累并快乐着"的过程中，实现引领教师成长的工作价值。

科研于我而言，不是美化自身的"化妆品"，而是让生命焕发迷人光彩的一方依托，是为学校发展尽绵薄之力的一个平台。因为科研，写出一些论文；因为科研，提高了我的教学能力；因为科研，培养了我的科学精神。或许是真应了"敝帚自珍"这个词，在将自己这些年来积攒的这点儿文字家底作一次"大扫除"时，真还舍不得舍了哪篇，尽管文笔稚嫩，尽管思考流于肤浅，却有那份教育情景的真实和再也无法复制的精彩。权当留作一种见证吧，充当自己数十年教育之路的坐标。

最后，感谢我的家人，感谢学校徐来潮书记和沈旦校长的大力支持；感谢吴兴区教育局领导的重视；感谢杭州市高新区教育研究院副院长陈忠文特级教师的序言；感谢浙江大学出版社编辑吴伟伟老师和马一萍老师的辛勤付出，感谢肖龙海教授的认可与推荐，感谢给予我帮助的每一个人，我的书稿成功面世离不开你们的默默支持与付出。我将继续充分利用闲暇时间，笔耕不辍，体验写作的惬意，收获成功的喜悦！

沈提花

2021 年 5 月

图书在版编目（CIP）数据

"花"言话"语"：一位草根教师的教育实践 / 沈
提花著. -- 杭州 ：浙江大学出版社，2021.7
ISBN 978-7-308-21251-9

Ⅰ. ①花… Ⅱ. ①沈… Ⅲ. ①中学语文课－教学研究
－初中 Ⅳ. ①G633.302

中国版本图书馆CIP数据核字（2021）第062527号

"花"言话"语"：一位草根教师的教育实践

沈提花　著

策划编辑	吴伟伟
责任编辑	马一萍
责任校对	陈逸行
封面设计	周　灵
出版发行	浙江大学出版社
	（杭州市天目山路148号　邮政编码　310007）
	（网址：http://www.zjupress.com）
排　　版	杭州林智广告有限公司
印　　刷	广东虎彩云印刷有限公司绍兴分公司
开　　本	710mm×1000mm　1/16
印　　张	16
字　　数	248千
版 印 次	2021年7月第1版　2021年7月第1次印刷
书　　号	ISBN978-7-308-21251-9
定　　价	58.00元